KB092282

대학생을
위한
성장과 소통의
글쓰기

대학생을 위한 성장과 소통의 글쓰기

1쇄 발행 2021년 3월 2일
3쇄 발행 2023년 3월 17일

지은이 송재일 · 송홍규 · 정형근 · 가은아 · 권대광 · 유리
펴낸이 박찬익

펴낸곳 ㈜박이정출판사   **주소** 경기도 하남시 조정대로45 미사센텀비즈 8층 F827호
전화 031)792-1195   **팩스** 02)928-4683   **홈페이지** www.pjbook.com
이메일 pijbook@naver.com   **등록** 2014년 8월 22일 제2020-000029호

ISBN 979-11-5848-617-4 03710

대학생을 위한 성장과 소통의 글쓰기

송재일·송홍규·정형근·가은아·권대광·유리 지음

(주)박이정

글쓰기는 대학 생활 내내 해야 하는 고된 작업이지만, 나와 사회를 알아가는 값진 경험이기도 하다. 이미 독자들은 고등학교 때까지 많은 글쓰기를 수행해 왔을 것이다. 하지만 대학에서의 글쓰기는 학문과 직업의 세계에 본격적으로 입문하는 과정에서의 글쓰기라는 점에서 그 깊이와 폭이 깊고도 넓다. 자신의 삶을 가꾸는 글쓰기로부터, 배움이 일어나는 과정에서의 글쓰기, 사회의 일원으로서 지성인의 책무를 다하기 위한 글쓰기까지 대학 생활의 글쓰기는 우리가 삶에서 경험하는 글쓰기의 모든 면모를 담고 있다고 할 수 있다. 중고등학교 시절의 글쓰기가 대체로 학습을 위한 글쓰기로 이루어졌다면, 대학에서는 학문과 탐구를 위한 글쓰기가 주를 이룬다. 직장인으로서의 역할을 하기 위해서 필요한 글쓰기 역시 대학 생활을 통해 준비되는 글쓰기라고 볼 수 있다. 이뿐만 아니라 민주시민으로서 역할과 책무를 다하기 위해 자신의 의견을 적극적으로 개진하고, 공동체의 목표를 달성하기 위해 글을 써야 할 때도 있다.

대학에서의 삶은 글쓰기의 연속이다. 영화나 음악을 감상하고 들뜬 감정을 글로 표현하는 일, 이성 친구에게 장문의 휴대전화 메시지를 작성하는 일, 조사 보고서를 제출하기 위해 자료를 모으고 정리하여 제출하는 일, 자기소개서와 이력서를 몇 번이고 고쳐 쓰는 일, 학교 홈페이지나 대학신문에 자신의 의견을 적극적으로 드러내는 일 등 대학 생활은 말 그대로 글쓰기 생활이다. 대학 이후의 삶 역시 마찬가지여서,

평생을 두고 우리는 무수한 글을 써 내려간다.

대부분의 사람들은 글을 쓸 때 어떻게 하면 '잘' 쓸 수 있을지를 고민한다. 내가 하고 싶은 말을 오해 없이, 매력적으로, 설득력 있게 전달하려면 어떤 점들을 고려해야 할지, 또, 많은 사람이 내 말과 글에 귀 기울이게 하는 방법은 무엇인지, 빠르고 효과적으로 글을 쓰는 방법과 정확하고 적절한 표현을 쓰는 방법은 무엇일지. 글을 '잘' 쓰려다 보면 해결해야 할 문제가 너무도 많다. 이 책에는 이러한 고민이 담겨 있다. 저자 일동은 대학 생활을 하면서 겪게 되는 새로운 글쓰기 경험과 방법을 담아내고자 했다.

『대학생을 위한 성장과 소통의 글쓰기』는 글쓰기에서 활용할 수 있는 전략과 대학 생활의 현실적인 글쓰기 과제를 중심으로 구성하였다. 1장 대학에서의 글쓰기에서는 어떻게 하면 글을 잘 쓸 수 있을지, 어떻게 써야 윤리적으로 문제가 없는 글을 쓸 수 있을지 생각해보도록 했다. 2장에서는 문단, 문장, 단어와 같이 글을 쓰는 구성 요소들을 정확하게 표현하는 법을 연습해 볼 수 있도록 했다. 3장에서는 효과적으로 글을 쓰기 위한 실질적인 전략들을 예시와 함께 담아내었다. 4장에서 6장은 '학습과 탐구를 위한 글쓰기', '자아 발견과 성장을 위한 글쓰기', '사회 참여와 소통을 위한 글쓰기'로 나누어 '자기소개서', '리포트', '에세이', '감상문', '칼럼' 등 다양한 글쓰기 유형을 안내하였다.

이 책은 글쓰기의 모든 국면을 학술적인 체계에 의해 담아낸 성과는 아니다. 그보다는 글쓰기에 대한 부담으로부터 자유로워질 수 있도록 요긴한 전략들을 모아 놓은 책이다. 부디 글쓰기를 배우고 익히는 현장에서 재미있고 유익한 글을 쓰게 되는 계기가 되었으면 한다.

이 책은 여러 분들의 도움을 통해 만들어졌다. 책 속에서 인용한 자료의 저자와 기관, 단체에 감사의 말씀을 드린다. 또, 부족한 원고가 책으로 나올 수 있도록 애써주신 박이정 박찬익 사장님과 한병순 편집장님께도 감사 말씀을 드린다.

2021년 2월
저자 일동

| 차례 |

머리말   4

I. 글쓰기의 기초

제1장 대학에서의 글쓰기   11

1. 글쓰기의 필요성과 목적   13
2. 글쓰기의 윤리   17
3. 글을 잘 쓰려면   19

제2장 문단 · 문장 · 단어 쓰기   27

1. 문단   29
2. 문장   38
3. 단어   50

제3장 글쓰기의 과정과 전략   67

1. 계획하기   69
2. 내용 생성하기   83
3. 내용 조직하기   91
4. 표현하기   100
5. 고쳐쓰기   105

II. 글쓰기의 실제

// 제4장 학습과 탐구를 위한 글쓰기   115

1. 학술적 글쓰기의 특징과 종류   117
2. 리포트   124
3. 인용 · 주석 · 참고문헌   140
4. 설명과 논증   149

// 제5장 자아 발견과 성장을 위한 글쓰기   171

1. 자기소개서   173
2. 자서전   183
3. 에세이   192
4. 감상문   201

// 제6장 사회 참여와 소통을 위한 글쓰기   211

1. 칼럼 쓰기   213
2. 건의문 쓰기   224
3. 디지털 매체로 글쓰기   236

참고문헌   243

I

글쓰기의 기초

1

대학에서의 글쓰기

1. 글쓰기의 필요성과 목적

1) 글쓰기의 필요성

오늘날의 세계는 지식 생산이 폭증하고, 융합을 통한 신산업이 수없이 탄생한다. 따라서 직업 생태계, 인간과 공동체의 의미, 노동 가치 등이 변화하고 있다. 오늘날 당면한 문제는 어느 한 분야의 지식으로 해결하기 어렵다. 대학 교육에서는 문제를 발견하고 융·복합적 사고를 통해 해결할 수 있는 역량을 갖춘 미래 인재를 길러야 한다. 2015년 세계경제포럼(WEF)에서도 '교육의 새로운 비전'을 내놓았다. 이 보고서에서 4차 산업혁명 시대에 가장 빨리 변화해야 할 분야 중 하나가 교육이라고 하였다. 특히 이 보고서에서는 미래 인재를 제대로 양성하려면 대학 교육은 지식 중심의 교육을 탈피하고 창의력, 비판적 사고력, 소통 능력, 협업 능력 등을 길러주어야 한다는 점을 강조하였다.

이러한 지식 정보화 시대, 4차 산업 혁명 시대에 대학에서 왜 글쓰기 교육을 강조하는가? 하버드대학을 비롯한 세계의 유수한 대학들이 대학 신입생에게 글쓰기를 필수로 가르치는 이유가 무엇일까? 우리의 시대는 개인적 판단, 가치 존중의 정적 측면과 지식 및 정보 처리의 지적 측면의 두 특징을 가지고 있다. 우리는 다양성 속에서 개성을 존중하고, 민주 시민의 구성원으로서 기본적 자질을 갖춰야 한다. 민주 시민으로서의 자질은 무엇보다도 의사소통 능력에 달려 있다. 한편으로 4차 산업 시대를 살아가는 현대인은 정보의 수집, 정리, 보관, 인출, 활용, 적용하는 지식 및 정보처리 능력을 갖추어야 한다. 대학에서 글쓰기를 가르치는 까닭은 글쓰기 과정에서 의사소통 능력을 기르고, 다양한 문제를 발견하여 융·복합적 사고로 그 문제를 해결할 수 있는 역량을 기를 수 있다는 확신 때문이다. 이처럼 글쓰기 교육은 적극적으로 미래 사회에 대응할 수 있는 창의적이면서도 소통 역량을 갖춘 인재 기르는 초석이 된다.

한 신문 기사(「조선일보」, 2017. 01. 14.)에 따르면 하버드대학을 비롯한 미국의 대부분 대학들은 '글쓰기 센터(Writing Center)'를 운영하며, 단계별로 다양한 글쓰기 교육 프로그램 제공과 1대1 첨삭 등 학생들에게 글쓰기를 체계적으로 가르친다고 한다. 하버드대학이나 MIT(매사추세츠공대)에서는 글쓰기 수업이 필수이며, 대부분 과목에서 글쓰기를 과제로 낸다. 미국 대학들이 이렇게 글쓰기를 강조하는 것은 글쓰기가 창의적인 사고력을 갖춘 인재를 양성해 국가 경쟁력을 높인다는 믿음 때문이다. 하버드대학 낸시 소머스 교수가 신입생들의 글쓰기 경험을 조사한 연구에서 학생들은 글쓰기가 깊이 있는 생각을 하게 했다고 밝혔다. 또한 1996년 노벨 의학상을 받은 피터 도허티 교수도 과학을 연구하려면 글을 쓸 줄 알아야 하고, 글을 잘 쓰는 사람은 생각도 명확해 연구를 더 잘 한다고 했다. 글쓰기가 중요하다는 인식은 대학 졸업 후에도 계속되는 것으로 나타났다. 하버드대학의 로빈 워드 박사가 하버드대를 졸업하여 40대에 접어든 졸업생 1,600명을 대상으로 '현재 일에서 가장 중요한 것이 무엇인가'를 물었는데, 90% 이상이 '글쓰기'라고 답했다고 한다. 이는 그만큼 사회에 진출해서도 글쓰기 능력이 얼마나 중요한가를 말해주는 것이다.

글쓰기는 글을 통해 사고나 주장, 느낌이나 경험을 표현하고 공유하는 행위이다. 글쓰기를 통하여 정보를 분석·종합·비판하여 새로운 의미를 구성할 수 있다. 이를 통해 자신의 사고나 느낌, 경험을 구체화할 수 있고, 이를 타인에게 효과적으로 전달하여 사회적 협력을 이끌어 낼 수 있는 능력을 갖출 수 있다. 대학생들은 문자 언어, 기호와 매체 등을 활용하여 사고와 느낌, 경험을 표현하거나 이해하면서 의미를 구성하고 자아와 타인, 세계의 관계를 점검·조정하는 의사소통 역량을 길러야 한다. 따라서 대학생들은 글쓰기의 원리와 과정, 다양한 종류의 글쓰기 이론을 체계적으로 익히며 바람직한 글쓰기 태도를 갖추고, 글쓰기의 실제를 통하여 대학 글쓰기의 목적과 의의를 달성할 수 있다.

2) 글쓰기의 목적

우리 시대에 무엇보다도 필요한 능력은 의사소통 능력과 대인 관계 능력, 문제 해결 능력과 사고 능력 등이다. 글쓰기를 통해 이들을 함양할 수 있다. 초·중·고등학교 '국어'의 쓰기와 고등학교 작문 영역에서 이미 글쓰기를 배웠다. 그럼에도 불구하고 우리나라 대부분의 대학에서 공통 기초 교과목으로 글쓰기를 필수 교과목으로 설강하고 있다. 대학에서의 글쓰기는 다양한 주제 및 유형의 글을 수용하고 생산하는 활동을 통해 학문의 기초 능력, 능동적이고 합리적 의사소통 능력, 비판적 창의적 사고 능력을 함양하는 데에 목적이 있다.

대학 글쓰기의 목표는 다음과 같다.

첫째, 글쓰기를 통해 의사소통과 자아 인식의 관계, 사회적 상호 작용을 이해하도록 한다. 이는 글쓰기의 과정에서 일어나는 현상이다. 그러므로 글쓰기에 대한 지식을 이해하는 데 그치지 않고 학생이 실제 쓰기 활동에 참여함으로써 글쓰기의 본질에 대해 이해해야 한다. 글쓰기 활동을 통해 자신이 무엇을 인식하고 중요하게 여기는지를 사고하고, 개인 간 관계의 형성, 유지, 발전이 가능함을 인식하는 것도 중요하다. 긍정적 자기표현으로 자아 성장에 이를 수 있고, 공동체의 현안이나 쟁점에 대한 다양한 쓰기 활동에 참여하여 공동체 발전에 기여할 수 있다.

둘째, 글쓰기를 통해 학문 활동을 효율적으로 수행할 수 있도록 정보 전달력이 높은 글쓰기 능력을 기르도록 한다. 이를 위해서는 정보의 가치를 판단하는 기준을 토대로 다양한 방법으로 자료를 수집하여 가치 있는 정보를 선별하고 이를 범주화하여 내용을 조직하고 정보를 전달하는 글을 써야 한다. 수집한 논거의 타당성, 신뢰성, 공정성 여부를 판단하고, 주제, 목적, 독자를 고려하여 적절한 설득 전략을 활용하도록 한다.

셋째, 글쓰기 과정을 통해 경험과 사고를 확장하고 논리적, 비판적 사고력을 신장하도록 한다. 시사 현안이나 쟁점에 관한 글을 쓸 때는 글의 주제를 여러 관점에서 충분히 분석한 후 자신의 관점을 정하고, 그 관점에 따라 의견이나 주장, 견해가 명료하게 드러나도록 글을 써야 한다. 그 과정에서 자신이 선택하지 않은 관점의 단점이나 약점, 문제점을 근거를 들어 비판할 수 있어야 한다. 논증을 바탕으로 한 설득하는 글쓰기는 타당성, 신뢰성, 공정성을 갖춘 논거를 활용하고, 효과적인 설득 전략을 활용해야 한다.

넷째, 글쓰기를 통해 자기 성장을 위한 정서적 표현 능력을 함양한다. 일상에서 얻게 된 생각이나 느낌 등을 진술하게 표현함으로써 긍정적 자아개념을 형성하고, 독자에게 즐거움과 감동을 줄 수 있음을 이해하며 정서를 표현하는 글을 쓰는 태도를 기를 필요가 있다. 경험에서 얻은 정서를 과장이나 왜곡 없이 진정성 있게 표현할 때 독자의 공감을 얻을 수 있다.

그러나 무엇보다도 글쓰기 활동 과정에서 의미 있는 배움이 일어나려면 학생들이 자기 주도적으로 수업에 참여하여야 한다. '글쓰기 기초'가 어쩔 수 없이 이수해야 하는 필수과목이라는 인식에 그치면 학생들은 글쓰기에 흥미를 느낄 수 없다. 글쓰기 수업에 몰입하여야 유의미한 언어 사용 경험을 쌓을 수 있다. 또한 글쓰기 자체가 과중한 부담이라고 생각하지 말아야 한다. 글쓰기 수업에 '즐거운 창작 과정'이라는 생각을 가지고 참여해야 이 과목의 수업을 부담 없이 즐길 수 있다. '글쓰기 기초'를 성공적으로 이수하려면 학생 스스로 자신의 수업 활동을 점검하고, 수업을 창의적으로 주도하고, 수업에 참여하는 동기를 높여야 한다. 글쓰기 수업을 할 때는 자신의 경험과 생각을 성찰하고, 상호 소통하는 가운데 인성을 기르며, 자신에게 글쓰기가 내면화되도록 한다. 그리고 학생들은 쓰기의 준비 및 수행 과정에서 어떤 기능이나 전략을 사용했으며 어떤 어려움을 겪었는지 등을 스스로 파악해야 한다. 글쓰기 학습을 할 때는 지엽적인 지식이나 세부적인 기능, 전략에 매몰되지 않고 온전한 한 편의 글을 생산하는 데 주력하면서 실제 삶과 관련이 있는 언어활동을 수행하도록 해야 한다.

2. 글쓰기의 윤리

언어 공동체 구성원으로서 글쓰기 윤리를 지키는 것은 무엇보다도 중요하다. 따라서 대학에서의 글쓰기 활동 과정에서 진정성과 책임감이 중요함을 이해하고, 글쓰기 윤리의 실천 자세를 기르도록 해야 한다. 또한 자신의 글이 지니는 사회적 영향력을 인식하고 독자를 배려하며 윤리적인 언어활동의 태도를 길러야 한다.

어느 신문의 신춘문예에서 시 당선작이 남의 시 한 구절을 베꼈다고 취소된 일이 있다. 또한 언론에 연구자들의 연구 논문이나 장관 임용후보자의 청문회에서 '표절' 문제가 오르내리기도 한다. 실제로 논문의 표절 문제로 대학 교수가 교수직에서 떠나는 일, 장관 임용후보자가 장관직에 임명되지 못하는 일이 발생하기도 하였다. 표절이란 학술이나 예술 영역에서 제기되는 문제로 다른 사람의 문학 작품, 학술 논문, 그 외 각종 글이나 텍스트의 일부 또는 전부를 모방하거나 베끼면서도 자신의 독창적인 산물인 것처럼 공표하는 행위를 말한다. 표절은 대학생들의 글쓰기에서도 갖춰야 할 기본적인 윤리와 관련된다.

대학생들은 글쓰기 수업 과정을 통해 표절이 단순한 실수가 아닌 잘못된 행위임을 알아야 한다. 글쓰기에서 표절은 '도적글'에 해당한다고도 한다. 따라서 대학생들은 글쓰기 윤리는 준수해야 한다는 점을 인식해야 한다. 글을 쓰는 과정에서 다인의 글이나 자료를 많이 참고한 것은 학문적인 노력을 드러내는 일이다. 이때 자기의 글에 타인의 글이나 자료를 인용할 때는 빠짐없이 주석으로 표기해야 떳떳하다. 남의 글을 인용할 때는 반드시 출처를 밝혀 인용 각주로 표기해야 한다. 특히 간접 인용을 할 때는 인용 주석 형식에서 어느 부분에서 어느 부분까지 인용했는지 알 수 있도록 표기해야 한다. 자기가 썼던 글이라 할지라도 자기의 다른 글에 출처를 무시하고 그대로 사용하거나 재편집하는 것도 표절에 해당한다. 이미 써서 발표한 글을 새 글처럼 조금 손을 대서 다시 발표하는 것도 글쓰기 윤리를 위반하는 행위라고 할 수 있다.

저작권 침해는 윤리의 문제를 넘어 타인의 지적 재산권을 침해한 법률적인 문제다. 저작권은 저작자의 문학, 영화, 예술 작품 등 저작물에 대한 독점적이고 배타적인 이용을 보장하는 권리이며, 복제를 통해 저작권자의 저작물을 출판하거나 저작물을 임의로 사용하지 못하게 하는 권리이다. 저작권이 소멸된 타인의 저작물을 출처 표시를 하지 않고 이용하는 것은 표절에 해당한다. 타인의 생각이나 글 등이 지적 재산에 포함된다는 점을 이해하고, 지적 재산의 가치를 인식하여 이를 존중하는 태도를 갖추어야 한다. 인용과 표절의 의미를 구분하고, 적절한 방법으로 다른 사람의 글을 인용하도록 하며 다른 사람의 지적 재산을 훼손하지 않도록 해야 한다.

자신의 생각이나 주장을 글로 옮길 때 상대방에게 피해를 줄 수 있는 표현을 삼가야 한다. 내가 쓴 글로 인해 다른 사람이 손해나 피해를 입는다면 이것도 글쓰기 윤리를 위반하는 일이다. 글쓰기는 개인 차원의 표현 행위이기도 하지만 사회적 차원의 행위이기도 하다. 만일 공동체에 영향을 줄 수 있는 부정적 가치관이나 왜곡된 관점으로 글을 생산한다면 그 공동체는 갈등 또는 균열이 생길 수도 있다. 그러므로 글을 쓸 때는 공동체의 공동선을 위하여 허위나 과장, 왜곡이나 축소를 하지 않고, 않고 사실적 내용과 진실한 내용을 담기 위해 노력해야 한다.

글쓰기 과정에서 다음과 같은 몇 가지 윤리적 관점을 점검하면서 글 쓰는 태도를 길러보자.

첫째, 정직하게 썼는가를 점검하자. 올바른 인용 방법을 사용하고 참고 자료의 출처를 정확하게 표기했는가, 다른 사람의 생각이나 글을 무심코 그냥 가져오지 않았는가, 인터넷 등에서 짜깁기를 하지 않았는가를 점검해보자.

둘째, 진실하게, 사실대로 썼는가를 점검하자. 나의 생각과 경험이 글의 내용과 일치하는가, 현장 조사나 관찰, 실험의 과정이나 결과를 사실대로 썼는가, 데이터를 바르게 해석하고 활용했는가를 점점해보자.

셋째, 타인을 배려하면서 썼는가를 점검해보자. 다른 사람을 비방하는 글이 아닌가, 거짓이나 허위로 쓰지 않았는가, 다른 사람에게 상처를 주거나 비방하는 글이 아닌가를 점검해보자.

3. 글을 잘 쓰려면

학생들은 글쓰기가 어렵다고 생각한다. 학생들이 '어떻게 하면 글을 잘 쓸 수 있는가'를 묻는다. 이러한 물음에 대개는 많이 써보라고 답한다. 이는 참으로 막연한 대답이다. 학생들은 무엇을 어떻게 얼마만큼 쓰라는 것인가를 알 수 없다. 그렇기에 학생들의 머릿속에는 글쓰기가 어렵다는 고정관념이 자리하고 있다. 이러한 고정관념을 깨뜨리기 위해서 몇 가지 방법을 제안하고자 한다.

글쓰기가 어렵다는 고정관념을 깨뜨리는 가장 좋은 방법의 하나는 평소에 습관처럼 가볍게 글쓰기를 해보는 일이다. 요즘에는 노트가 아니더라도 휴대전화에 간단히 메모를 할 수 있다. 무엇을 메모할까 걱정할 필요가 없다. 일상의 주변에서 일어나는 일들을 보고 느끼고, 판단한 대로 간단히 메모하면 된다. 예를 들어 하루에 한 번씩 사물에 말 걸기를 하자. 그 대답을 간단히 적어보면 글쓰기 습관을 들일 수 있다. 아침에 돌멩이가 발에 채이면 "너, 아프지 않니?"라고 돌멩이에게 말을 걸어 보자. 그러면 돌멩이가 "야, 잠자고 있는 나를 왜 차서 깨우니!" 또는 "아니, 내 자리가 싫었는데 네가 발로 차 옮겨줘서 고마워."라고 답할 수 있을 것이다. 물론 이는 사물에 말을 건 사람의 생각이다. 우리는 하루에도 수많은 일을 겪고, 수많은 사람과 사물을 만난다. 이러한 내용을 메모하거나 친구들과 휴대전화에 대화방을 만들어 주고받으면 글쓰기가 재미있고 또한 글쓰기 습관을 들일 수 있다.

글쓰기가 어렵다는 편견을 깨뜨리는 또 하나의 방법은 시간이 나는 대로, 생각이 나는 대로 편안한 마음으로 글쓰기를 해보는 일이다.

먼저, 다음의 예와 같이 낱말을 주어로, 동사나 형용사를 서술어로 삼아 아무 문장이나 만들어 보거나 글을 이어서 문장을 완성해 보자.

(1) 강아지가

(2) 휴대전화가

(3) 내 친구는

(4) 그녀(그)와 헤어지고 나서,

(5) 눈이 오는 날이면,

(6) 외딴 바닷가에 나 홀로 있었다. 그래서

조금 더 생각을 확장하여 글을 써보자. 쓰다가 막히면 '다시 말하면, 풀어 말하면, 특히, 구체적으로 말하면', '왜냐하면, 그 까닭은', '예를 들어, 이를테면' 등을 활용하여 문장을 펼쳐 보자.

(1) 높이 오른 새가 멀리 본다.

(2) 사랑에는 국경이 없다고 한다.

(3) 성형 수술은 필요하다.

(4) 대학 등록금을 반값으로 내려야 한다.

(5) 체벌은 금지되어야 한다.

(6) 나는 대학 생활 동안 하고 싶은 일이 많다.

글쓰기를 더 확장하여 '사실+의미(판단)' 구조로 문단을 작성해보자. 그러면 글쓰기가 쉬워진다. 일상에서 보고 느끼고 경험한 일을 먼저 사실대로 써보자. 예를 들어 "나는 늦잠을 자서 통학 버스를 타지 못했다."라는 문장은 사실 정보를 그대로 한 것이다. 사실 정보는 구체적으로 일어난 사건이나 대상, 보편적으로 입증된 객관적인 사실 등을 말한다. 이렇게 사실 정보를 쓰고 나면 이에 대한 어떠한 생각이나 판단 또는 해석을 붙일 수 있을 것이다. 이러한 사실을 겪었다면 아마도 "수업 시간에 늦어지면 선생님께서 꾸지람하실 것 같아서 마음이 불안해졌다."라는 생각이 들 것이다. 이러한 진술은 의미 정보다. 의미 정보는 사실 정보에 대한 필자의 판단이나 주장, 해석 등을 말한다. 이 두 문장을 합하면 "나는 늦잠을 자서 통학 버스를 타지 못했다. 수업 시간에 늦어지면 선생님께서 꾸지람하실 것 같아서 마음이 불안해졌다." 라는 문장이 된다. 이처럼 문단은 '사실+의미' 구조로 이루어진다. 문단은 사실과 의미의 두 정보의 반복이나 혼합에 의해 전개된다.

간단한 문장의 이어 쓰기에 좀 익숙해졌다면 확장해 보자. 문단을 실제로 전개할 때는 '사실과 의미'의 두 정보가 반복하거나 혼합하여 확대된다. 예를 들면 '사실+사실+사실', '사실+사실+의견', '의견+의견+사실+의견' 등으로 내용의 상호 관계에 따라 확장된다. 다음 예문에서 문단이 어떻게 구성되었는가를 살펴보자.

> ① 학생들은 글쓰기가 어렵다고 생각한다. ② 학생들이 '어떻게 하면 글을 잘 쓸 수 있는가'를 묻는다. ③ 이러한 물음에 대개는 많이 써보라고 답한다. ④ 이는 참으로 막연한 대답이다. ⑤ 학생들은 무엇을 어떻게 얼마만큼 쓰라는 것인가를 알 수 없다. ⑥ 그렇기에 학생들의 머릿속에는 글쓰기가 어렵다는 고정관념이 자리하고 있다.

위 문단은 '① 의견 + ② 사실 + ③ 사실 + ④ 의미 + ⑤ 사실 + ⑥ 의미'로 구성되었다. ' 학생들은 글쓰기가 어렵다고 생각한다.'라는 명제를 내세우고, 뒷받침 문장으로 이를 입증하고 있다. 즉 이 문단은 귀납추리로 주장과 근거 관계로 확장하였다고 할 수 있다.

앞에서 글쓰기를 가볍게 연습했다. 이제 좋은 글을 쓰기 위해서 어떻게 써야 할지 살펴보자. 좋은 글이란 첫째, 읽으면 알 수 있고, 읽을 맛이 나야 하며, 읽을 만한 가치가 있는 것을 말한다. 그러므로 좋은 글이란 작가의 동기와 의도에 맞도록 정확한 어휘로써 표현해야 한다. 글이 잘 쓰였느냐의 여부가 '무엇'을 '어떻게' 썼는가로 결정된다면, '무엇'이 강조되면서 '어떻게'를 소홀히 하거나 '어떻게'를 강조하면서 '무엇'을 소홀히 했을 때는 좋은 글의 필요충분 조건을 만족할 수 없다.

먼저 좋지 않은 글은 어떤 것인가를 알아보자. 무엇보다도 무엇을 썼는지 알 수 없거나 알 수는 있어도 재미가 없는 글이나 재미있게, 멋지게 썼구나 싶은데, 마음에 느껴지는 것은 없는 글은 좋지 않은 글이다. 누구나 다 알고 있는 것을 알고 있는 그대로만 쓴 글이나 사실이 아닌 거짓을 쓴 글도 좋은 글이 아니다. 그리고 자기 생각은 없고 남의 생각이나 행동을 흉내 낸 글이나 쓰라고 해서 할 수 없이 억지로 쓴 글은 좋지 않은 글이다. 꼭 하고 싶은 말이 무엇 인지 갈피를 잡을 수 없도록 쓴 글도 좋은 글이 아니다.

좋은 글이란 그럴듯한 말들로 엮어진 미문(美文)을 뜻하는 것이 아니다. 진솔하고 성실 한 사고의 내용과 사실성과 진정성을 담고 있고, 말이 아닌 글로서의 틀을 제대로 갖추고 있 다면 좋은 글로서 조건을 갖추었다고 할 수 있다. 와트(Watt, William W.)는 「An American Rhetoric」에서 좋은 문장의 요건으로 ① 내용성, ② 독창성, ③ 정직성, ④ 성실성, ⑤ 명료성, ⑥ 경제성, ⑦ 정확성, ⑧ 타당성, ⑨ 일관성, ⑩ 자연성 등을 들고 있다. 이를 간단히 요약해 서 좋은 글이 갖춰야 할 조건을 살펴보자.

첫째, 내용(Content)의 충실성과 독창성(originality)을 갖추어야 한다.

글은 무엇보다도 내용이 충실해야 한다. "If you have nothing to say, don't say it."이라는 말처럼 부질없이 긴 글을 써 놓았어도 담긴 내용이 공허하거나 무의미한 것이면, 그런 글은 쓸 필요가 없다. 그는 "In good writing the 'what' is as important as the 'how'."라고 말하고 있다. 글쓰기에서 '어떻게' 쓸 것인가도 중요하지만 '무엇'을 쓸 것인가도 중요하다.

독창성이란 개인이 갖는 창의적 능력을 뜻한다. 글은 어느 특정한 개인이 쓰므로, 그 개인 의 경험과 지식, 상상력이 그의 인성에 작용하여 표현되는 언어능력의 창의적 실현이다. 사 물을 새롭게 본다는 관점의 독창성이 중요하다. 이를 위하여, 인생 체험을 목적으로 탐험가 처럼 나서는 길이 있고, 늘 보아 온 세계에 새로이 눈을 돌리는 방법이 있다. 독창성이란 그 만큼 새로운 것의 제시, 곧 참신성을 위한 노력을 전제로 한다. 아무리 진부한 소재라도 쓰는 이의 관점에 따라 얼마든지 독창적 내용으로 변용될 수 있다.

둘째, 정직성(honesty)과 성실성(Sincerity)을 갖추어야 한다.

정직성이란 자신의 독창적인 글인가, 남이 쓴 글의 일부인가, 개념의 인용인가를 분명히 밝히는 태도를 말한다. 솔직하게 자신의 생각으로 허심탄회하게 쓰면 된다. 이것은 현란한 수식어와 다변으로 자신을 드러내는 사람보다 더듬거리는 눌변으로 자신을 겸허하고 정직 하게 전달하는 사람에게 더 호감이 가는 것과 다를 바 없다. 또한 남의 생각이나 글을 아무런 인용 표시도 없이 옮겨 오는 것은 정직성을 해치는 일이다.

성실성이란 자기다운 글을 정성스럽게 쓰는 것을 뜻한다. 마음에도 없는 글, 자신의 글이 아닌 설익은 문장으로 교양 있고 유식하며 사려 깊음을 과시하고 허세를 부리게 되는 경우도 있다. 유식함을 자랑하는 것보다도 정성을 기울여 문장을 짓는 것이 더 중요하다. 수사의 기교에만 치중하다 보면 내용이 허실하여 내허외화(內虛外華)한 글이 되기 쉽고, 내용에만 집착하다 보면 수사의 묘가 결여되어 읽을 마음이 없어진다. 그러므로 내용과 형식, 사상과 기교는 둘이며, 하나인 것이다.

셋째, 명료성(clarity)과 경제성(economical efficiency)을 갖추어야 한다.

명료성이란 '글이 지닌 의미의 선명함'을 말한다. 무엇을 쓰고 있는가를 분명히 알 수 있도록 쓴 글이라야 잘 쓴 문장이다. 어느 문장이 불명료한 까닭은 다음의 두 가지로 요약된다. 하나는 서술의 특수화나 구체화가 이루어지지 않은 까닭이다. 일반적 추상적인 이야기만 나열해서는 무엇을 말하는지 이해하기가 어렵게 된다. 다른 하나는 잘못된 문장 구성에 그 까닭이 있다. 문장의 단위는 문이고, 문의 통일성 있는 집합이 문단이며, 문단의 통일된 집합이 하나의 완성된 글이다. 문과 문단이라는 부분은 전체와 유기적 관계를 갖고 있어야 한다.

최소한의 노력으로 최대한의 효과를 얻고자 하는 경제의 원리는 문장에도 적용된다. 필요한 자리에서 필요한 만큼의 말만 쓰는 것이 문장의 경제성이다. '필요한 말을 필요한 곳에서 필요한 만큼 하라'는 것은 일상 대화나 문장에 다 소용되는 금언이다. 그러나 필요한 서술과 수식, 효과 있는 반복 등에 인색한 것과 경제성은 별개의 문제다. 문장은 필요한 말을 필요한 만큼 부려 써서 필요한 만큼의 길이로 끝나야 한다.

넷째, 정확성(correctness)과 타당성(appropriateness)을 갖추어야 한다.

정확성은 글을 적절한 어휘로써 어법과 기타 부대조건에 맞게 쓰는 것을 말한다. 맞춤법, 표준 어법, 띄어쓰기, 구두점 찍기 등을 정확히 알고 문장을 써야 한다. 미국의 어느 작가 교수가 글쓰기 교과목에서 철자 하나 잘못 적었다고 C학점을 준 일이 있다고 한다. 이는 너무 가혹하다기보다 문장을 정확히 써야한다는 점을 강조하였다고 하겠다. 이것은 기본 질서에 대한 훈련에 익숙한 사람만이 자유인이 될 수 있다는 말과 같다.

타당성이란 문맥상으로 문장이 시점, 독자, 목적 등의 기준에 맞게 써야 함을 말한다. 시점은 작중화자의 인칭을 표준으로 한다. 소설에서 시점은 가장 두드러지나, 담화문이나 논설문에서도 시점은 역시 중요하다. 누가 읽게 될 것인가는 글을 쓰는 이의 주요 관심사다. 전달의 문장이면 독자를 철저히 고려해야 한다. 동창회 소집의 글, 조사나 추도사, 어린이를 독자로 하는 글, 불특정 다수를 독자로 하는 글 등은 각각의 독자의 타당성을 배려해야 한다. 그리고 글을 쓰는 목적에 따라 서술의 양식이 다르다. 글을 쓰는 목적에 따라 설명, 논증, 서사, 묘사 등 양식이 달라진다. 그 나름의 다른 기법이 요구된다. 예를 들어 설명하는 글은 철저히 객관적으로 사물의 '무엇이 어떠함'을 알리는 것이 목적이므로 지적인 영역의 글로서 정의(情意)

의 내용은 배제된다.

다섯째, 일관성(consistency)과 자연성(naturalness)을 갖추어야 한다.

일관성은 글의 시점, 난해도, 형식적 요건(어조, 문체, 내용 등)이 일률적인 것을 뜻한다. 글의 중도에서 이를 변화시킬 필요가 있으며, 독자가 마음의 자세를 가다듬을 여유를 갖도록 하는 등 글을 쓰는 이는 신중을 기해야 한다. 또한 일관성은 단락을 이루는 여러 문들이 긴밀한 결합력을 갖고 있는 기본 성질을 뜻한다. 단락 내부의 문들은 한 단락을 지배하는 일정하고, 일관된 질서와 그에 맞는 논리성에 따라 유기적 관련을 가진 구조라야 하기 때문이다. 하나의 단락은 문의 무의미한 혼집이 아니라 문의 일관성 있는 집합이다.

글은 자연스러워야 한다. 자연스러움은 문장의 흐름이 순탄한 동시에 거슬리는 어구가 없어 이해하기에 순조로운 것을 뜻한다. 지나치게 기교를 부리거나 현학적인 냄새를 풍기려다가 부자연스러운 문장을 써내기 쉽다. '자연스러움'이란 '가식이 없음'을 말한다. 문장에서 억지로 꾸며 돋보이게 하려 할 때, 부자연스러워지며 오히려 진실성이 사라지게 된다. 영작문을 해서 미국인에게 보여주면 문법적으로 틀린 곳이 없는 데도 잘못된 문장임을 지적하는 경우가 있다. 그 까닭은 대개 문법적으로 틀린 것이 아니라 문장이 자연스럽지 않다는 것이다.

글을 잘 쓰려면 다음과 같은 사항을 늘 머릿속에 두어야 한다.

> ① 내용을 충실하고 진솔하게 쓰자.
> ② 생각과 느낌을 쓰자.
> ③ 체계와 기술을 논리적으로 쓰자.
> ④ 표현을 정확하고 참신하게 쓰자.

글을 잘 쓰기 위해서 먼저 "내가 글을 잘못 쓰고 있지 않은가"하는 불안감을 버리고 짧은 글이라도 자기 생각을 글로 써보자. 글의 주제에 관해 주위 사람들과 미리 이야기해보고, 글을 쓸 때 자신이 잘 알고 있는 쉬운 부분부터 글쓰기를 시작하자. 글을 쓰기 힘든 이유가 무엇인지 하나씩 스스로 따져보자. 그리고 체험의 영역을 넓히고 다양한 글을 읽어서 깊이 생각하고 절실하게 느낀다면 더욱 글쓰기에 대한 자신감과 즐거움을 가질 수 있을 것이다.

특히 논리적인 글을 쓸 때는 목표를 잘 세워야 한다. 왜 글을 쓰는지, 무엇을 위해 쓰는지, 누가 읽을 것인지를 분명히 인식해야 한다. 글을 쓰기 전에 자료를 풍부하게 준비하고 분석하여 창의적으로 주제를 설정해야 한다. 개요를 작성하여 실제로 글을 쓸 때는 바른 문장을 쓸 수 있는 능력을 키우고, 글의 장르와 성격에 맞게 쓰는 법을 익혀야 한다. 글을 쓰면서 주제와 논점이 무엇인가를 점검해야 하며, 다 쓰고 나면 정성을 다해 글을 다듬어야 한다.

문단·문장·단어 쓰기

글은 간략하게 '생각이나 일 따위의 내용을 글자로 나타낸 기록'으로 정의될 수 있다. 즉, 글이란 것은 글쓴이가 사고한 내용이나 발생한 사건의 경위 등에 대한 사항을 문자로 나타낸 것을 이른다는 말이다. 따라서 글쓰기에서 중요한 문제는 의미적인 부분과 형식적인 부분으로 크게 나누어진다고 볼 수 있다. 첫째는 내용을 어떻게 표현하여 독자에게 전달하는가와 관련이 있고, 둘째는 그 내용을 문자로 어떻게 표기하는가와 관련이 있다. '글쓰기의 기초'와 관련된 사항을 다루는 이 장에서는 먼저 글의 의미적인 부분과 관련된 문단, 문장, 단어의 특성에 대해 살펴보고, 그 다음에는 글의 형식적인 부분과 관련된 표기 방식에 대한 내용을 다룰 것이다.

한 편의 글은 그 자체로 독립된 의미 단위가 될 수 있는 문단들의 연결로 구성되며, 한 문단은 역시 문단보다는 작지만 그 자체로 독립적인 의미 단위가 될 수 있는 문장들의 연결로 구성이 된다. 그리고 문장은 그보다 더 작은 의미 단위인 단어나 형태소들의 결합으로 구성이 된다. 따라서 좋은 글을 쓰기 위해서는 적절한 내용을 정확하게 표현한 좋은 문단의 구성이 필요하며, 또한 좋은 문단의 구성에서는 글의 주제와 관련된 내용을 적절하게 제시한 좋은 문장의 연결이 요구된다. 마찬가지로 좋은 문장을 쓰기 위해서는 나타내고자 하는 의미를 명확하게 표현하는 단어와 형태소의 적절한 선택이 필요하며, 그 단어와 형태소들을 문법에 맞는 방식에 따라 결합해야 한다. 아울러 문장 구성에 쓰이는 단어와 형태소는 정확한 표기의 규칙을 따라야 할 필요가 있다.

앞에서 살펴본 바와 같이 한 편의 글은 문단들의 연결로 구성되기 때문에 문단 쓰기는 글쓰기의 가장 중요한 기초가 된다. 글의 개요를 작성한 후, 몇 개의 문단으로 글의 구성할지에 대해 생각하고 각각의 문단을 쓰게 되므로, 먼저 문단의 특성과 작성 방법을 아는 것이 필요하다. 이를 통해 문단을 구성하는 각각의 문장들의 기능에 대해 알게 됨으로써 어떤 문장을 써서 문단을 구성하는지를 파악할 수 있게 된다. 그리고 문단의 주제와 관련된 내용들이 문장을 통해 표현되므로, 내용적 적절성과 형식적 정확성을 고려하며 문장을 쓰는 방법에 대한 지식도 갖출 필요가 있다. 문장 쓰기의 단계에서는 문장 구성단위인 단어와 형태소의 선택이 중요해지는데, 이를 위해 문장을 구성하는 단어와 형태소들의 적절한 선택과 정확한 표기의 중요성에 대해 알 필요가 있다. 따라서 이 장에서는 글의 하위 단위를 '문단-문장-단어'의 순으로 제시하고, 각 단위의 구성 방법과 특성에 대해 좀 더 자세하게 살펴볼 것이다.

1. 문단

1) 문단의 개념과 문단 구분의 필요성

문단은 한 편의 글을 구성하는 작은 단위의 글을 말한다. 문단은 여러 개의 문장으로 구성이 되어 있는데, 전체 글의 주제와 관련된 그 문단의 중심적인 내용을 전달하는 '중심 문장'을 핵심으로, 문단의 주제와 관련된 내용을 설명하거나 주장의 근거를 제시하는 여러 개의 '뒷받침 문장'이 논리적으로 배열되어 있는 구성을 갖춘 것이다. 문단의 끝에는 그것의 중심 내용을 다시 말하거나 문단 전체의 내용을 요약하는 기능을 하는 '마무리 문장'이 올 수 있는데, 이는 반드시 필요한 것은 아니다.

문단은 일반적으로 한 편의 글에서 '들여쓰기'를 통해 구분이 되는데, 이는 사고나 정보에 대한 기술로서 소주제에 대한 내용을 중심으로 그에 대한 글쓴이의 사고나 견해가 통합적으로 표현되고 마무리되는 단위이다. 따라서 글쓴이에게 문단이란 그것을 통해 복잡한 생각들을 여러 단위들로 나누고 조직화하여, 표현하고자 하는 바를 좀 더 쉽게 나타낼 수 있도록 해 주는 기제가 된다.

문단은 또한 글을 읽는 독자들에게 글을 쉽게 이해할 수 있도록 하는 데 도움이 된다. 한 편의 글에서 문단은 글의 논리를 구체적으로 드러내 주는데, 글쓴이가 전달하고자 의도했던 사고나 견해의 중심 내용이 작은 글의 단위들의 연결을 통해 표현된다. 그러므로 독자들은 문단 구성의 흐름에 따라 글쓴이가 전달하고자 하는 바를 이해해 가면서 마침내 전체의 글의 내용을 부담 없이 파악해낼 수 있게 되는 것이다. 즉, 전체의 글을 한 번에 파악하는 것은 인지과정에 부하가 걸리도록 할 수 있는데, 문단을 통한 글의 순차적인 이해는 이런 부담을 덜

어주는 데 도움이 된다.

글쓴이들은 글을 쓸 때 최소한 어떤 논리를 가지고 글의 주제를 설정하고 그와 관련된 내용들을 문단을 통해 체계적으로 조직하여 표현하려는 계획을 세운다. 따라서 자신의 글이 적절한 구성 방식으로 이루어져 있다고 생각하는 경우가 많은데, 실제로 독자들은 그렇게 생각하지 않는 경우가 많다. 독자들 또한 글의 이해와 평가에 대한 나름의 방식과 기준을 갖고 있기 때문에 그런 방식과 기준에서 벗어나면 글의 구성이 이해하기 어려운 방식으로 이루어진 것으로 판단하는 경우가 많다. 따라서 문단 구성을 할 때 글쓴이는 독자의 입장에 서서 자신의 글의 구성 방식을 객관적이고 냉철하게 평가할 필요가 있다.

2) 문단의 구성

앞에서 문단은 기본적으로 중심 문장과 뒷받침 문장으로 구성되며, 마무리 문장은 선택적으로 포함시킬 수 있다고 설명했다. 좋은 문단을 쓰기 위해서는 이 세 가지 구성 요소의 특성에 대해 알아볼 필요가 있다.

(1) 중심 문장

중심 문장은 문단의 소주제를 제시하는 기능을 한다. 따라서 중심 문장에서는 문장에서 말하고자 하는 대상인 '화제'와 그에 대한 글쓴이의 사고, 견해 등이 함께 표현되어야 한다. 이를 통해 그 문단에서 논의하고자 하는 주제의 목적과 내용의 범위가 분명해진다. 중심 문장은 소주제에 대해 무엇을 다룰 것인가를 명확히 제한해야 하는데, 그렇지 못한 경우에는 다루는 내용의 범위가 넓어지게 되어 글쓴이가 감당하기 힘들어지게 된다. 따라서 문단의 중심 문장은 간결하고 분명하며 구체적이어야 한다. 이런 중심 문장을 통해 독자는 글쓴이가 그 문단에서 논의하고자 하는 내용이 무엇인지를 명확하게 파악할 수 있게 된다.

문단에서 중심 문장의 위치는 문단의 유형을 구분하는 기준이 된다. 중심 문장의 위치에 따라 문단은 '두괄식', '미괄식', '중괄식', '양괄식' 등으로 구분된다.

두괄식은 중심 문장의 위치를 문단의 처음에 놓는 방식으로 가장 보편적으로 사용되는 유형이다. 이것은 글쓴이의 생각을 먼저 밝히면서 말하고자 하는 바를 분명하게 제시하는 방식인데, 주로 글쓴이의 생각이 독자가 쉽게 이해하거나 공감할 수 있는 내용인 경우에 사용된

문단의 유형

ㄱ. 두괄식: 중심 문장의 위치가 문단의 처음에 놓이는 유형

ㄴ. 미괄식: 중심 문장의 위치가 문단의 끝에 놓이는 유형

ㄷ. 중괄식: 중심 문장의 위치가 문단의 중간에 놓이는 유형

ㄹ. 양괄식: 중심 문장의 위치가 문단의 처음과 끝에 놓이는 유형

다. 미괄식은 중심 문장이 문단의 끝에 위치하는 유형으로, 중심 문장에 대한 충분한 근거나 설명이 먼저 제시되기 때문에 글쓴이가 제시한 주장 등에 대해 독자가 어렵게 느끼거나 동의하기 어려울 때 주로 활용된다. 중괄식은 중심 문장의 위치가 문단의 중간에 놓이는 유형으로, 문단의 소주제와 관련하여 성격은 다르지만 서로 관련이 되어 있는 내용을 자연스럽게 연결하기 위해 사용된다. 이는 주로 두괄식이나 미괄식으로 구성되는 문단으로 인해 생길 수 있는 글의 단조로움을 피하기 위해 쓰이는 유형이다. 양괄식은 중심 문장의 위치가 문단의 처음과 끝에 놓이는 유형인데, 주로 문단의 주제와 관련된 핵심 내용을 처음과 끝에 반복하여 제시함으로써 글쓴이의 견해를 강조하는 효과를 거두기 위해 사용하는 유형이다.

여러 문단으로 이루어진 한편의 글에서 중심 문장의 위치에 따라 구분한 문단의 유형들이 하나만 쓰이는 것은 아니다. 문단이 다루는 내용이나 각 문단이 갖는 기능에 따라 하나의 글에서도 다양한 유형의 문단이 쓰이는데, 다음 글의 내용을 문단을 중심으로 파악해 보며 문단의 유형 구분에 대해 살펴 볼 것이다.

세대 간의 언어 변화

흔히 언어는 끊임없이 변한다고 한다. 100년 전의 말과 현재의 말은 결코 같을 수 없다. 또한 훈민정음 창제 당시의 국어는 외국어로 느껴질 정도로 현대 국어와 큰 차이를 보인다. 이는 잠시도 쉬지 않고 언어가 변해 온 결과인 것이다. 이는 작게 보면 세대 간의 언어차의 축적이라고 보아야 할 것이다. 아버지 세대와 아들 세대 사이에 언어차가 있다는 것은 널리 인식되어 있는 사실이며, 누구나 쉽게 체험하는 일이다. 젊은이들이 보기에 어른들은 너무 구식으로 말하는 것으로 보이고, 어른들이 보기에 젊은이들은 너무 신기한 것만 좇는 듯한 느낌을 받는 일이 많기 때문이다. (중괄식)

이것은 무엇보다 한 세대 사이에도 무수히 일어나는 세상의 변화에서 비롯되는 현상이다. 아버지

세대는 호드기(버들피리)를 만들어 불었으므로 그 단어를 어른이 되어서도 쓴다. 그러나 아들 세대는 이미 그 물건을 볼 수 없게 되었으므로 자연히 그 단어도 모르게 된다. 구식 한옥에서 살았던 아버지들에게는 '뒤껼, 부뚜막, 살창'이 모두 익숙한 단어들이지만 아파트에서 사는 아들에게는 이런 단어들은 마치 중세의 문헌쯤에서 보는 고어처럼 느껴질 것이다. 반대로 아버지 세대들은 새 세상에 어두워 새로이 등장하는 무수한 새 사물의 이름들에 대해 아들 세대만큼 밝지 못하다. <u>언어의 세대차는 일차적으로는 이러한 사물의 변화에서 비롯되는 현상이다.</u> (**양괄식**)

그러나 세대 간의 언어차는 그처럼 단순한 원인에서만 비롯되는 것은 아니다. 예를 들어 교수들은 '과 사무실'이라고 발음하고 학생들은 '꽈 사무실'이라고 발음할 때 그 내용이 달라져서 발음이 달라진 것은 아니기 때문이다. 아버지 세대가 '꽃이, 무릎에'라고 발음하는 것을 아들 세대가 '꼿이, 무릅에'라고 발음하는 것도 마찬가지일 것이다. '희망, 무늬'가 '히망, 무니'로 바뀌고, '서 말, 넉 달'을 '세 말, 네 달'이라고 하는 것도 '희망, 무늬'의 내용이나 '말'이나 '달'의 내용이 바뀐 탓은 아닐 것이다. 아버지 세대들이 '달력, 수첩'이라 하는 것을 아들 세대들이 '캘린더, 다이어리'라 하는 것도 그 내용물의 변화 때문은 아닐 것이다. (**두괄식**)

어떤 이유에서건 한 세대가 바뀌면 언어도 얼마만이라도 변화를 입기 마련인 듯하다. 신세대는 어쩔 수 없이 개신형을 더 많이 쓰게 되기 때문이다. 이러한 개신형이 자리를 잡으면서 세대 간의 언어차가 쌓이고 쌓이면 중세 국어와 현대 국어 사이만큼의 큰 언어 변화를 만들어 내게 될 것이다. 그렇게 보면 <u>세대 간의 언어차는 언어 변화의 한 작은 입자이며, 언어 변화의 진행상이라고 볼 수 있다.</u> (**미괄식**)

-장소원 외, 『말의 세상, 세상의 말』

위 글은 모두 4개의 문단으로 구성되어 있는데, 각 문단에서 밑줄 친 문장은 중심 문장으로 볼 수 있다. 이 중심 문장들은 문장에서 나타나는 위치가 모두 달라 다양한 유형의 문단이 한 편의 글에 쓰이고 있음을 잘 살펴볼 수 있는데, 중심 문장들을 모아 보면 전체 글의 핵심 내용이 무엇인지를 빠르고 쉽게 파악할 수 있다.

ㄱ. 이(언어 변화)는 작게 보면 세대 간의 언어차의 축적이라고 보아야 할 것이다.

ㄴ. 이것(세대 간의 언어차)은 무엇보다 한 세대 사이에도 무수히 일어나는 세상의 변화에서 비롯하는 현상이다.

언어의 세대 차는 일차적으로는 이러한 사물의 변화에서 비롯되는 현상이다.

ㄷ. 그러나 세대 간의 언어차는 그처럼 단순한 원인(세상의 사물의 변화)에서만 비롯되는 것은 아니다.

ㄹ. 세대 간의 언어차는 언어 변화의 한 작은 입자이며, 언어 변화의 진행상이라고 볼 수 있다.

이 중심 문장들을 바탕으로 전체 글의 내용을 다음과 같이 정리할 수 있다.

⇒ 언어 변화는 작게 보면 세대 간의 언어차의 축적이라고 볼 수 있는데, 세대 간의 언어 차는 한 세대 사이에도 무수히 일어나는 세상의 변화에서 비롯하는 현상이다. 언어의 세 대차는 일차적으로는 세상의 사물의 변화에서 비롯된다. 하지만 세대 간의 언어차는 세 상의 사물의 변화에서만 비롯되는 것은 아니다. 변화의 원인이 불분명한 발음의 변화에 서도 세대차가 나타나고, 외래어를 선호하는 어휘 선택의 경향도 세대 간의 언어차에 영 향을 미친다. 따라서 세대 간의 언어차는 언어 변화의 한 작은 입자이며, 언어 변화의 진 행상이라고 볼 수 있다.

(2) 뒷받침 문장

뒷받침 문장은 중심 문장이 나타내는 내용과 관련된 이유나 근거 또는 사례나 해설을 제공 하여, 글쓴이가 중심 문장을 통해 제시한 어떤 주제를 독자들에게 쉽게 이해시키거나 납득시 키는 역할을 한다. 뒷받침 문장은 중심 문장의 내용에 따라 다양한 방식으로 제시될 수 있다. 즉, 중심 문장이 어떤 주장으로 제시되면, 뒷받침 문장은 그에 대한 논리적 근거나 이유로 제 시될 수 있고, 중심 문장이 어떤 신정보로 제시되면, 뒷받침 문장은 그에 대한 설명이나 구체 적인 사례로 제시될 수 있다. 아래에 제시된 각기 다른 유형의 뒷받침 문장이 쓰인 예들을 살 펴보자.

소주제문에 대한 예시

성별에 따른 언어 차이가 가장 분명하게 드러나는 것은 남자들이 쓰는 어형과 여자들이 쓰는 어형이 완전히 별개의 것으로 분리되어 있는 경우일 것이다. 화자의 성별에 따라 동일 한 대상을 다른 어형으로 부르는 것은 분명히 성별이 하나의 변수로 작용하는 현상이다. 친 족 명칭의 경우가 대표적이라고 할 수 있는데 국어의 예를 보면 동일한 대상이지만 남자가 화자일 때는 '누나'라고 부르고, 여자가 화자일 때는 '언니'라고 부른다. 이는 성별에 따라 어형이 분화되어 있는 좋은 예이다. 또한 '형'과 '오빠'도 동일한 대상을 두고 화자의 성별에 따라 어형이 분화되어 있는 예이다.

-장소원 외,『말의 세상, 세상의 말』

사람의 뇌는 두 쪽의 반구로 이루어져 있는데, 모양은 좌우가 대칭으로 비슷하지만 구조나 기능은 꽤 다르며, 이 가운데 좌뇌가 주로 언어기능을 담당하는 것으로 알려져 있다. 오른손잡이가 좌뇌 기능이 우수하고, 왼손잡이가 우뇌 기능이 우수하다는 것에서도 알 수 있듯이 뇌의 각 반구는 신체의 반대편의 기능과 관련되어 있다. 어떤 언어학자는 언어 자료를 처리하는 데 있어서 오른쪽 귀가 왼쪽 귀에 비해 뛰어나다는 것을 증명하고, 또 다른 언어학자들은 말의 감정적 어조에 주의를 기울이면 왼쪽 귀가 더 유리하다는 것을 증명했다고 한다. 이를 비롯한 많은 연구를 통해 우뇌는 종합적인 지각(표면적 인식, 패턴 인식, 구상화 등)과 관련되어 있으며, 좌뇌는 분석이나 결합, 그 단위들을 순차적으로 처리하는 기능과 관련되어 있다는 것을 알아냈다. 이때 언어 능력은 분석, 결합, 순차적 처리 능력의 일부라고 볼 수 있어 좌뇌의 기능에 포함되는 것으로 보는 것이다.

-김미형 외,『인간과 언어-본능과 능력 사이』

신문, 잡지의 기사는 특정한 양식에 의해 작성되어야 한다. 신문 기사는 크게 표제, 전문, 본문으로 이루어진다. '표제'는 '제목' 또는 '헤드라인'이라고도 한다. 표제에는 주표제와 부표제가 있다. 많은 독자들이 신문에서 표제들을 대충 훑어보고 나서 관심이 가는 기사를 찾기 때문에 기사의 구성 요소 가운데에서 표제가 차지하는 비중은 매우 크다고 할 수 있다. 기사의 표제는 기사의 핵심 내용을 단적으로 암시하면서도 독자의 관심을 끌 수 있어야 한다. '전문'은 '모두문', '요약문'이라고도 하는데 기사의 핵심 내용을 요약한 문장을 말하는 것이다. 전문은 '대규모 테러가 발생했다'와 같이 폭탄적인 표현으로 제시하기도 하고 관련되는 여러 사실들을 집약적으로 제시하기도 한다. '본문'은 기사 내용이 세부적으로 기술된 부분을 말한다.

-장소원 외,『말의 세상, 세상의 말』

(3) 마무리 문장

마무리 문장은 문단의 중심 내용을 다시 말하거나 예측이나 제안을 제공하는 기능을 한다. 하지만 모든 문단에 마무리 문장을 쓸 필요는 없다. 글 전체의 구성에서 마무리에 해당하는 문단인 경우나 긴 문단인 경우에는 마무리 문장이 필요할 수 있다. 이를 통해 한편의 글이나 문단이 종결됨을 알림과 동시에 핵심 사항을 요약하여 독자에게 이를 상기시키고, 아울러 주제와 관련된 최종 의견 등을 덧붙이는 것이 가능하기 때문이다. 한편의 글이나 한 문단이 끝나는 것을 알려주는 표지로는 '결론적으로, 요약하자면, 결과적으로' 등과 같은 표현을 사용할 수 있다. 아래에 제시된 각기 다른 유형의 마무리 문장이 쓰인 예들을 살펴보자.

문단의 중심 내용의 정리

'쓰+ㄹ+데+없다'는 여러 요소로 이루어진 말입니다. 예전에는 이 말을 하나의 단어로 인식하지 않았을 것입니다. 왜냐하면 문법적으로 명확하게 분석되는 말이기 때문이지요. 그렇지만 차츰 '쓸데없다', '쓸데없이'가 한 단어처럼 쓰이기 시작합니다. 생각해 보세요. 여러분은 '쓸 데 있다', '쓸 데 있게'와 같은 표현을 쓸 때가 있나요? 어법상으로 볼 때 '쓸 데 있다'나 '쓸 데 있게' 등이 틀렸다고 하기는 어렵지요. 그렇지만 이런 표현을 쓸 상황은 거의 없을 것입니다. 이처럼 특정 표현이 굳어지면서 관용 표현으로 바뀌거나 한 단어로 인식되면서 새로운 단어가 만들어집니다. 결국 통사적 구조를 갖던 표현이 형태적 구조인 단어로 변화한 것입니다.

-허재영, 『나는 국어의 정석이다』

문단의 중심 내용과 관련된 제안

그럼에도 불구하고 정해진 문장 부호를 바르게 쓰는 태도는 원활한 의사소통을 위해 매우 중요합니다. 다음 문장을 살펴봅시다.

-어린아이가 노래를 부르면서 지나가는 청년을 따라 갔다.
-어린아이가, 노래를 부르면서 지나가는 청년을 따라 갔다.
-어린아이가 노래를 부르면서, 지나가는 청년을 따라 갔다.

세 문장은 반점(쉼표)을 어떻게 썼는가만 차이가 있습니다. 처음에 쓴 문장은 다음 두 문장처럼 모호하게 해석할 수 있는 문장이지요. 그러나 두 번째 문장은 노래를 부른 사람이 청년임을 의미합니다. 세 번째 문장에서는 노래를 부른 사람이 어린아이입니다. 이처럼 문장 부호 하나로 문장의 의미가 달라질 수도 있다는 사실을 유념해야 할 것입니다.

-허재영, 『나는 국어의 정석이다』

1 다음의 글을 읽고 일부가 생략된 마지막 문단의 내용을 완성해 보자.

'역사적'이라는 단어는 반드시 인류의 말이 있음을 전제로 해서 가능한 개념이다. 인류에게 역사의 강을 굽이굽이 흐르도록 길을 터 준 것은 사실상 언어이기 때문이다. 시간이 흐른다고 해서 역사가 이루어지는 것은 아니다. 계승의 개념 속에서 역사는 비로소 의미 있는 개념이 된다.

한 세기의 정신적 활동의 소산은 언어로써 표현되며, 그 언어는 구전으로 또는 문헌 자료로 다음 세대에 전승된다. 이로써 인간은 이미 그 시작이 탄탄한 역사의 바탕 위에서 또 다른 다음 세기를 시작하게 된다. 곧 발전의 개념이 가능하게 된다. 동물들이 종족 보전의 본능과 모성애의 본능을 후손에게 물려주는 것과는 근본적으로 다른 것이다. 동물들은 세대가 거듭되어도 늘 똑같은 종류의 본능에 머물러 있다. 그러므로 언어는 역사의 탑을 쌓아올려 단단하게 결속하게 하는 쐐기 같은 것이라고 할 수 있다. 쐐기가 박혀지면서 축적의 양은 커진다. 만일 쐐기가 없다면 축적의 개념은 한계가 있다.

시간을 넘어서서 인간이 의사 전달을 하고자 하는 욕망으로 이루어진 것이 바로 문자이다. 인류 역사의 시작을 문자의 시작으로 보는 것은 일리가 있다. 그 이전 시기를 우리는 선사시대라고 부른다. 곧 문자가 없으므로 우리가 알 수 있는 것이 아무 것도 없는 시기라는 것이다. 인류의 말이 시작된 시기를 50만 년 전 정도로 보며, 인류의 문자가 시작된 시기를 약 5,6천 년 전 정도로 본다. 문자는 음성언어에 비해 훨씬 나중 시기에 발생했다. 문자의 발생은 인간이 서로에게 정보를 주되 그 흔적을 남겨두려는 욕구에서 비롯했다. 흔적을 남겨 두면 공간과 시간을 초월하여서도 정보가 전달되기 때문이다.

음성으로 하는 말(음성언어)과 시각적 기호로써 보여주는 글자(문자언어), 이 두 종류가 모두 인간의 언어이다. 음성언어를 1차적 언어라고 하고 문자언어를 2차적 언어라고 한다. 음성언어는 어떤 부족, 민족이건 다 가지고 있는 본유적인 것이고, 문자언어는 좀 더 지혜가 발달하면서 음성언어의 한계를 메우기 위해 인간이 인위적으로 발명한 것이기 때문에 이렇게 보는 것이다. 세계에는 3천여 종 이상의 언어가 있는데, 이 중 문자를 가진 언어는 500여 개라고 한다.

음성언어의 한계를 문자로써 극복한 민족은 문명이 더 발달했다. 음성언어를 시각적으로 표현하는 문자가 있음으로써 세대적 계승이 가능해지고, 행정, 교육, 문화 등 문명적인 발달이 가능하게 되었다. 소리로 말하는 음성언어로써 심오한 사상이나 철학을 논하기는 어렵다. 생각해 보라, 책 한 권 분량에 해당하는 내용을 어떻게 음성언어로써 구성할 수 있겠는가. 문자가 있었기에 그 내용을 가득히 담을 수 있었다. 우리가 어떤 주제에 대해 깊고 넓게 생각해야 할 때 글로 작성하면 훨씬 좋은 내용이 나올 수 있게 되는 것은 문자로써 생각의 흐름을 가시적으로 붙잡아 두기 때문이다. 시간이 지나도 앞의 내용을 읽어보고 다음 내용을 이을 수 있고, 내용이 틀리면 고칠 수 있고, 공간이 다른 곳의 사람에게 보여 줄 수도 있다.

　　인류가 언어를 사용하게 되고 언어의 매개체인 문자를 발명하게 되었다는 것은 바로 (　　　　　)을/를 뜻하는 것이다.

-김미형 외, 『인간과 언어-본능과 능력 사이』

2 윗글의 각 문단에서 중심 문장을 찾아 적어보고, 중심 문장의 위치에 따른 문단의 유형 구분 중 어느 것에 속하는지 설명해 보자.

- 1문단: _____
- 2문단: _____
- 3문단: _____
- 4문단: _____
- 5문단: _____

3 윗글에서 찾은 중심 문장을 뼈대로 하여, 글 전체의 개요를 파악하고 내용을 정리해 보자.

_____

_____

_____

_____

4 다음에 제시된 문장을 '소주제문'으로 완성하고, 그 주제와 관련된 하나의 문단을 구성해 보자.

인간의 삶에서 가장 중요하게 고려해야 할 덕목은 (　　　　　　　)이다.

_____

_____

_____

2. 문장

앞에서 한 편의 글은 적절한 내용을 담은 문단의 연결로 구성이 되고, 문단은 중심 문장과 뒷받침 문장 그리고 마무리 문장 등의 적절한 의미를 담은 문장들의 연결로 구성이 된다는 것을 알아보았다. 글의 구성에서 기본 단위가 되는 문단의 구성이 문장으로 이루어진다는 면에서 적절하고 정확한 문장의 구성은 글쓰기의 기본을 이룬다고 말할 수 있다. 따라서 지금부터 올바른 문장을 쓰기 위해 유의해야 하는 사항들에 대해 살펴볼 것이다.

1) 문장의 구성 요소와 구조

'문장'은 일반적으로 '사람의 생각과 감정 등을 완결된 내용으로 표현하는 최소의 언어 단위'로 정의된다. 글이 문단들의 연결로 구성되고 문단이 문장들의 연결로 구성되는 것과 마찬가지로 문장 또한 일정한 하위 단위의 결합으로 구성되는데, 문장을 구성하는 하위 단위를 문장성분이라고 한다. 문장성분은 문장을 구성하기 위해 필요한 요소로, 문장 안에서 일정한 기능을 하는 부분들이라고 볼 수 있다. 문장성분은 그 기능에 따라 서술어, 주어, 목적어, 보어, 관형어, 부사어, 독립어로 분류된다. 제시된 문장성분은 각각의 특성에 따라 다음과 같이 분류하는 것이 가능하다.

문장성분의 유형 분류
ㄱ. 주성분: 문장을 이루는 데 기본적인 뼈대가 되는 성분

-서술어: 주어의 동작, 성질, 상태 등을 풀이하는 기능을 하는 성분

-주어: 서술어가 나타내는 동작, 성질 상태 등의 주체가 되는 성분

-목적어: 서술어가 나타내는 동작, 행위 등에 영향을 받는 대상이 되는 성분

-보어: 주어, 목적어 외에 서술어가 필수적으로 요구하는 성분으로, '되다, 아니다'와 같은 서술어와 함께 쓰이는 성분

ㄴ. 부속성분: 뒤에 오는 내용을 수식하는 성분

-관형어: 주로 주어, 목적어, 보어로 쓰이는 명사 등을 꾸며주는 기능을 하는 성분

-부사어: 주로 서술어로 쓰이는 동사나 형용사 등을 꾸며주는 기능을 하는 성분

ㄷ. 독립성분

-독립어: 문장의 어떤 성분과도 직접적인 관련이 없이 독립적으로 쓰이는 성분

하나의 문장은 위에 제시한 다양한 문장성분들의 결합으로 구성이 되는데, 문장의 뼈대를 이루는 성분 중에서 가장 중요한 것은 서술어이다. 이는 서술어가 문장의 핵심적인 의미를 나타내는 성분으로, 서술어의 의미에 따라 문장에서 필수적으로 포함되어야 하는 문장성분의 유형이 결정되기 때문이다. 예를 들어, '먹다'라는 동사가 문장의 서술어로 쓰이면 반드시 주어와 목적어가 함께 쓰여야 하는데, 그것은 '먹다'가 의미하는 행위가 이루어지기 위해서는 먹는 사람과 먹히는 대상이 반드시 포함되어야 하기 때문이다. 이런 이유로 '먹다'가 서술어로 쓰인 문장에서는 '먹는 사람'은 주어로 나타나고, '먹히는 대상'은 목적어로 나타나게 된다. 이러한 서술어와 그 서술어가 쓰인 문장에 결합되어야 하는 다른 문장성분들과의 관계는 다음과 같은 문장 형식으로 간략하게 제시될 수 있다.

문장의 기본 형식

ㄱ. 주어+서술어: 그는 웃었다. 그는 똑똑하다, 그는 학생이다.

ㄴ. 주어+목적어+서술어: 그는 밥을 먹었다. 나는 정답을 안다.

ㄷ. 주어+보어+서술어: 나는 학생이 아니다. 그는 교사가 되었다.

ㄹ. 주어+(필수적) 부사어+목적어+서술어: 그는 친구에게 선물을 주었다.

이런 기본 형식으로 이루어진 문장은 일상 언어생활에서 찾기 어렵다. 일반적으로 언어 사

용자들은 기본 형식에 다양한 수식 관계를 나타내는 성분을 더하여 조금 더 복잡한 자신의 생각을 표현하게 된다. 따라서 부속성분으로 구분되는 관형어나 부사어가 포함된 문장이 더 자주 사용된다고 볼 수 있는데, 이를 문장의 확장이라고 한다.

문장의 확장

ㄱ. 당황한 <u>그는</u> 일부러 크게 <u>웃었다.</u>
ㄴ. 굶주린 <u>그는</u> 많은 밥을 빨리 <u>먹었다.</u>
ㄷ. 열심히 노력한 <u>그는</u> 훌륭한 <u>교사가</u> <u>되었다.</u>
ㄹ. 친절한 <u>그는</u> 친한 <u>친구에게</u> 비싼 선물을 정중하게 <u>주었다.</u>

　지금까지 살펴본 문장의 기본 구조와 구성 방식에 대한 내용은 문장을 쓸 때 범하게 되는 오류를 줄이는 데 도움이 된다. 기본적인 문장의 구성에서 필수적인 요소들이 제대로 포함되었는지 또는 수식의 표현들은 적절한 의미 관계를 유지하는 단어들 사이에서 나타나고 있는지 등을 점검하며 문장을 쓰면 오류가 없는 문장을 구성하는 데 큰 도움이 될 것이다. 다음에는 문장을 구성할 때 자주 범하게 되는 오류의 유형들에 대해 살펴보며, 어떤 요소에 유의하며 문장을 써야 하는지에 대해 알아볼 것이다.

2) 문장의 형식적 오류

　문장 구성에서 나타나는 형식적인 오류란 문장을 구성하는 성분들의 연결 관계가 제대로 이루어지지 않은 경우에 많이 나타나는데, 그런 오류들을 유형을 분류하여 살펴볼 것이다.

(1) 문장성분의 호응 관계

　문장에 쓰인 문장성분들 사이의 문법적 관계나 의미적 관계가 어긋나서 나타나는 호응 관계의 오류가 있다. 호응 관계는 문장에 한 요소가 나타나면 다른 요소가 그것과 짝을 이루어 나타나야 하는 일종의 제약을 이르는데, 이런 문장 성분들 사이의 잘못된 관계 형성으로 오류를 가진 문장이 구성된다.

나의 소박한 소망은 한 번이라도 국가대표에 뽑히고 싶었다.

위의 문장이 어색하게 생각되는 이유는 주어와 서술어의 관계가 정상적으로 이루어지지 않았기 때문이다. 이 문장에 쓰인 서술어는 본용언 '뽑히다'와 보조용언 '-고 싶다'가 결합된 '뽑히고 싶었다'이다. '싶다'는 의미적으로 '어떤 행위를 하고자 하는 마음이나 욕구를 갖고 있음'을 나타내는데, 이런 의미적 특성으로 인해 '싶다'가 쓰인 서술어는 그와 관계를 맺는 주어로 '마음'이나 '욕구'를 가질 수 있는 유정물이 나타나야 한다. 하지만 전체 문장의 주어는 '나의 소박한 소망'으로 유정물이 아닌 '소망'이라는 추상적인 대상이 쓰였다. 따라서 서술어가 요구하는 적절한 주어가 쓰이지 않았기 때문에 어색한 문장이 되는 것이다.

이 문장을 올바른 문장으로 수정하기 위해서는 두 가지 방법이 쓰일 수 있다. 먼저 주어를 단순히 유정물로 바꾸어 주는 것이다. 즉, '나의 소박한 소망'이라는 주어를 '나'로 바꾼다면 문장은 정상적인 문장이 된다. 다른 방법은 서술어에서 '싶다'라는 보조용언을 삭제하고, 명사인 주어에 맞추어 서술어를 명사형으로 바꾸는 것이다. 유정물 주어를 요구하는 것은 보조용언인 '싶다'의 특성에서 유래한 것이므로 그것을 삭제한다면 문장의 어색함은 많이 줄어들게 된다. 따라서 이러한 원칙에 따라 수정을 하면 다음과 같은 문법적인 문장이 구성되게 된다.

⇒ 나는 한 번이라도 국가대표에 뽑히고 싶었다.
⇒ 나의 소박한 소망은 한 번이라도 국가대표에 뽑히는 것이었다.

또 다른 호응 관계는 문장성분들 사이에 일어나는 것이 아니라 특정한 문법적 기능을 갖는 요소와의 호응을 요구하기도 한다. 아래의 문장을 살펴보자.

여름이 한참 지났음에도 아파트 안에서 살아남은 겨울 모기는 여간 극성스럽다.

'여간'은 사전에 따르면 '그 상태가 보통으로 보아 넘길 만한 것임'을 나타내는데, 특이하게도 이 부사는 부정을 나타내는 표현과 함께 쓰여야만 한다. 따라서 문장을 수정하기 위해서는 부정을 나타내는 표현을 문장에 포함해야 한다.

⇒ 여름이 한참 지났음에도 아파트 안에서 살아남은 겨울 모기는 여간 극성스럽지 않다.

'여간'은 사전적 의미로는 보통의 수준을 나타내는 것으로 보이지만, 이것이 부정을 나타내는 표현과 사용되면서 '굉장히'와 같은 의미를 갖게 되어 '겨울 모기는 굉장히 극성스럽다'는 뜻으로 해석된다. 이렇게 부정을 나타내는 표현과 함께 나타나야만 하는 표현들은 '부정극어'라는 용어로 불리는데 '아무도, 결코, 전혀' 등이 이에 속한다.

(2) 문장성분의 결합 관계

문장성분들 사이의 결합 관계가 잘못 이루어져 문장이 어색해지는 경우가 많다. 문장성분들이 결합하여 문장에서 동일한 기능을 갖게 되는 경우에 결합되는 문장성분들은 동일한 문법적 특성을 가져야 한다. 따라서 서로 연결된 문장성분들이 문법적 성질에서 다른 것으로 나뉘게 되면 문장의 구성이 어색하게 된다.

사고 원인 파악과 재발 방지 대책을 마련하여 이런 일이 다시는 없도록 하겠습니다.

위의 문장에서 '사고 원인 파악'과 '재발 방지 대책'은 '과'라는 조사로 결합되어 있다. '과'는 이를 통해 결합되는 두 표현이 문장에서 동등한 자격을 지니도록 만들어 주는 역할을 하는데 '사고 원인 파악과 재발 방지 대책'은 '을'이라는 조사가 결합하여 문장에서 목적어의 역할을 하는 것으로 분석된다. 이 목적어는 '마련하다'라는 동사와 결합하여 문장을 구성하게 되는데, '재발 방지 대책을 마련하다'는 정상적인 표현이지만 '사고 원인 파악을 마련하다'는 어색한 표현이 된다. 따라서 전체 문장이 문법적으로 어색한 문장이 된다. 이 문제를 해결하기 위해서는 '과'로 연결된 두 표현을 다른 방식으로 나타내어야만 한다.

⇒ 사고 원인을 파악하고 재발 방지 대책을 마련하여 이런 일이 다시는 없도록 하겠습니다.
⇒ 사고 원인의 파악과 재발 방지 대책의 마련을 통해 이런 일이 다시는 없도록 하겠습니다.

따라서 이 문장을 수정하기 위해 먼저 '과'를 빼고 동사의 연결형을 통해 '사고 원인을 파악하고 재발 방지 대책을 마련하다'는 방식으로 문장과 문장의 연결 방식으로 바꾸어 표현하였다. 다른 방식으로는 '파악'이라는 명사형을 '마련하다'라는 동사에 연결되지 않도록 명사형

사이에 '의'를 넣고, '마련하다'는 동사를 명사형으로 바꾸어 뒤의 표현인 '재발 방지 대책'에만 연결되도록 하여 '사고 원인의 파악과 재발 방지 대책의 마련'이라는 형식으로 두 표현을 연결시켰다. 이런 수정 단계를 거치면서 문장의 어색함은 많이 줄어들게 되었다.

(3) 문장 성분의 생략

문장의 구성에서 반드시 필요한 성분들이 생략되어 문장이 어색해지는 경우들이 있다. 문장의 필수 성분들은 문장의 서술어의 의미적 특성에 따라 정해지는데, 일상 언어생활에서는 문맥이나 상황에 의지하여 이미 언급된 표현들을 생략하는 경우가 많다. 하지만 이러한 생략이 너무 많이 일어나면 문장의 의미를 파악하는 데 장애가 되고, 문장 자체가 의미를 파악하기 어려운 어색한 문장이 되는 경우들이 나타나게 된다.

　　　우리는 자선 공연을 통해 얻은 수익금 전부를 잘 활용할 계획이다.

이 문장에서 쓰인 서술어는 '활용하다'이다. 활용하다는 '주어', '목적어', '부사어'를 필수적으로 요구하는 동사인데, 주어는 '우리는'이 되고 목적어는 '수익금 전부를'이 되지만 '수익금 전부'가 쓰이는 대상이 되는 부사어가 생략되어 의미가 완결되게 전달되지 않는 문장이 되었다. 따라서 서술어가 요구하는 부사어를 넣어주면 문장의 어색함이 줄어들게 된다.

　　　⇒ 우리는 자선 공연을 통해 얻은 수익금 전부를 불우이웃돕기에 잘 활용할 계획이다.

생략과 관련된 한 예를 더 살펴보자.

　　　잘사는 사람들은 여전히 지나친 수비로 상대적 빈곤감을 더 많이 느끼게 한다.

위의 문장의 서술어는 '느끼다'에 사동 표현인 '-게 하다'가 결합한 '느끼게 하다'이다. 이 서술어가 필수적으로 취하는 문장 성분은 '누가 누구에게 무엇을 느끼게 하다'에서 본 바와 같이 '주어', '부사어', '목적어'이다. 주어는 '잘사는 사람들'로 나타나고 목적어는 '상대적 빈곤감'

이 되는데 '상대적 빈곤감'을 느끼게 되는 대상을 나타내는 부사어가 생략이 되어 있다. 따라서 전체 문장의 의미가 명료하게 표현되지 못한 어색한 문장이 되었다. 따라서 이 문장을 수정할 때 생략된 부사어를 포함시키면 그 어색함이 많이 줄어들게 된다.

> ⇒ 잘사는 사람들은 여전히 지나친 소비로 가난한 사람들에게 상대적 빈곤감을 더 많이 느끼게 한다.

　　문장 성분의 생략은 맥락과 상황이 충분히 주어진 상태에서는 문장에 반복적으로 나타나는 표현을 쓰지 않음으로써 간단한 문장을 쓸 수 있게 하는 방법이 된다. 하지만 문장 쓰기에서 반드시 필요한 성분을 잘못 생략하는 경우에는 문장의 의미 파악에 장애가 되므로 주의해야 할 필요가 있다.

3) 문장의 의미적 오류

　　문장 구성에서 나타나는 의미적 오류란 문장이 표현하는 의미를 흐리거나 문장을 명확하게 이해하는 것을 방해하는 문장 구성을 말한다. 엄밀히 말하면 문장 자체가 어색하게 느껴지는 것은 아니어서 오류라고 분류하기에 부적절한 점은 있다. 하지만 글쓰기의 목적이 글쓴이가 전달하고자 하는 내용을 정확하게 전달하는 데 있다면, 의미가 분명하게 전달되지 않는 문장의 사용은 일종의 수정되어야 할 대상이 된다는 점에서 오류의 일종으로 보기로 한다. 여기서는 문장 구성과 관련하여 의미 전달의 문제를 보여주는 오류의 유형들을 살펴볼 것이다.

(1) 문장의 중의성

　　문장의 중의성은 하나의 문장이 둘 이상의 의미를 나타내는 현상을 말하는데, 문장에 쓰인 어휘 자체가 중의성을 지니거나 문장의 구조가 둘 이상으로 분석되는 등의 다양한 원인으로 발생한다. 문장이 중의성을 지니는 경우에는 전달하는 의미를 명료하게 하기 위해 다른 단어를 사용하든지 문장에 표현을 더하는 방법으로 중의성을 해소해줄 필요가 있다.

첫째, 단어의 중의성에서 문장의 중의성이 기인하는 경우가 있다.

제가 아버지께 차를 사 드릴게요.

위 문장은 '차'라는 단어가 갖는 중의성에 의해 문장이 중의적으로 해석되는 경우이다. 이런 경우 단어를 더하거나 단어를 바꿈으로써 문장의 중의성을 해소할 수 있다.

⇒ 제가 아버지께 맛있는 차를 사 드릴게요.
⇒ 제가 아버지께 자가용을 사 드릴게요.

둘째, 문장의 구조가 둘 이상으로 분석되어 중의적으로 해석되는 경우가 있다. 이런 경우에도 문장에 단어를 더하거나 문장의 표현 방식을 바꿈으로써 중의성을 해소할 수 있다.

철수는 영희와 순이를 만났다.

이 문장에서는 만나는 행위를 한 사람이 '철수와 영희'인지 만남의 대상이 된 사람이 '영희와 순이'인지가 불분명하다. 하지만 일정한 표현을 더하면 그 중의성이 해소된다.

⇒ 철수는 영희와 함께 순이를 만났다.
⇒ 철수는 한꺼번에 영희와 순이를 만났다.

또 다른 예로는 수식의 범위가 달라져 문장의 중의성이 생기는 경우가 있다.

용감한 철수의 아버지는 적진을 향해 돌진했다.

이 경우는 '용감한'이 '철수'를 수식하는지 '아버지'를 수식하는지에 따라 문장의 의미가 달라진다. 이런 때에는 수식 표현의 위치를 바꾸거나 문장 부호의 하나인 쉼표를 넣어 중의성을 해소할 수 있다. 수식 표현 뒤에 쉼표를 쓰면 수식 표현은 바로 뒤의 단어를 수식하지 않는 것으로 해석된다.

⇒ 철수의 용감한 아버지는 적진을 향해 돌진했다.
⇒ 용감한, 철수의 아버지는 적진을 향해 돌진했다.

셋째, 단어들 사이의 영향력의 범위에 따라서 문장이 중의성을 지니는 경우가 있다.

모든 아이들이 그 책을 읽지 않았다.

위 문장에서는 부정 표현의 영향력이 '모든'을 포함하느냐 아니냐의 차이에 따라 문장의 의미가 달라지는데, 문장을 다른 방식으로 서술함으로써 중의성을 해소할 수 있다.

⇒ 어떤 아이도 그 책을 읽지 않았다.
⇒ 모든 아이들이 그 책을 읽지는 않았다. (몇몇의 아이는 그 책을 읽었다.)

(2) 문장의 모호성

모호성은 문장의 의미가 확정되지 않아서 어떤 기준을 세우는가에 따라 그 의미가 다르게 해석될 수 있는 여지를 갖는 현상을 이른다. 이 경우에는 모호성을 갖는 단어를 구체화할 수 있는 표현을 문장에 더하여 그 모호성을 해소할 수 있다.

철수는 키가 크다.

위 문장에서 철수의 키는 누구를 기준으로 평가하는가에 따라 달리 해석될 수 있다. 난쟁이가 기준이 되는 경우에는 철수의 키는 일반적인 평균 정도에 해당하는 것으로 해석될 수 있지만, 농구선수가 기준이 되는 경우에는 일반적인 평균을 훨씬 넘는 거인에 해당하는 사람으로 볼 수도 있는 것이다. 따라서 이런 모호성을 해소하기 위해 크기를 비교할 수 있는 기준이 되는 표현을 더하거나 구체적인 키에 대한 정보를 포함하면 문장의 의미가 좀 더 분명해질 수 있다.

⇒ 철수는 키가 농구선수만큼 크다.
⇒ 철수는 키가 185 센티미터 정도 된다.

(3) 문장의 잉여성

문장의 잉여성은 문장에 의미상 불필요한 말이 사용됨으로써 의미의 중복 또는 의미의 중첩이 나타나는 현상을 이른다. 의미 전달의 측면에서 문장을 간결하게 쓰는 것이 중요한데, 의미의 중복은 이런 문장의 간결성을 해치는 데 영향을 주는 적절하지 않은 문장 쓰기 방법이라고 볼 수 있다. 따라서 중복되는 의미를 담은 표현은 삭제하는 것이 좋다.

그가 제안한 법안은 과반수 이상의 찬성을 얻었다.

위의 문장에서 문제가 되는 것은 '과반수'라는 단어가 '절반이 넘는 수'의 의미를 갖고 있기 때문에 '이상'이라는 의미를 이미 포함하고 있다는 것이다. 따라서 이 문장은 의미적으로 적절하지 못한 문장이 되는 것으로 볼 수 있다. 이 문장은 다음과 같은 방법으로 수정할 수 있는데, 먼저 '이상'이라는 단어를 삭제하든지 아니면 '과반수'라는 단어를 '반수'로 바꾸는 것이다.

⇒ 그가 제안한 법안은 과반수의 찬성을 얻었다.
⇒ 그가 제안한 법안은 반수 이상의 찬성을 얻었다.

또 다른 예를 검토해 보자.

이 토지는 소유권 문제로 둘로 양분할 수 없다.

이 문장이 문제가 되는 것은 '양분하다'라는 단어의 의미가 '둘로 가르거나 나누다'는 것이기 때문이다. 따라서 문장에 쓰인 '둘로'는 반드시 써야 하는 것이 아니라 잉여적인 표현이라고 볼 수 있다. 이 문장을 수정하는 방법은 '둘로'를 삭제하거나 '양분하다'를 다른 단어로 바꾸는 것이다.

⇒ 이 토지는 소유권 문제로 양분할 수 없다.
⇒ 이 토지는 소유권 문제로 둘로 나눌 수 없다.

1 다음에 제시된 문장의 오류의 유형에 대해 생각해 보고 적절한 문장으로 고쳐 써 보자.

(1) 이번 추석을 맞아 넉넉하고 풍요로움이 가득하시길 빕니다.

(2) 이 대학원의 입학 기준을 보면 우선 전공에 상관없이 4년제 대학교를 졸업해야 한다.

(3) 등산 전에 당부하고 싶은 것은 산에 쓰레기를 버리지 말기를 바랍니다.

(4) 신선한 생선을 사기 위해서는 아가미를 보고 고르는 것이 요령이다.

(5) 전문가들이 살펴본 자료에는 2000년 이후 산업 구조에 큰 변화가 일어나고 있다.

(6) 이 지역은 무단 입산자에 대하여 법에 의거하여 처벌을 받게 됩니다.

(7) 쓰레기는 인체에 유해할 뿐만 아니라 환경에 미치는 심각성을 알아야 합니다.

(8) 나는 이번 학기에 한국사에 대해 배웠는데 나에게 소중한 교훈을 알려 주었다.

(9) 문학은 다양한 삶의 양상을 보여주는 예술 장르인데 문학을 즐길 예술적 본능을 지닌다.

(10) 중국은 땅과 인구가 굉장히 많은 나라이다.

(11) 학생들의 건강과 쾌적한 교실 환경을 조성하기 위해 공기 청정기를 설치하기로 했다.

(12) 이번 연극제를 통해 우리는 학생들과 무대 장치들의 기능을 알 수 있을 것이다.

(13) 길을 다니거나 놀 때 자전거나 오토바이를 조심해야 한다.

(14) 이 난방 장치는 그을음과 열효율을 높이기 위해 개발한 것이다.

(15) 저희를 축복과 격려하여 주신 것에 대해 감사드립니다.

(16) 이번 사태에 대한 직접적인 해결책보다는 피해자들의 불편을 줄이는 것이 더 시급하다고 여긴다.

(17) 우리나라 대표 팀은 불안한 수비와 문전 처리가 미숙하여 패배하였다.

(18) 인간은 자연에 복종도 하고 지배도 하며 살아야 한다.

(19) 잊지 말아야 할 점은 국제 관계가 이데올로기가 아닌 자국의 실리를 기준으로 형성된다.

(20) 기말고사에서 좋은 성적을 거두지 못한 까닭은 시험을 쉽게 생각하고 공부를 안 했다.

(21) 아름다운 그 집의 정원에는 나무가 많다.

(22) 사람들이 많은 도시를 다녀 보면 재미있는 일이 많을 것이다.

(23) 국내 영어 캠프는 무분별한 학생들의 해외 연수를 줄일 수 있는 방안이다.

(24) 아버지는 나보다 동생을 더 좋아한다.

(25) 그는 영수와 철호를 만났다.

(26) 어머니께서 나에게 사 오신 과일 중에서 사과와 배 두 개를 주셨다.

(27) 그는 명품 시계를 샀지만 그것을 숨겼다.

(28) 초대한 친구들이 모두 오지 않았어요.

(29) 예상대로 경기가 잘 풀리지 않았다.

(30) 학교 앞에서는 차를 천천히 몰아야 한다.

(31) 나는 남은 여생을 봉사 활동을 하며 보낼 것이다.

(32) 그는 근거 없는 낭설을 퍼트리고 다녔다.

(33) 기말고사를 미리 예비하여 공부를 하고 있다.

(34) 법률을 소급하여 올라가 적용하면 안 된다.

(35) 우리는 사회의 부조리를 완전히 근절해야 한다.

(36) 그는 어려운 시기를 참고 인내하며 보냈다.

(37) 우리나라의 가수들이 외국에서 아주 좋은 호평을 받고 있다.

(38) 그 사건은 보는 관점에 따라 달리 평가될 수 있다.

(39) 나는 감당하기 어려운 벅찬 상대와 겨루어야 한다.

(40) 이런 불공성한 일들이 허다하게 많다.

2 문제 1에서 문장을 올바르게 고쳐 썼는지 서로 비교해 보자.

3. 단어

앞에서 '문장'은 사람의 생각과 감정 등을 완결된 내용으로 표현하는 최소의 언어 단위로 정의되며, 문장성분이라는 하위 단위의 결합으로 구성된다는 것을 살펴보았다. 그런데 문장성분은 하나의 단어나 단어들의 결합으로 구성된다. '단어'는 일반적으로 '의미를 지니는 최소의 자립 단위'로 정의되는데, 이 단어들은 문장성분을 구성하는 하위 단위라는 점에서 올바른 문장을 구성하려고 할 때 문장 의미의 핵이 되는 부분으로 볼 수 있다. 따라서 문장의 의미 구성에서 표현하려는 의미를 정확하고 명료하게 나타내기 위해서는 각각의 단어들에 대한 올바른 선택이 필요하다는 것을 알 수 있다. 이 장에서는 단어들이 갖는 특성에 대해 논하면서, 문장을 쓸 때 올바른 단어를 선택해야 하는 필요성에 대해 알아 볼 것이다.

1) 표준어

'표준어'는 '한 언어 공동체 내에서 공적으로 통용될 수 있는 공통어'를 이른다. 우리가 일상에서 사용하는 언어적 표현은 지역적인 조건이나 사회적인 조건에 따라 다양한 형태로 나타나는데, 동일한 의미를 표현하는 다양한 표현이 쓰이게 되면 서로 다른 지역에 사는 사람이나 다른 사회적 환경에서 자란 사람들 사이의 의사소통에 혼란이 생기게 된다. 따라서 인위적으로 공동체의 모든 성원이 같이 쓸 수 있는 형태를 하나 선택하고 사용하게 하여 원활한 의사 소통이 이루어질 수 있도록 한다. 이렇게 인위적으로 선택된 언어 공동체의 공용어를 표준어라고 부르는 것이다.

한국어에서 표준어를 선택하는 기준은 국어어문규정의 '표준어 사정 원칙'에 분명하게 제시 되어 있다.

표준어 사정 원칙 제1장 총칙

제1항. 표준어는 교양 있는 사람들이 두루 쓰는 현대 서울말로 정함을 원칙으로 한다.

이에 따르면 기본적으로 표준어는 우리나라의 수도인 서울의 말을 기준으로 하여 교양을 갖춘 집단의 사람들이 많이 사용하는 표현들로 구성된 것으로 볼 수 있다. 이렇게 정해진 표준어는 국민 전체를 대상으로 하는 행정, 교육, 대중매체 등에서 공용되는 표현으로 기능하게 된다.

위에서 살펴본 표준어의 기능을 고려하면 우리가 쓰는 문장에서도 모든 표현이 표준어를 중심으로 구성되어야 함을 알 수 있다. 그러나 우리가 일정한 교육의 혜택을 받았다고 하더라도 우리가 쓰는 모든 표현이 표준어라고 말하기는 어렵다. 우리의 언어 습득은 기본적으로 음성 언어를 기반으로 이루어지는데, 주변의 사람들에게서 들어서 배우는 언어적 표현이 표준어가 아닌 경우가 많기 때문이다. 따라서 우리에게는 사전을 바탕으로 삼아 꾸준히 표준어가 무엇인지를 알아가는 과정이 필요하다. 그리고 문장을 쓸 때에도 표준어인지를 확신할 수 없는 경우에는 사전을 참조하여 단어의 표준어 여부를 확인할 필요가 있다.

다음에 제시된 문장들을 살피고 밑줄 친 단어가 표준어인지에 대해 생각해 보자.

ㄱ. 그가 일부러 나의 머리를 <u>흐트렸다</u>.
ㄴ. 그는 이번에 시험에 합격했다고 <u>으시댄다</u>.
ㄷ. 그는 자기가 하는 일에 금방 <u>실증</u>을 낸다.
ㄹ. 그는 뛰어가다 넘어져 <u>무릎팍</u>이 까졌다.

위의 문장들에서 밑줄 친 표현들은 모두 비표준적이다. 이를 표준적인 표현으로 바꾸면 다음과 같다.

ㄱ. 그가 일부러 나의 머리를 <u>흩트렸다</u>.
ㄴ. 그는 이번에 시험에 합격했다고 <u>으스댄다</u>.

ㄷ. 그는 자기가 하는 일에 금방 싫증을 낸다.
ㄹ. 그는 뛰어가다 넘어져 무르팍이 까졌다.

　표준어가 기본적으로 서울말을 기준으로 정해진다 하여도 서울에서 태어나 사는 사람들이 모두 표준어를 자동적으로 사용하는 것은 아니다. 표준어는 인위적인 기준에 의해 정해지는 성격이 강하여 이에 대해 전문적인 교육을 받거나 꾸준히 학습을 하는 사람들만이 진정한 표준어 화자가 될 수 있다. 이런 면에서는 표준어는 모든 사람들에게 공평한 것이라고 볼 수 있다. 따라서 문장을 쓰는 사람들은 자신이 문장에 사용하고자 하는 표현을 사전에서 찾아보는 습관을 갖는 것이 좋다.

2) 한글 맞춤법과 올바른 표기

　위에서 문장을 쓰는 데 있어 표준적인 표현을 선택하여 사용하는 것의 중요성을 알아보았다. 하지만 표준어를 안다는 것만으로 올바른 문장이 완성되는 것은 아니다. 글쓰기는 기본적으로 문자를 바탕으로 하는 활동이다. 즉, 쓰기라는 활동은 문자언어로 이루어진 것으로 올바른 단어를 바탕으로 문장을 적절하게 구성하는 것도 중요하지만 문자로 단어를 정확하게 표기하는 것도 중요하다는 말이다. 표준어에 대해 안다고 하여도 그것을 문자로 정확하게 표기하는 것은 또 다른 문제이다.
　다음에 제시된 문장을 살펴보자.

ㄱ. 나는 자랑스런 태극기 앞에서 맹세를 하였다.
ㄴ. 나는 군 감자를 먹었다.

　'자랑스럽다'나 '굽다'는 누구나 알고 있는 표준어이다. 하지만 이들 단어에 형용사나 동사가 명사를 수식할 수 있는 기능을 갖도록 해주는 관형사형 전성어미 '-(으)ㄴ'이 결합하는 경우 어떻게 표기하여야 하는가의 문제는 누구나 알고 있는 것은 아니다. '자랑스럽다'는 어떤 어미가 결합하는가에 따라 '자랑스럽고, 자랑스러우니'와 같이 형태가 변화하고, '굽다'도 '자랑스럽다'와 같이 '굽고, 구우니'의 형태 변화를 보여준다.

여기서 특이한 것은 '자랑스러우니, 구우니'와 같이 특정한 어미 앞에서 'ㅂ'이 '우'로 바뀐다는 것이다. 즉, 'ㅂ>우'의 변화가 '-(으)니'와 같은 어미 앞에서 나타난다는 것이다. 이런 변화를 고려하면 '자랑스런'은 '우'가 생략되어 버린 잘못된 표현임을 알 수 있다. 따라서 '자랑스런'이 아니라 '자랑스러운'으로 써야 알맞은 표기가 된다. '굽다'의 경우도 '군'이 아닌 '구운'으로 써야 정확한 표기가 된다. 물론 '구운 감자'의 경우에는 '군고구마'와 같이 '군감자'라는 단어가 존재하여 한 단어로 쓸 때와 표기가 달라지지만, 하나의 단어가 아닌 경우에는 '구운'으로 쓰는 것이 맞는다는 것이다.

단어의 형태 변화로 표기에 혼동이 생기는 예를 하나 더 들면 다음과 같다.

ㄱ. 국수는 <u>불지</u> 않아야 맛있다.
ㄴ. 국수는 <u>붇지</u> 않아야 맛있다.

'붇다'의 사전적 정의는 '물에 젖어서 부피가 커지다'이다. '붇다'는 '묻다'와 마찬가지로 모음으로 시작하는 어미가 오면 'ㄷ'이 'ㄹ'로 바뀌는 동사이다. 따라서 모음이 뒤에 오면 '국수가 불어서 못 먹겠다.'와 같이 표기하는데, '묻다'의 경우도 '다른 사람에게 물어서 답을 알았다.'의 형태로 쓰인다. 하지만 자음으로 시작하는 어미와 결합하는 경우에는 'ㄷ'이 그대로 실현된다. 따라서 위의 예에서는 'ㄴ'이 올바른 표기가 된다. '묻다'의 경우에도 '다른 사람에게 답을 묻지 않았다.'와 같은 형태로 표기를 해야 한다는 것이다.

다른 예를 통해 표준어와 표기의 문제에 대해 더 생각해 보자.

ㄱ. 나는 도서관에 <u>들려서</u> 책을 빌렸다.
ㄴ. 나는 도서관에 <u>들러서</u> 책을 빌렸다.

위의 문장에서 밑줄 친 표현은 '지나는 길에 잠깐 들어가 머무르다'의 의미를 지니는 동사에 연결어미 '-어서'가 결합한 활용형이다. 두 문장의 차이는 '지나는 길에 잠깐 들어가 머무르다'의 뜻을 가진 동사의 표준형이 '들리다'이냐 아니면 '들르다'이냐와 관련이 있다. '들리다'의 경우 '-어서'와 결합한 형태는 '들리+어서'인데 이 경우 '리'가 '어'와 결합하여 '려'라는 형태로 나타나기에 '들러서'로 표기되지만, '들르다'의 경우에는 '들르+어서'에서 '르'의 '으'가 탈락하여 '들러서'의 형태로 나타난다. 'ㄱ'을 맞는 문장으로 택한 사람은 동사의 표준형을 '들리다'로 알고 있는 것이고, 'ㄴ'을 맞는 문장으로 택한 사람은 동사의 표준형을 '들르다'로 알고 있는 것이다. 이처럼 표준형에 대한 인식이 다르면 표기에서도 차이를 보이게 마련이다. 위의 예에서 적절한 문장은 'ㄴ'이다.

위의 예와 비슷한 유형을 하나 더 살펴보자.

ㄱ. 그는 공부를 안 해 남들보다 성적이 <u>뒤처진다</u>.
ㄴ. 그는 공부를 안 해 남들보다 성적이 <u>뒤쳐진다</u>.

위의 문장에서 밑줄 친 표현은 '어떤 수준이나 대열에 들지 못하고 뒤에 남게 되다'의 의미를 지니는 동사의 활용형이다. 이 경우는 어미의 결합이 표기에 별 영향을 끼치지 못하기에 단순히 앞에 제시한 의미를 지니는 동사의 표준형을 무엇으로 알고 있는가를 묻고 있다고 볼 수 있다. 이 예에서 올바른 표준형은 'ㄱ'이다. 'ㄴ'을 맞는 표현으로 생각한 사람들은 잘못된 표현을 표준형으로 알고 있는 것이다. 그렇다고 '뒤쳐지다'가 완전히 비표준형이라고 생각하는 것은 큰 오해이다. '뒤쳐지다'는 '물건이 뒤집혀서 젖혀지다'는 의미를 지니는 동사로 '바람에 현수막이 뒤쳐졌다.'와 같은 문장에 쓰인다.

우리는 우리말에 대해 잘 알고 있는 것으로 생각하는 경우가 많다. 그것은 한국어의 모국어 화자로서 당연한 일인지도 모른다. 그러나 모국어 화자라도 자기 나라의 말에 대한 체계적인 교육을 받지 못한 사람은 모국어에 대해 모르는 것이 많다고 보는 것이 맞을 것이다. 따라서 모든 표준적인 단어들을 알지는 못한다는 것이 현실이라고 한다면 최소한 사전을 열심히 활용하는 노력을 그치지 않는 것이 바른 태도라고 볼 수 있다.

지금까지 표준어와 그것의 표기와 관련된 문제들에 대해 살펴보았는데, 우리말의 표기와 관련된 원칙은 국어어문규정의 '한글맞춤법'에서 다루고 있다. 한글맞춤법의 기본 원리는 다음과 같다.

한글 맞춤법 제1장 총칙
제1항. 한글 맞춤법은 표준어를 소리대로 적되, 어법에 맞도록 함을 원칙으로 한다.
제2항. 문장의 각 단어는 띄어 씀을 원칙으로 한다.

*제41항. 조사는 그 앞말에 붙여 쓴다.
제3항. 외래어는 '외래어 표기법'에 따라 적는다.

한글 맞춤법 총칙 제1항은 한글 맞춤법의 적용 대상이 표준어임을 밝히고 있고, 표준어를 소리대로 적는 것이 기본 원칙이지만 필요한 경우에는 어법에 맞게 단어나 형태소의 본 모습을 그대로 적는 방식을 택하고 있음을 알려주고 있다.

소리대로 적는 방식과 형태를 밝혀 적는 방식의 차이를 다음의 예를 통해 살펴보자.

- 개굴+이 → 개구리 ('개굴'은 개구리의 울음소리): '개굴거리다'는 사전에 없음.
- 꿀꿀+이 → 꿀꿀이 ('꿀꿀'은 돼지의 울음소리): '꿀꿀거리다'는 사전에 있음.

위의 예에서 제시된 바와 같이 '개구리'는 '개굴'이라는 소리를 나타내는 형태에 '-이'가 결합하여 형성된 단어이고, '꿀꿀이'는 '꿀꿀'이라는 소리를 나타내는 형태에 '-이'가 결합하여 형성된 말이다. 둘은 비슷한 속성을 지니고 있음에도 불구하고 '개굴+이'는 '개구리'로 소리 나는 대로 적고, '꿀꿀+이'는 '꿀꿀이'로 원래 울음소리를 '꿀꿀'의 형태를 고정시켜 표기한다.

이 둘의 차이는 단어 구성에서 핵심이 되는 '개굴'과 '꿀꿀'의 생산성의 차이로 볼 수 있는데, '꿀꿀'은 '꿀꿀거리다'와 같이 다른 단어의 형성도 쓰이고 있지만, '개굴'은 다른 단어의 형성에 쓰이지 못하여 '개굴거리다'라는 단어는 사전에 등재되어 있지 않다. 이처럼 단어 형성의 기본 요소가 유사함에도 불구하고 어떤 것은 소리대로 적고 어떤 것은 형태를 고정시켜 적는 방식을 한글 맞춤법은 택하고 있다. 따라서 한글 맞춤법의 핵심적인 내용은 소리대로 적는 표현과 형태를 밝혀 적는 표현을 구분하는 기준에 대한 설명이라고 볼 수 있다.

여기에서 한글 맞춤법의 내용을 깊이 다루는 것은 어렵다. 하지만 한글 맞춤법은 표준어의 표기를 어떻게 하는 것인가와 관련이 있기 때문에 표준어들이 등재되어 있는 사전을 활용하면 어떤 단어 또는 형태소의 표기에 대한 내용을 잘 파악할 수 있다. 따라서 한글 맞춤법의 내용을 잘 알지 못하더라도 사전을 잘 활용하여 어떤 표현의 표기 방식을 파악하는 것이 더 경제적일 수 있다고 본다.

올바른 표기 방식과 관련하여 사전의 활용을 강조하였지만, 한글 맞춤법의 내용 중에서 사전을 통해 확인하기 어려운 것이 띄어쓰기와 관련된 부분이다. 띄어쓰기는 일반적으로 단어의 표기보다는 문장을 쓰는 방식과 더 깊은 관련이 있다. 따라서 띄어쓰기의 원칙과 관련된 내용을 간단히 다루어 보고자 한다.

한글 맞춤법 제1장 총칙 제2항을 보면 띄어쓰기의 기본 원칙은 단어 단위로 띄어쓰기가 이루어져야 하는 것임을 알 수 있다. 그러나 제41항에는 '조사'는 단어임에도 불구하고 앞말에 붙여 쓰는 것으로 되어 있다. 이런 내용을 종합해 보면 결국 띄어쓰기는 기본적으로 '어절', 즉 문장성분의 기본 단위들을 구분하여 적는 것으로 이루어진다고 볼 수 있다. 다음에 제시된 예를 살펴보자.

- <u>열심히</u>　　<u>노력한</u>　　<u>그는</u>　　<u>훌륭한</u>　<u>교사가</u>　　<u>되었다.</u>
　　부사어　　　관형어　　주어　　관형어　　보어　　서술어

위의 예에서 '그는'은 두 단어, 즉 대명사 '그'와 조사 '는'이 결합하여 주어를 형성하며 띄어쓰기의 한 단위가 된다. '교사가'의 경우도 명사 '교사'가 조사 '가'와 결합하여 보어를 형성하며 띄어쓰기의 한 단위가 되었다. '열심히'는 그 자체로 '부사'에 속하는 한 단어이기 때문에 띄어쓰기의 대상이 되었고, '노력한', '훌륭한', '되었다'는 모두 동사나 형용사의 '어간'에 '어미'가 결합한 형태인데 '어미'는 하나의 독립적인 단어가 아니기에 띄어쓰기의 단위가 되지 못하고 전체가 하나의 단어로 띄어쓰기의 대상이 된다.

위에서 살펴본 바와 같이 하나의 단어 또는 명사에 조사가 결합한 형태들은 모두 하나의 어절로 띄어쓰기의 대상이 된다는 것을 기억하면 띄어쓰기의 기본 원리는 파악한 것으로 볼 수 있다. 다만 띄어쓰기에서 혼란이 생기는 것은 어떤 하나의 형태가 단어로 쓰이거나 어미로 쓰이는 경우를 구분하지 못하기 때문이라고 볼 수 있다. 다음의 예를 살펴보자.

ㄱ. 그가 살았<u>는지</u> 죽었<u>는지</u> 모르지만 만난 <u>지</u> 십 년이 지났다.
　　　　　어미　　　어미　　　　　　의존명사

ㄴ. 법<u>대로</u> 처리하고 싶지만 아는 <u>대로</u> 말하면 용서하마.
　　　조사　　　　　　　　　　의존명사

'ㄱ'에서 '-는지'는 '어미'로 단어가 아니기 때문에 동사에 결합하여 활용형을 만들어 전체가 하나의 띄어쓰기 단위가 되지만, '지'는 의존명사로 '만나다'에 관형사형 어미가 결합한 활용형인 '만난'의 수식을 받는 독립적인 띄어쓰기의 단위가 된다. 'ㄴ'에서는 '대로'라는 동일한 형태가 쓰였지만 '법대로'에서의 '대로'는 '조사'로 명사에 결합하여 하나의 띄어쓰기 단위를 구성하고, '아는 대로'의 '대로'는 의존명사로 '알다'에 관형사형 어미가 결합한 '아는'의 수식을 받는 단어로 독립적인 띄어쓰기의 단위가 된다.

따라서 띄어쓰기는 하나의 문장성분을 구성하는 어절 단위에 따라 이루어진다는 기본 원리를 알고, 또한 동일한 형태의 표현들이 서로 다른 기능으로 쓰이는 경우들이 있어 띄어쓰기에서 다른 양상을 보인다는 사실을 알면 기본적인 오류는 피할 수 있을 것이다.

3) 외래어

앞에서 한글맞춤법의 총칙을 살펴보며 그와 관련된 표준어 표기의 기본 방식과 띄어쓰기의 기본 원리에 대한 내용을 살펴보았다. 총칙과 관련하여 다루지 않은 내용은 아래에 제시된 바와 같이 외래어의 표기를 어떻게 할 것인가와 관련이 되어 있다.

한글 맞춤법 제1장 총칙

제3항. 외래어는 '외래어 표기법'에 따라 적는다.

외래어는 '다른 나라에서 들어온 말로 국어의 일부로 인정되어 쓰이는 말'로 정의될 수 있다. 외국에서 들어온 말 중 어떤 것이 국어의 일부로 인정이 되어 외래어의 자격을 갖는지는 개인이 마음대로 정하는 것이 아니다. '표준어 사정 원칙' 제1장 제2항에 보면 '외래어는 따로 사정한다.'라고 되어 있어 외래어의 범위는 국가에서 표준어와 구분하여 따로 사정하도록 되어 있다.

외래어 사정이 어떻게 이루어지는지에 대해서는 분명하지 않지만 최소한 국가 기관에서 편찬한 『표준국어대사전』에 실린 외국의 단어들은 외래어로 볼 수 있을 것이다. 그리고 외국에서 들어온 말이라고 하여 개인이 마음대로 표기할 수 있는 것은 아니다. 국어어문규정에는 외래어를 우리의 문자로 표기하는 방식을 규정하고, 그 규정에 따라 정해진 표현으로 외래어를 표기하도록 하고 있다. 외래어를 한글로 표기하는 방식의 기본 원칙은 다음과 같다.

외래어 표기의 기본 원칙

ㄱ. 외래어는 국어의 현용 24 자모만으로 적는다.

ㄴ. 외래어의 1 음운은 원칙적으로 1 기호로 적는다.

ㄷ. 받침에는 'ㄱ, ㄴ, ㄹ, ㅁ, ㅂ, ㅅ, ㅇ'만을 쓴다.

ㄹ. 파열음 표기에는 된소리를 쓰지 않는 것을 원칙으로 한다.

ㅁ. 이미 굳어진 외래어는 관용을 존중하되, 그 범위와 용례는 따로 정한다.

여기서는 외래어의 한글 표기를 어떻게 할 것인가에 대한 기본 원칙을 상세히 설명하는 대신 그 사용에서 오류가 많이 나타나는 외래어의 예를 통해 표준어와 마찬가지로 외래어의 경우에도 사전을 참조하여 등재된 표준 형식을 알고서 사용해야 함을 보일 것이다.

다음에 제시된 예들을 통해 외래어의 표기를 어떻게 해야 하는지에 대해 살펴보자.

1. 그의 프리젠테이션은 간결하고 명료했다.
2. 그는 새로 시작한 비지니스에 모든 정성을 기울이고 있다.
3. 나는 레몬에이드 한 잔을 주문했다.
4. 그는 세수를 하고 타올을 찾고 있다.
5. 밀크쉐이크는 시원하고 맛이 좋다.
6. 관중들은 그녀의 노래를 듣고 앵콜을 외쳤다
7. 어머니는 커텐을 세탁기에 넣으셨다.
8. 나는 곧 그녀에게 프로포즈를 할 계획이다.
9. 나는 가을이 되면 자주 가디건을 입는다.
10. 시험을 볼 때 컨닝을 하면 안 된다.

위에 표기된 외래어들은 일상생활에서 더 많이 들을 수 있는 표현이지만 실제적으로는 모두 잘못 표기된 것이다. 아래에 이들 표현의 올바른 표기를 제시하였다.

1. 프리젠테이션   ⇨   프레젠테이션
2. 비지니스   ⇨   비즈니스
3. 레몬에이드   ⇨   레모네이드

4. 타올	⇨	타월
5. 밀크쉐이크	⇨	밀크셰이크
6. 앵콜	⇨	앙코르
7. 커텐	⇨	커튼
8. 프로포즈	⇨	프러포즈
9. 가디건	⇨	카디건
10. 컨닝	⇨	커닝

외래어의 사용이 점점 늘어나고 있는 상황에서 이를 우리말로 순화하여 쓰는 것이 적절한 대응 방식일 수도 있지만, 어쩔 수 없이 써야 하는 상황을 고려해 보면 이들 표현도 국어의 일부로 여기고 정확하고 올바르게 표기하고 발음할 수 있도록 노력하는 것이 필요하다고 볼 수 있다.

4) 적절한 단어의 선택

위에서 문장에 쓰이는 단어들의 올바른 선택과 관련된 문제를 다루었는데, 그것은 기본적으로 일정한 의미를 지니는 단위인 단어의 표준적 표기형을 정확하게 알고 있는지에 대한 내용이었다. 즉, 단어의 형식적인 측면에 초점을 맞춘 논의였다는 것이다. 하지만 문장을 사람의 생각과 감정 등을 완결된 내용으로 표현하는 최소의 언어 단위라고 한다면, 사고의 표현에서 전달하고자 하는 바를 적확하게 나타내는 단어의 선택이 더 중요한 문제일 수 있다. 즉, 단어의 내용적 측면에 대한 고려가 필요하다는 것이다. 지금부터는 비슷한 의미를 지니는 단어들 중에서 문맥에 맞는 더 정확한 표현을 선택하는 문제에 대해 살펴볼 것이다.

먼저 아래의 예를 살펴보자.

ㄱ. 그는 <u>피로 회복</u>을 위해 비타민제를 먹었다.
ㄴ. 그는 <u>원기 회복</u>을 위해 비타민제를 먹었다.

위의 문장에서 문제가 되는 것은 '피로 회복'이라는 표현이다. '피로 회복'이 '피로한 상태로 되돌아가다'의 의미로 쓰인다면 문장 전체가 비논리적인 것으로 인식될 것이다. 그래서 '피로 회복'이라는 표현은 적절하지 않기 때문에 '원기 회복'이란 표현을 써야 한다는 주장이 제기되었다. '원기'는 사전에 따르면 '마음과 몸의 활동력'을 의미하기 때문에 '원기 회복'은 '원래의 마음과 몸의 활동력으로 되돌아가다.'를 의미하여 문장이 비논리적이지 않게 된다.

하지만 두 표현의 결합이 항상 논리적으로 구성되는 것은 아니다. '안전사고'는 '안전한 사고'가 없다는 점에서 의미적으로 올바른 표현이 아니라고 할 수 있다. 하지만 '안전사고'는 사전에 등재된 하나의 단어로 '공장이나 공사장 등에서 안전 교육의 미비, 또는 부주의 따위로 일어나는 사고'를 의미한다. 따라서 '피로 회복'의 경우도 '피로한 상태로 되돌아가다.'의 의미로 쓰이는 것이 아니라 '피로한 상태에서 원상태로 되돌아가다'의 의미로 모국어 화자들이 인식하며 사용하는 것으로 이해할 수 있다. 이처럼 의미를 전달하기 위해 선택되는 단어나 표현이 어떤 의미로 해석되는지는 매우 중요한 문제로 올바른 문장을 구성하는 데 있어 중요하게 고려해야 하는 사항이다.

또 다른 예들을 살펴보자.

> ㄱ. 기상청에서는 비가 오는 날마다 <u>강수량</u>을 측정한다.
> ㄴ. 기상청에서는 비가 오는 날마다 <u>강우량</u>을 측정한다.

'강수량'은 사전에 따르면 '비, 눈, 우박, 안개 따위로 일정 기간 동안 일정한 곳에 내린 물의 총량'을 의미한다. 이와 유사한 의미를 지니는 '강우량'은 '일정 기간 동안 일정한 곳에 내린 비의 분량'을 나타낸다. 따라서 '강수량'은 '강우량'과 유사한 의미를 지니지만 그 적용 범위가 더 넓은 단어라고 할 수 있다. 위의 예문에서 '비가 오는 날마다'라는 표현은 측정 대상의 범위를 '비'로 제한하고 있기 때문에 '강수량' 보다는 '강우량'이라는 표현을 쓰는 것이 문장의 의미를 적확하게 표현하는 방법이라고 볼 수 있다.

> ㄱ. 그 생선은 가시를 <u>골라내기</u> 어렵다.
> ㄴ. 그 생선은 가시를 <u>발라내기</u> 어렵다.

위의 예에서 서술어로 쓰인 '골라내다'와 '발라내다'는 그 의미가 유사하지만 똑같지는 않다. '골라내다'는 '여럿 가운데서 어떤 것을 선택해서 따로 집어내다'라는 의미를 지니고, '발라내다'는 '겉에 둘러싸여 있는 것을 벗기거나 헤집고 속의 것을 끄집어내다'의 의미를 지닌다. '발라내다'의 어근으로 쓰이는 '바르다'는 '뼈다귀에 붙은 살이나 가시 따위를 추려 내다'라는 의미를 갖고 있기 때문에 위의 예문에서 더 적절한 표현을 고르라고 한다면 '발라내다'를 택하는 것이 더 좋다고 볼 수 있다.

　위의 예들에서 본 바와 같이 단어의 의미가 유사한 것들 중에서 더 적절한 것을 고르는 것은 쉽지 않은 일이다. 따라서 문맥을 고려하여 더 적확한 표현을 선택하는 능력은 많은 노력을 필요로 한다고 볼 수 있다. 좋은 문단의 구성은 좋은 문장의 구성을 통해 가능해지고, 좋은 문장의 구성은 좋은 단어의 선택을 통해 이루어진다고 볼 때 글을 쓰는 사람은 먼저 단어 하나하나에 관심을 가지고 그것의 의미와 표현 효과 등을 제대로 파악할 수 있도록 노력하는 자세를 지녀야 할 것이다.

1 다음 문장에서 비표준적인 표현을 찾아 표준적인 표현으로 바꾸어 보자.

(1) 그는 흥겨웁게 노래를 부르고 있다.

(2) 어제 과음을 해서 정신이 흐리멍텅하다.

(3) 군인들이 적군을 쳐부셨다.

(4) 그는 째째한 사람으로 매우 인색하다.

(5) 전국에서 한가닥 하는 사람들이 모두 모였다.

(6) 그는 졸음을 이기지 못하고 골아떨어졌다.

(7) 답을 알아맞춘 학생은 몇 명 없다.

(8) 일이 얼키고설켜서 해결하기 쉽지 않다.

(9) 찬 공기를 깊이 들이키면 가슴이 시원해질 것이다.

(10) 죄 없는 사람을 닥달하지 마라.

2 다음 문장에서 잘못된 표기를 바르게 고쳐 보자.

(1) 새털같이 많은 날을 어떻게 보내야 할까?

(2) 사태는 겉잡을 수 없이 악화되고 있다.

(3) 햇볕에 얼굴이 검게 그슬었다.

(4) 소문은 온 마을에 금새 퍼졌다.

(5) 그 사람을 무시하고 깐보다가는 큰코다친다.

(6) 그는 맞춤법의 원리를 스스로 깨우쳤다.

(7) 그는 싸움에 나가면 절대 물러나지 않는다.

(8) 그녀는 김치를 맛있게 담아서 여름내 먹었다.

(9) 건강을 위해 체중이 불지 않도록 해라.

(10) 공이 골대를 살짝 비켜갔다.

3 다음 문장에서 잘못 표기된 외래어가·있으면 고쳐 적어 보자.

(1) 파라독스는 특정한 경우에 논리적 모순을 일으키는 논증을 이른다.

(2) 그는 행사를 위해 팜플렛을 준비하기로 했다.

(3) 나는 악기 중 플룻을 가장 좋아한다.

(4) 그는 살을 빼기 위해 비만 크리닉에 다니고 있다.

(5) 크리스마스에는 어디서나 캐롤을 들을 수 있다.

(6) 운동을 하면 몸에서 엔돌핀이 많이 생긴다고 한다.

(7) 그녀는 선물로 작은 악세사리를 받았다.

(8) 그녀는 상처를 알콜로 소독을 했다.

(9) 그는 악셀레이터를 밟아 차의 속력을 높였다.

(10) 나는 정원에서 바베큐 파티를 열 생각이다.

4 다음 문장을 올바르게 띄어 써 보자.

(1) ㄱ. 학생들이책을읽는다.
   ㄴ. 사과배귤들을과일이라고부른다.

(2) ㄱ. 나는너만사랑한다.
   ㄴ. 그는집을나간지사흘만에돌아왔다.

(3) ㄱ. 그도나만큼공부를잘한다.
   ㄴ. 음식을먹을만큼가져가라.

(4) ㄱ. 배가고픈데돈이없다.
   ㄴ. 돈이있어도밥을먹을데가없다.

(5) ㄱ. 모인사람이모두남자뿐이다.
   ㄴ. 나는그사람의손을잡았을뿐이다.

(6) ㄱ. 그는철수보다더똑똑하다.
   ㄴ. 그는보다빠르게뛸수있다.

5 다음의 문장에서 더 적절한 표현을 골라 보자.

(1) 임금 인상 폭을 크게 (내릴/줄일) 계획이다.

(2) 나는 돈이 없어 (보험금/보험료)를 연체했다.

(3) 그는 친구에게 (문안/안부) 편시를 쓰고 있나.

(4) 나를 만나기 위해 오는 친구를 (배웅/마중)하러 나갔다.

(5) 나는 사무실을 (임대/임차)해서 쓰고 있다.

글쓰기의 과정과 전략

글을 쓰는 일은 어렵고 힘이 드는 일이다. 글쓰기는 무언가 새로운 의미를 구성하는 과정이기 때문에 정신적으로 매우 부담스럽다. 글씨를 쓰거나 타이핑을 할 때 손목이 아프기도 하고 허리나 등이 아프기도 하니 신체적으로도 힘이 든다. 쓰기 싫은 글을 억지로 써야 할 때에는 화가 나기도 하고 불안해지기도 하여 정서적으로도 어려움을 겪게 된다. 물론 안 쓰면 그만이지만 글을 쓰지 않고 살아갈 수 없으니, 힘이 든다고 해서 글쓰기를 그만 둘 수는 없지 않은가. 더군다나 글쓰기를 통해 자아를 이해하고 세상과 소통하는 즐거움을 느껴본 사람이라면 글쓰기의 강렬한 매력을 뿌리치기 어렵다.

그렇다면 어떻게 해야 힘을 덜 들이고 글쓰기를 완수할 수 있을까? 이에 대한 해답을 찾을 수 있는 단서가 있다. 바로 능숙한 필자들의 사고과정을 분석한 인지심리학자들의 연구이다. 연구 결과는 우리에게 두 가지 중요한 사실을 말해 준다. 쓰기가 일련의 과정으로 이루어지며 그 과정이 회귀적이라는 것, 필자는 첫 글자를 쓰는 순간부터 무수히 많은 문제에 부딪히게 되는데, 능숙한 필자들은 다양한 전략을 활용해서 그 문제를 해결해 간다는 것이 그것이다. 해답은 '글쓰기의 과정을 알고 전략을 효과적으로 활용할 것'이라고 요약된다.

글쓰기 과정은 보통 계획하기, 내용 생성하기, 내용 조직하기, 초고 쓰기, 고쳐쓰기의 5단계로 이루어진다. 글쓰기 과정을 이해하고 각 과정에 맞는 수행을 한다면 그렇게 하지 않을 때보다 수월하게 글을 쓸 수 있다. 그런데 계획하기에서 고쳐쓰기까지의 단계를 순서대로 밟아야 한다고 생각하면 곤란하다. 앞서 말했듯이 글쓰기 과정은 회귀적이라는 특성을 지닌다. 내용을 마련하다가 그 내용이 독자를 이해시킬 수 있는지 의문이 든다면 계획하기 단계로 되돌아가서 독자의 특성을 다시 분석할 수 있다. 초고를 쓰다가 내용이 부족하면 내용을 더 마련한 후 다시 초고 쓰기를 하는 것이다. 글쓰기 과정에서 필요할 때 얼마든지 이전 과정으로 되돌아갈 수 있고, 그렇게 하는 것이 글을 잘 쓸 수 있는 방법 중 하나라는 것을 기억해 두자.

그런데 글을 잘 쓴다고 인정받는 사람들 중에는 이러한 글쓰기 과정을 거치지 않는 것처럼 보여 의아할 때도 있다. 그들은 처음부터 끝까지 술술 쓰고 다시 고치지 않아도 되는 멋들어진 글을 써내는 것처럼 보인다. 하지만 아주 특별한 경우를 제외하고는 그들도 좋은 글을 쓰기 위해 계획하기에서 고쳐쓰기까지의 과정을 거친다. 또 그 과정을 무수히 넘나들면서 과업을 수행해 낸다. 물론 지엽적이고 단편적인 전략 습득에만 치중하는 것이 아니라 그것을 적재적소에 활용하면서 한 편의 글을 쓰는 것이다. 우리도 이제 능숙한 필자들의 글쓰기에 도전해 보자.

1. 계획하기

글을 쓰기 위해서 먼저 계획을 세워야 한다. 집을 지을 때 무턱대고 땅을 파는 일부터 시작하지 않듯이 글을 쓸 때에도 마찬가지이다. 아무 준비 없이 시작해서는 얼마 안 가서 무엇을 쓸지 몰라 연필을 던지거나 노트북 뚜껑을 닫아 버리는 자신을 발견하게 될 것이다. 물론 일기와 같이 글의 독자가 자신이 되는 지극히 개인적인 글은 특별한 계획 없이 생각나는 대로 자유롭게 쓸 수도 있다. 하지만 대부분의 글은 다른 사람과의 소통을 전제로 하기 때문에 소통이 원활하게 이루어질 수 있도록 계획을 세워야 한다. '계획하기'는 글을 쓰기 전에 전체적인 설계를 하는 단계로 '작문 맥락 파악하기'와 '주제 정하기'가 이루어진다. 글을 쓰기 전에 세운 계획은 글을 쓰면서 얼마든지 변경되거나 수정될 수 있음은 물론이다.

1) 작문 맥락 파악하기

작문 맥락은 다른 말로 수사학적 맥락이라고도 하는데, 보통은 쓰기 과제로 구체화 된다. 어떤 내용을 다뤄야 하는지, 어떤 목적으로 써야 하는지, 어떤 유형의 글을 써야 하는지, 누구에게 써야 하는지, 어떤 매체에 써야 하는지, 얼마나 써야 하는지 등이 작문 맥락에 포함된다. 쓰기 과제가 상세하게 제시되어 작문 맥락을 쉽게 파악할 수 있는 경우도 있지만 화제만 제시되거나 쓰기 과제가 명시적으로 제시되지 않은 경우에는 숨어 있는 작문 맥락을 파악해야 한다.

예를 들어 "한복에 대해 잘 모르는 외국인에게 우리나라 한복의 가치와 아름다움을 알려주는 글을 써 보자."의 경우 쓰기 과제가 구체적으로 제시되어 있어 작문 맥락을 비교적 쉽게 파악할 수 있다. 화제는 '한복의 가치와 아름다움'이 되며, 목적은 '정보 전달'이라고 할 수 있다. 글의 유형은 '설명하는 글이나 소개하는 글' 정도가 될 것이고, 독자는 '한복에 대해 잘 모르는 외국인'이 될 것이다. 그런데 쓰기 과제가 주어지지 않은 상황에서도 작문 맥락을 제대로 파악해야 글쓰기 계획을 세울 수 있다. 가령 '진로 문제로 고민하는 친구'에게 글을 쓸 때, 화제는 분명하지만 명시적으로 드러나지 않은 목적이나 독자에 대해서는 분석이 필요하다. 위로하는 글을 써야 할지, 정보를 제공하는 글을 써야 할지, 설득하는 글을 써야 할지 선택해야 하고, 독자인 친구가 평소 무엇에 관심이 있는지, 어떻게 이야기를 하는 것이 효과적인지, 자신과의 관계는 어떠한지 등도 따져봐야 한다. 이처럼 계획하기 과정에서는 쓰기 과제를 분석해서 작문 맥락을 파악하는 일이 필요하다.

> 쓰기 과제가 구체적이면 필자는 어떤 글을 어떻게 써야 하는지 단서를 얻을 수 있기 때문에 글을 쓰는 데 도움이 된다. Strong(2006)은 좋은 쓰기 과제는 CRAFT를 포함한다고 했는데, CRAFT는 맥락(Context), 필자의 역할(Role), 예상 독자(Audience), 글의 형식(Format), 화제(Topic)의 앞 글자를 딴 것이다.

(1) 글을 쓰는 목적은 무엇일까?

글을 쓰는 필자는 모두 나름대로의 목적을 가지고 글을 쓴다. 자기 자신에 대해 쓰는 개인적인 이야기조차도 삶의 기록이라든지, 자기표현이라든지, 무언가에 대한 발설이라든지 하는 목적을 지닌다. 일반적으로 글을 쓰는 목적은 크게 세 가지로 구분되는데, 자신이 아는 정보를 전달하기 위해서, 자신과 의견이 다른 사람을 설득하기 위해서, 그리고 다른 사람과 친교를 맺거나 정서를 표현하기 위해서 글을 쓴다. 더 구체적인 층위로 내려와 보면 정보전달의 목적으로 조사나 실험을 통해 얻은 과학적 지식을 보고하는 글을 쓰기도 하고, 전시회나 축제를 안내하거나 홍보하는 글을 쓰기도 한다. 설득의 목적으로 신문이나 잡지에 정치나 시사 문제에 대해 자신의 입장이나 해석을 드러내는 칼럼을 쓰기도 하고, 환경 문제에 대해 대중의 행동 변화를 촉구하는 논설문을 쓰기도 한다. 친교나 정서 표현을 목적으로 친구나 선생님에게 안부 편지를 쓰기도 하고, 일상에서의 경험이나 깨달음을 자유롭게 드러내는 에세이를 쓰기도 한다.

글을 쓰기 전에 내가 왜 이 글을 쓰는 것인지 목적을 명확하게 상기할 필요가 있다. 물론

한 편의 글에 하나 이상의 목적이 담기기도 하지만, 주된 목적이 무엇이냐에 따라 독자, 화제 등과 맞물려 글의 내용과 형식, 표현 방식 등이 달라지게 된다.

절대적 빈민

부유함이란 점에서 보면, 자본가만큼 역설적인 존재도 없는 것 같다. 지금 사회에서 자본가들은 누구보다 돈이 많은 이들이지만, 그들만큼 돈이 부족한 사람들도 없다. 『이상한 나라의 엘리스』에서 토끼가 '시간이 없어, 시간이 없어'하며 정신없이 뛰어다니는 것처럼 그들은 '돈이 없어, 돈이 없어'하며 어딜 가나 돈을 찾아다니고 언제나 돈을 빌리러 다닌다. 사업체를 운영하는 이들만 그런가? 돈의 증식을 위해, 좀 더 많은 돈을 버는 데 인생을 건 사람은 모두 그렇다. 그런 이라면, 돈이 없어도 모두 일종의 자본가다. 돈이 많든 적든 모두 항상 돈의 결여를 느끼고 종일 돈 벌 생각을 하며, 항상 돈 버는 일을 하며 사는 이들이다. '절대적 빈민'이다!

돈 버는 데 돈을 쓰려 하는 한, 돈은 아무리 많아도 모자라게 마련이다. 이런 사람들 가까이에 있으면, 자칫하면 그들의 '머니게임'에 휘말려 졸지에 인생 망치기 쉽다. 돈을 빌려주거나 보증을 섰다가 졸지에 집을 날리고 빚쟁이 신세가 되는 이들을 주변에서 발견하는 것은 아주 쉬운 일이다. 그러나 그런 분들이 '잘나간다고' 그들의 덕을 보는 이는 별로 본 적이 없다. 그들은 아무리 잘 벌어도 언제나 돈이 부족하기에 신세진 이들에게조차 돈을 여유 있게 쓰지 않는다. 굳이 성정이 악한 이가 아니어도 그렇다. 아마도 좀 더 번 뒤로 미루는 것일 게다. 그러나 그 연기(延期)에는 끝이 없을 것이다. 자본가는 자본주의 사회의 영원한 빈민이다. 이들은 우리에게 돈을 많이 갖고도 빈곤하게 사는 법을 알려준다.

부에 대한 경제주의적 관념은 부유함에 대한 또 다른 편견으로 이어진다. 즉 자신이 사용하거나 처분할 수 있는 상품의 풍부함이 부유함을 뜻한다고 믿는 오해가 그것이다. 이는 돈을 버는 것이 아니라 돈을 쓰는 것을 통해 부유함을 정의한다는 점에서 '자신이 처분할 수 있는' 자원과 결부되어 있고, 그래서 실질적 부와 직결되는 것처럼 보인다. 그러나 옷이 아무리 많아도 동시에 그 많은 옷을 입을 수 있는 것은 아니며, 아무리 비싼 명품 옷이 있다고 해도 그게 꼭 멋진 분위기로 이어지는 것은 아니다. 차라리 반대의 경우를 생각하는 게 더 쉬워 보인다. 좋은 미감을 갖고 있는 이들은 '별 것 아닌' 옷으로도 멋진 분위기를 만들어낸다. 반면 그런 나름의 미감이 부족한 이들이야말로 명품이 필요한 이들일 것이다. '명품'의 딱지가 증거하는 남들의 평가, 남들의 미감으로라도 자신의 결여된 미감을 메꾸어야 하기 때문이다. 처분할 수 있는 비싼 상품의 양이, 옷으로 표현되는 삶이나 패션 감각의 풍요로움을 보여주진 못한다. 그것은 그저 돈 있는 자임을 드러내는 표시일 뿐이며, 돈 있는 이라면 다들 입고 다니는 뻔한 스타일을 소비하는 것일 뿐이다. 지식도 그렇다. 유행하는 많은 사상가들의 이름이나 개념(사상계의 명품이다!)을, 소화되지 않은 채 화려하게 늘어놓은 분들을 보면, 지식의 풍부함이나 지성의 풍요로움보다는 그것의 결여를 느끼게 된다.

-이진경, 『삶을 위한 철학수업』

위 글을 쓴 목적은 무엇일까? 이 글은 돈을 쫓아 살면서 돈을 가치 있게 쓰지 못하는 사람들, 자기만의 미감을 찾지 못한 채 남들의 평가에 연연하며 명품을 두르는 사람들이 다름 아닌 절대적 빈민이라고 말한다. 또 자신의 것으로 소화시키지 못한 설익은 사상을 쏟아내는 사람들이야말로 지식이나 지성이 결여되었다고 비판한다. 따라서 이 글의 목적은 사회적 현상이나 세태에 대해 자신의 입장을 밝히고 의견을 피력함으로써 자신과 견해가 다른 사람들의 사고나 행동 변화를 이끌어 내는 데 있음을 파악할 수 있다.

대부분의 물질은 온도가 올라갈수록 밀도가 작아진다. 구리 동전을 예로 들어 보자, 동전에 열을 가하면 구리 원자들이 더 빨리 움직이면서 널리 퍼진다. 그리하여 구리 동전은 부피가 좀 더 늘어난다. 즉 밀도가 줄어드는 것이다. 계속 동전을 가열하면, 결국 동전은 녹을 것이다. 액체 상태가 된 구리 동전의 밀도는 고체 상태 때보다 더 작다.

액체 상태가 된 구리를 계속 가열하면 그 분자들은 계속 퍼져 나가려 하고, 그 결과 밀도는 점점 작아진다. 이러한 현상은 순수한 거의 모든 물질에서 볼 수 있다.

그러나 물만은 다르다. 10℃의 물이 있다고 하자. 이 온도에서 물은 액체 상태이다. 구리의 경우와는 반대로, 이번에는 물을 냉각시켜 보자, 물을 냉각시키면 물 분자들은 움직임이 점점 느려지고 서로 간의 거리가 가까워진다. 기대한 바대로 밀도가 증가하는 것이다. 그러나 4℃에 이르면 이상한 일이 일어난다. 그리고 그 이하로 온도가 내려갈수록 물 분자들이 서로 멀리 떨어지기 시작한다. 0℃에서 물이 얼 때에는 물 분자들이 더욱 멀리 떨어진다.

다시 말해서, 4℃의 물은 0℃의 물보다 밀도가 더 크다. 실제로 4℃일 때의 물은 다른 어떠한 온도의 물(액체 상태)보다 밀도가 크다. 그리고 어떤 온도의 물(액체 상태)도 고체 상태의 얼음보다 밀도가 더 크다. 얼음 덩어리가 유리컵 위를 떠다니거나 빙산이 바다 위를 떠다니는 것은 바로 이 때문이다. 이러한 기이한 현상은 얼음이 될 때 물 분자들이 속이 빈 결정 구조를 이루기 때문에 일어난다. 얼음이 녹으면 이 결정 구조가 무너져 물 분자들이 서로 접근하기 때문에, 밀도가 높아지는 것이다. 속이 빈 결정 구조는 물의 온도가 4℃에 이를 때까지 완전히 없어지지는 않는다.

물의 이러한 기이한 행동 때문에 우리 주변의 세계에는 재미있는 일들이 벌어진다. 계절이 변할 때 호수나 연못에 일어나는 변화를 한번 살펴보자. 겨울이 다가오면 기온은 내려간다. 호수 표면의 물의 온도가 내려가 밀도가 높아지므로 호수 아래로 가라앉고, 그 대신 아래쪽에 있던 물이 호수 표면으로 올라간다. 그런데 4℃ 이하로 온도가 더 내려가게 되면, 냉각된 물은 아래로 내려가지 않고 호수 표면에 머문다. 그리하여 호수의 물은 위에서부터 얼기 시작한다. 다른 액체 물질들은 거의 아래쪽에서 얼기 시작하여 위로 올라가는 것과는 대조적이다.

이렇게 호수나 연못의 물은 위에서부터 얼기 시작하기 때문에, 그 아래에 있는 물은 기온이 0℃ 아래로 내려가더라도 계속 액체 상태로 남아 있을 수 있다. 표면의 얼음 층이 차가운 기온을 차단하는 벽의 역할을 해 주기 때문이다. 아주 얕은 연못을 제외하고 호수나 강에 있는 대부분의 물은 얼음 층 아래에서 액체 상태로 남아 있다. 덕분에 물속에 사는 생물들은 추운 겨울에도 살아남을 수 있다.

-B.E. 짐머맨 & D.J.짐머맨, 『테마가 있는 20가지 과학이야기』

위의 글은 여느 액체와는 다른 성질을 지니고 있는 물에 대해 다루고 있는 글이다. 이진경의 글이 독자의 생각이나 행동의 변화를 목적으로 하고 있다면, 이 글은 물의 독특한 성질로 인해 발생하는 자연 현상을 보여주어 설명 대상에 대한 독자의 이해를 목적으로 하고 있음을 알 수 있다.

(2) 어떤 화제로 글을 쓸까?

큰 누님 박씨 묘지명

유인(孺人) 휘(諱) 모(某)는 반남(潘南) 박씨(朴氏)인데, 그 동생 지원(趾源) 중미(仲美)가 다음과 같이 묘지명을 쓴다.

유인은 열여섯에 덕수(德水) 이씨 택모(宅模) 백규(伯揆)에게 시집가 딸 하나와 아들 둘을 두었으며 신묘년(辛卯年) 9월 1일에 세상을 뜨니 나이 마흔 셋이었다. 남편의 선산은 아곡인 바 장차 그곳 경좌(庚坐) 방향의 묏자리에 장사 지낼 참이었다. 백규는 어진 아내를 잃은 데다가 가난하여 살아갈 도리가 없자 어린 자식들과 계집종 하나를 이끌고 솥과 그릇, 상자 따위를 챙겨서 배를 타고 산골짝으로 들어가려고 상여와 함께 출발하였다. 나는 새벽에 두뭇개의 배에서 그를 전송하고 통곡하다 돌아왔다.

아아 누님이 시집가던 날 새벽에 얼굴을 단장하시던 일이 마치 엊그제 같다. 나는 그때 막 여덟 살이었는데, 발랑 드러누워 발버둥을 치다가 새신랑의 말을 흉내 내 더듬거리며 점잖은 어투로 말을 하니, 누님은 그 말에 부끄러워하다가 그만 빗을 내 이마에 떨어뜨렸다. 나는 골을 내 울면서 분에다 먹을 섞고 침을 발라 거울을 더럽혔다. 그러자 누님은 옥으로 만든 자그만 오리 모양의 노리개와 금으로 만든 벌 모양의 노리개를 꺼내 나를 주면서 울음을 그치라고 하였다. 지금으로부터 스물여덟 해 전의 일이다.

강가에 말을 세우고 멀리 바라보니 붉은 명정(銘旌)이 펄럭이고 배 그림자는 아득히 흘러가는데, 강굽이에 이르자 그만 나무에 가려 다시는 보이지 않았다. 그때 문득 강 너머 보이는 산은 검푸른 빛이 마치 누님이 시집가는 날 쪽진 머리 같았고, 강물 빛은 당시의 거울 같았으며, 새벽 달은 누님의 눈썹 같았다.

울면서 그 옛날 누님이 빗을 떨어뜨리던 걸 생각하니, 유독 어릴 적 일이 생생하게 떠오르는데 그때에는 또한 기쁨과 즐거움이 많았으며 세월도 느릿느릿 흘렀었다. 그 뒤 나이 들어 우환과 가난을 늘 근심하다 꿈결처럼 훌쩍 시간이 지나갔거늘 형제와 함께 지낸 날은 어찌 그리도 짧은지.

> 떠나는 이 정녕코 다시 오마 기약해도
> 보내는 자 눈물로 옷깃을 적시거늘
> 이 외배 지금 가면 어느 때 돌아올꼬?
> 보내는 자 쓸쓸히 강가에서 돌아가네.

-박희병, 『연암을 읽는다』

이 글은 연암(燕巖) 박지원(朴趾源)이 큰 누님의 죽음을 애도하며 묘비에 쓴 글이다. 이 글에는 누이의 남은 가족이 산골로 들어가는 모습을 바라보는 장면, 누이가 시집가던 날 누이에게 심술을 부렸던 일을 추억하는 장면, 상여를 실은 배를 떠나보내며 죽은 누이의 얼굴을 떠올리고 함께한 시간이 짧았음을 아쉬워하는 장면이 생생하게 그려져 있다. 누님을 잃은 슬픔이 절절하게 드러나는 이 글은 박지원의 개인적인 체험 즉 누님의 죽음과 누님이 시집가던 날의 추억을 화제로 삼고 있다.

(3) 누가 내 글을 읽을까?

글을 쓸 때 주의해야 할 점 중 하나는 필자 중심의 글에서 벗어나 독자 중심의 글을 써야 한다는 것이다. 누가 내 글을 읽을 것인지 미리 살피지 않고 글을 쓰다 보면 목적을 상실한 채 어수선한 글이 되기 쉽다. 독자가 누구이고 그가 어떠한 특성을 지니고 있는지를 고려하면서 글을 써야 한다. 독자 분석에 따라 글의 내용이나 형식, 진술 방식 등이 달라질 수 있기 때문에 나이, 관심사, 배경지식, 화제에 대한 태도, 필자와의 관계 등을 꼼꼼히 분석한다. 그래야만 내가 쓴 글을 읽으며 독자는 고개를 끄덕이고 이해하거나 공감하기도 하고 생각이나 행동의 변화를 보이기도 하며 때로는 감동의 눈물도 흘리게 된다.

성년의 문턱에 선 아들에게

급히 마무리해야 할 일이 있어서 어제 네 졸업식에 가지 못했다. 서운했을 수도 있겠구나. 굳이 겨를을 내자면 못 낼 것도 없었지만, 네 어머니와 고모가 간다기에 따로 시간을 내지 않았다. 더구나 아비는 세 해 전 네 형 졸업식에도 가지 않았으니, 네 졸업식에도 가지 않는 것이 공평한 일인 듯도 했다. 졸업을 축하한다. 그리고 이제 성년의 문턱에 이른 네게 몇 마디 당부를 하고 싶다. 이것은 아비가 자식에게 건네는 당부이기도 하지만, 고등학교 문을 나서는 네 세대 청년들에게 앞선 세대가 건네는 당부이기도 하다. 너는 어제 열 두 해의 학교 교육을 마쳤다. 우리 사회가 구성원들 모두에게 의무적 권리로 규정하고 있는 기간보다 세 해 더 학교를 다닌 것이다.

그것은, 네 둘레의 친구들 대다수와 마찬가지로, 너 역시 적어도 네 세대의 가장 불운한 한국인들에게 견주어 학교 교육의 혜택을 더 받았다는 뜻이다. 그 여분의 혜택을 누릴 수 없었던 네 동갑내기들 가운데는 학교 공부에 대한 열의와 재능이 너보다 컸던 사람들도 있었으리라는 사실을 늘 잊지 마라.

너는 이제 열아홉 살이다. 언제부턴가 우리 사회의 다정다감한 부모들이 20, 30대의 어린아이들을 키워내고 있는 터라 네겐 생뚱맞게 들릴 수도 있겠지만, 아비 생각에 열아홉이면 두 발로 설 수 있는 나이다. 그것은 이제 네가 부모로부터의 독립을 생각하기 시작할 나이에 이르렀다는 뜻이다. 그 독립의 첫걸음으로 우선, 앞으로의 학교 공부는 네 힘으로 하려고 애써라. 국가가 고등교육을 책임지지 않는 사회에서, 대학에 다니고 싶으면 제가 벌어 다니라는 말이 야박하게 들릴 줄은 안다. 그러나 단지 경제적 이유로 대학 진학을 포기한 네 동갑내기들이 적지 않다는 것을 기억해라.

또 네 형도 제 힘으로 대학 공부를 하고 있다는 것을 상기해라. 지금 당장 온전히 독립하는 것은 어렵겠지만, 적어도 네가 아비에게 경제적으로 의존하는 것이 꼭 당연하고 자연스러운 일은 아니라는 점을 잊지 마라.

성년의 표지로서 경제적 독립 못지않게 긴요한 것은 정신의 독립이다. 가족이나 친구와 이야기를 나누든, 책을 읽거나 신문·방송을 보든, 네가 접하는 지식과 정보와 의견들에 늘 거리를 두도록 애써라. 줏대를 버린 뇌동은 그 당사자에게만이 아니라 공동체에도 크게 해롭다. 그러나 줏대를 지닌다는 것은 독선적이 된다는 것과 크게 다르다. 줏대를 지니되, 진리는 늘 여러 겹이라는 사실도 잊지 마라.

독립은 고립과 아주 다르다. 고립은 단절된 상태를 뜻하지만, 독립은 연대 속에서도 우뚝하다. 연대는 어느 쪽으로도 향할 수 있지만, 아비는 네 연대가 공동체의 소수자들, 혜택을 덜 받은 사람들에게 건네지기를 바란다.

적어도 너 자신보다는 소수자의 표지를 더 짙게 지닌 사람들 쪽으로 네 연대가 길을 잡기 바란다. 높이 솟아오른 정신일수록 가장 낮은 곳을 응시한다.

네가 막 그 문턱에 다다른 세상은 중고등학교 교실에서 상상하던 세상과는 많이 다를 것이다. 사악한 이성과 욕망의 온갖 광기가 휩쓰는 세상에서 너는 너 자신과 아비를 포함한 인간의 비천함에 절망하고 지쳐, 어느덧 그 비천함의 능동적 실천자가 되고 싶은 유혹에 노출될지도 모른다. 그러나 그 더러워 보이는 세상 한 구석에 인류의 역사를 순화하고 지탱해 온 순금의 정신이 숨어있다는 것도 잊지 마라. 그 순금의 정신은 상상 속의 엘도라도가 아니라 바로 네 둘레에 있을 수도 있다. 네가 잘 알고 있듯, 아비는 충분히 독립적이지 못했고 충분히 연대하지 못했다. 그러나 모든 생명체는 뒷 세대가 저보다는 나아지기를 바란다. 그렇다면 아비에게도 스스로 이루지 못한 것을 네게 당부할 권리가 있을 것이다. 독립적이 되도록 애써라. 소수자들과 연대하려고 애써라. 다시 한 번, 네 졸업을 축하한다.

-고종석, 『한국일보』(2004.2.11.)

이 글은 고종석이 아들에게 쓴 글이다. "독립적이 되도록 애써라, 소수자들과 연대하려고 애써라"라는 필자의 당부를 듣는 독자는 고등학교를 졸업하는 아들이다. 그런데 사적인 이야기에 걸맞은 편지글의 형식을 빌렸으나, 고종석이 의도적으로 염두에 둔 독자는 아들만은 아니다. 글에서도 밝혔듯이 아들을 포함하는 '성년의 문턱에 이른, 고등학교를 나서는 청년 세대'가 이 글의 진짜 독자이다. 글을 쓰기 전 필자는 청년 세대가 겪고 있는 고민이 무엇인지, 그들이 사회에 나가 어떤 경험을 하게 될 것인지, 그들에게 필요한 당부가 무엇인지, 그리고 그들의 마음을 움직일 수 있는 따뜻하면서도 설득력 있는 표현이 무엇인지 여러 고민을 했으리라 짐작할 수 있다.

2) 주제 정하기

계획하기 단계에서 주제를 정하는 일 또한 중요하다. 주제는 필자가 글에서 말하고자 하는 중심 생각으로 화제의 범위를 좁히거나 구체화하여 정한다. 주제는 문장으로 분명하게 드러나기도 하고 전체적인 글 맥락 안에 숨겨져 있기도 한데, 어떤 경우이든 주제가 명확해야 한다. 그렇지 않으면 산만하고 무슨 말을 하는지 알 수 없는 글이 되고 만다.

그런데 글의 주제를 정하는 일은 생각보다 쉽지 않다. 주제가 주어지는 경우가 아니라면 좋은 주제를 찾기 위해 노력해야 한다. 좋은 주제는 독자의 관심을 끌 수 있어야 하고, 인류가 추구하는 보편적인 가치를 담고 있어야 한다. 예를 들어 범죄를 당연시하거나 조장하는 주제는 독자의 관심을 끌 수 있다고 하더라도 좋은 주제라고 할 수 없다. 필자 입장에서는 자신의 능력으로 다룰 만한 것이면서 흥미로운 주제가 좋은 주제라 할 수 있다. 아무리 좋은 주제라도 필자가 별 감흥을 느끼지 못하거나 자신의 능력으로 완전히 소화하기 어려운 주제라면 완성도 높은 글로 이어지기 어렵다.

그렇다면 어떻게 좋은 주제를 찾아낼 수 있을까? 좋은 주제를 찾기 위해서는 평상시에 다양한 경험을 쌓고 많이 느끼고 생각하며 순간순간을 꾸준히 기록하는 일이 도움이 된다. 학교에서 친구들과 과제를 하거나 동아리 활동을 한 경험, 사회 문제에 대해 다른 사람과 대화하거나 토론을 한 경험, 친구와 다투었거나 이성 친구와 헤어져서 슬픔에 빠진 경험, 책이나 영화를 보면서 궁금하거나 무언가 깨달은 경험 등등이 모두 화제가 될 수 있다. 때로는 반짝이는 아이디어이기도 하고 때로는 깊이 있는 통찰이기도 한 이러한 화제는 기록해 두지 않으면 금방 잊어버리기 십상이다. 그렇게 되지 않으려면 일상에서 발견한 화제를 메모장이나 일기장 등에 기록해 두고 이에 대해 질문하고 사유하는 시간을 가져야 한다. 이러한 과정에서 자신 혹은 다른 사람에게 하고 싶은 말이 생기고, 하고 싶은 말이 명료해지면 그것이 바로 글의 주제가 된다.

◆ 좋은 주제란?
- 필자와 독자 모두에게 흥미로운 주제
- 보편적인 가치를 담고 있는 주제
- 자신의 능력으로 다룰만한 주제

[좋은 주제 찾기]

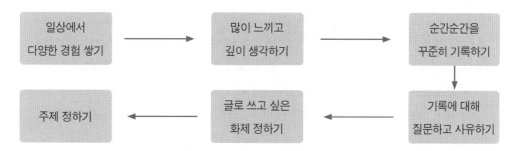

그렇다면 화제가 어떠한 과정을 거쳐 주제가 될 수 있을까? '게임'라는 화제가 있다고 치자. 이 화제를 무작정 글로 다루기에는 범위가 너무 넓다. 게임이라는 화제에서 '게임의 역사와 게임 산업의 발전' 혹은 '청소년 게임 중독'과 같이 한 편의 글로 다룰 수 있도록 범위를 좁혀야 한다. 또 글을 쓰는 목적을 고려하여 주제를 구체화한다. 즉 게임의 역사와 게임 산업의 발전 과정에 대한 정보를 전달할 것인지, 게임 중독을 질병으로 분류하자고 독자를 설득할 것인지, 혹은 게임 중독에 빠졌던 경험과 관련하여 자신의 정서를 표현할 것인지를 고려하여 구체화한다. 주제를 구체화했으면 이제 주제문을 작성해 본다. 주제문을 작성하면 막연하게 주제를 잡았을 때와 비교하여 글의 방향을 구체적으로 설정할 수 있고, 자신의 능력으로 다룰 수 있는 주제인지 그렇지 않은지를 판단하는 데에도 도움이 된다. 주제문은 평서문 형식의 완전한 문장으로 작성하되, 정보전달의 목적이라면 '사실'이, 설득의 목적이라면 '주장이나 의견'이 주제문에 반영될 수 있도록 한다.

결핍이 만들어 낸 착한 아이
- '나'도 모르게 만들어진 '나'

나는 어렸을 때부터 늘 착한 사람이어야만 했다. 그래야 사랑받을 수 있을 거라고 생각했다. 내가 왜 '착한 아이'가 되어야만 했는지, 지금부터 천천히 이야기하고자 한다. 우리 오빠는 자폐를 동반한 발달장애인이다. 오빠가 어릴 때 장애가 있다는 사실을 알게 되었고, 그때 엄마는 아무도 만나기 싫을 정도로 우울해 하셨다고 한다. 엄마는 오빠의 장애를 치료해 보고자 민간요법부터 복지관 등 다양한 치료기관을 다니며 당신의 인생 없이 바쁘게 사셨다. 이후 오빠와 9살 터울로 나를 낳으시고, 내가 4살이 되던 해에 동생이 태어났다. 그래서 부모님 또래의 친구들은 자식을 다 기르고, 손주도 보고, 여행도 다니는데, 우리 부모님은 노후를 챙길 여유도 없이 지금까지도 우리의 뒷바라지를 하고 계신다.

7살 어린 내 눈에도, 우리 엄마는 오빠와 동생만으로도 충분히 지쳐 보였다. 그래서 나는 내가 힘든 것도 말하지 못하고 갖고 싶은 것도 말하지 않았다. 내가 착한 아이가 되어야 엄마가 덜 힘들 거라고 생각했다. 그리고 부모님의 사랑을 받지 못한 건 아니었지만, 내가 착한 사람이 되면, 부모님이 누구보다 더 사랑하고 아껴주실 거라고 생각했다. 그래서 집에서는 내가 가진 것을 오빠와 동생에게 양보했다. 먹는 것이든 장난감이든 상관하지 않고 원하는 것 대부분을 내주었다.

또한 엄마가 밤늦게까지 오빠를 데리고 다니면, 나는 동생이랑 집에서 아빠가 올 때까지 기다리며 엄마의 역할을 대신했다. 엄마가 걱정하게 하고 싶지 않아서, 유치원과 학교에서도 모범생이 되었다. 친구들이 피하고 싶어 하는 일을 도맡아서 하고, 소외된 친구를 도와주는 일도 열심히 했다. 나는 뭐든 최선을 다했다.

그렇게 하루, 일주일, 한 달, 1년이 지나면 지날수록 나에게는 혼자서도 잘하는 아이, 모범생, 대견한 딸, 든든한 누나, 착한 동생, 믿고 맡길 수 있는 친구라는 수식어가 붙게 되었고, 그런 내 삶이 너무나도 피곤했다. 부모님과 선생님, 주위 어른들은 점차 내가 알아서도 잘하는 아이라는 인식을 갖게 되었고, 나는 어리광을 부리는 것도 어색한 아이가 되었다.

그래서 고집을 부리면 뭐든 해 주는 친구의 부모님이 부러웠고, 집에 친구들을 초대하는 친구가 부러웠다. 선생님의 일을 도와주지 않아도, 열심히 하지 않아도, 예쁨을 받는 친구가 부러웠다. 나도 하고 싶은 것도 많고, 먹고 싶은 것도 많고, 가지고 싶은 장난감도 많고, 가고 싶은 곳도 많은데, 오빠와 동생이 원하는 것을 중심으로 돌아가는 것이 너무 속상했다. 나는 그렇게 속으로 상처를 받고 있었다.

나도 어렸고, 엄마의 도움을 많이 필요로 했다. 엄마와 단둘이 있는 시간이 많기를 바랐다. 하지만 우리 집에서 나는 가장 도움이 필요 없는 아이였다. 그래도 오빠는 자동으로 이해가 갔다. 어떻게 언제부터 알았는지는 모르겠는데, 직감적으로 오빠에게는 도움이 필요하다는 것이 느껴졌다. 하지만 동생은 나와 같은 비장애인이면서, 혼자 할 수 있는 것이 많은데도 엄마와 아빠의 관심과 도움을 받으려고 떼쓰고 투정했다. 온갖 투정을 다 부리고 참지 않고 원하는 것을 다 하는데도 가장 사랑받는 것 같은 동생이 세상에서 가장 얄미웠다. 나는 다 양보하고 사는데 억울했다. 그리고 부러웠다. 그래서 동생이랑 엄청 싸웠다. 아니, 솔직히 말하자면 내가 동생을 괴롭혔다. 숙제가 있으면 방해하고, 동생이 가지고 있는 장난감을 숨겨 놓기도 하고, 힘들게 만들어 놓은 레고를 실수로 그랬다는 듯이 부숴놓는 등, 할 수 있는 치사하고 야비한 일은 내가 다했다. 그러나 그렇다고 내 기분이 썩 통쾌하지는 않았다.

한 번은 동생이랑 크게 싸워서 엄마가 안방으로 따로 불러 혼내셨다. 왜, 동생은 아직 어린데 자꾸 괴롭히느냐고 꾸짖으셨다. 내가 실수인 척 연기한 것이 어른의 눈에는 보였나 보다. 그래서 나는 너무 서러워서 왜 나는 다 양보하고 살아야 하냐고, 동생은 어디가 불편한 것도 아니고 양보 받아야 할 상황인 것도 아닌데, 왜 나는 다 참고 양보해야 하냐고, 너무 힘들다고 울었다. 그동안 얘기를 안 하고 꾹꾹 감춰뒀던 감정을 폭발하듯 속사포로 이야기하니 엄마도 많이 놀란 듯했다.

초등학교 4학년, 그때 처음으로 엄마의 눈물을 봤다. 엄마는 나에게 사과했다. 미안하다고, "지영아 엄마가 미안해, 우리 지영이 없으면 엄마는 어떻게 살까? 엄마는 우리 지영이 덕분에 살아." 그러나 내 기분은 하나도 시원해지지 않았다. 시원하기는커녕 엄마한테 더 미안했다. 생각은 행동이 되고 행동은 습관이 된다는 말이 있듯이. 나는 이미 내 삶의 방식에 익숙해져 있었다. 처음에는 엄마가 힘들지 않았으면 좋겠다고 생각하고 의식적으로 노력했다면 이제는 습관처럼 엄마의 감정을 먼저 생각하게 된 것이다.

지금 내 삶이 힘드냐고 물어보면, 그렇지 않다. 그날, 엄마의 진심을 확인했고 그 이후로 엄마는 나에게 더 많은 애정표현을 해 주셨다. 그리고 내가 감정을 숨기지 않고 그때그때 이야기할 수 있도록 도와주셨다. 엄마는 더 노력하셨고 나는 나대로 노력했다. 이 노력들 덕분에 나는 마음의 짐을 조금은 내려놓고 엄마와 속이야기를 터놓을 수 있는 친구 같은 모녀가 되었다. 그리고 내가 부모님께 정말 넘치도록 사랑받고 있었다는 것을 깨달았다. 나는 정말 행복하다.

-학생 글

위의 글은 '결핍'을 화제로 대학 1학년 학생이 쓴 글이다. 아픈 오빠를 돌보느라 지치고 힘들어 하는 엄마를 위해 '착한 아이', '알아서 잘 하는 아이'가 되어 가면서 느끼게 된 결핍의 감정을 진솔하게 그려내고 있어 잔잔한 감동을 준다. 이 글은 삶에서 누구나 결핍이 있지만 서로의 이해를 통해 결핍이 해소된다는 것, 즉 상처 받은 자아가 회복될 수 있고 다른 사람의 삶을 응원할 수 있음을 우리에게 말해주고 있다.

1 다음 작문 과제에서 작문 맥락을 분석해 보자.

[작문 과제]

2020년 한 해에만 13만 마리의 반려동물이 버려졌다는 사실을 알고 있었나요? 최근 버려지는 반려동물이 급증하면서 '반려동물 보유세'가 사회적으로 이슈가 되고 있습니다. 반려동물을 키우는 사람에게 일정한 세금을 물려야 한다는 주장에 대해 어떻게 생각하시나요? 반려동물 보유세에 대한 자신의 생각을 밝히고, 자신과 생각이 다른 사람을 설득하기 위한 글을 써 보세요.

2 다음 글에서 작문 맥락을 분석하고 주제를 찾아보자.

건맨과 폰맨

인간의 삶에서 '휴대성'의 의미만큼 중요한 것도 드물 것이다. 휴대성을 제공하는 물체는 우리 삶을 확 바꾸어 놓는 경향이 있다. 영화에도 나오듯 각 개인이 일상에서 권총을 휴대한다는 사실, 그것은 모든 서부극의 핵심이다. 그 이야기의 주제와 플롯이 무엇이든―개척이든, 우정이든, 사랑이든, 복수든―개인 휴대 권총은 이야기가 전개되는 상황을 결정한다.

그런데 황야의 '건맨(Gun-man)'이 서부 개척 시대의 상징이라면, 거리의 '폰맨(Phone-man)'은 정보 통신 문명 시대의 상징이다. 물론 '건우먼'에 대해 언급할 일은 거의 없지만, 오늘날 '폰우먼'을 거론하지 않으면 남녀평등 위반으로 비난받을지 모른다는 차이는 있다. 또한 서부의 건맨들은 총알을 쏘아 대지만 현대의 폰맨들은 폰을 뽑아 들고 말을 쏘아 대는 것도 다르다.

하지만 건맨과 폰맨의 유사점은 참으로 많다. 그것은 대부분 휴대성 때문에 파생된 특성들이다. 그들은 항상 휴대하는 '건'과 '폰'을 애지중지하며 잠시도 몸에서 떼어놓지 않으려는 경향을 보인다. 그리고 그것을 장식하는 데 열을 올린다. 실제로 건맨들은 권총 장식에 신경을 많이 쓴다고 한다. 예를 들어 상아 손잡이를 단다든가, 총신에 금박을 넣는다든가 했다. 오늘날 멋들어지게 장식한 휴대 전화를 보는 것도 그리 어려운 일이 아니다.

아이들까지 권총과 휴대 전화에 열광하는 데는 여러 가지 이유가 있겠지만 우선 멋있다는 느낌을 주기 때문이다. 서부 영화의 고전이랄 수 있는 조지 스티븐스 감독의 '셰인'에서 주인공 꼬마 조이는 셰인의 그 멋진 상아 손잡이 권총에서 눈을 떼지 못한다.

요즘 폰맨과 폰우먼들은 휴대 전화 배터리를 하나 이상 가지고 다니기도 한다.

사용량이 많다 보니 갈아 끼울 필요가 생긴 것이다. 마치 건맨들이 총알을 줄줄이 끼운 탄띠혁대를 차고 다녔던 것처럼 말이다. 또한 건맨들이 총을 손가락에 끼워 휘휘 돌리기도 하고 총집에서 뺐다 넣었다 했던 것처럼, 폰맨들도 폰을 다양한 방식으로 작동하고 만지작거리는 데에 쉼이 없다.

그리고 흔히 간과하는 것이지만 휴대성은 양의 변화를 급속하게 초래한다. 너무도 당연히 휴대성을 제공하는 물체는 각 단체나 각 가정의 숫자가 아니라 각 개인의 숫자만큼 보급되는 경향이 있기 때문이다. 그리고 휴대성은 곧바로 일상성에 연계된다. 매일 밤낮으로 가지고 다닌다는 말이다. 이제 꼭 필요할 때의 사용과 이른바 잡담과 수다로 간주하는 것을 위한 사용 사이의 비율은 어쩌면 전도되었는지도 모른다. 하긴 삶의 필요성이라는 것이 매우 상대적인 것이지만…….

과다한 사용에 따라 공동체 생활 속에서 남에게 괜한 피해를 줄 수 있는 가능성 때문에 그에 따른 매너가 필요하다는 점도 둘 사이의 유사점이다. 그래서 공동체 평화의 필요에 따라 건맨들이 그랬던 것처럼 폰맨들도 자신들의 휴대품을 공연장, 교회, 강당 등 특정한 장소에서는 입구에 맡겨야 할 상황이 벌어진 것이다. 그렇게 되면 애지중지하면서 한시라도 떼어 놓을 수 없는 물체와 안타깝게 잠시라도 떨어져 있어야 한다.

결론적으로 건맨과 폰맨 사이의 가장 큰 유사점은 그들이 일상 속 문명과 야만의 두 얼굴을 가지고 있다는 사실이다. 그것은 또한 인간의 두 얼굴이기도 하다.

-김용석, 『일상의 발견』

● 이 글을 쓴 목적은?

● 이 글에서 다루는 화제는?

● 이 글을 읽을 독자는?

● 이 글의 주제는?

3 한 편의 글을 쓰기 위해 작문 맥락을 분석해 보자.

자기 질문	작문 맥락 분석
▶ 내가 왜 이 글을 쓰려고 하는 걸까? 목적이 무엇이지?	
▶ 내가 쓰고 싶은 내용은? 화제가 무엇이지?	
▶ 내 글을 누가 읽을까? 독자는 어떤 특성을 지니고 있지?	
▶ 어떤 매체에 글을 쓸까?	

4 위에서 떠올린 화제를 바탕으로 주제를 정하고 주제문을 작성해 보자.

화제	주제	주제문

2. 내용 생성하기

글쓰기의 두 번째 과정은 '내용 생성하기'이다. 내용 생성하기 과정은 계획하기에서 실시한 작문 맥락 분석과 주제 설정을 바탕으로 하여 아이디어를 떠올리거나 자료를 수집하는 단계이다. 내용 생성하기에서 활용할 수 있는 전략은 글을 쓰는 목적이나 주제에 따라 달라질 수 있는데, 자신의 경험이 글의 주된 내용이 되고 친교나 정서 표현을 목적으로 한다면, 자신의 머릿속에서 아이디어를 최대한 많이 끌어내는 것이 중요하다. 이때 창의적인 사고 활동을 활성화할 수 있는 '브레인스토밍'이나 '생각 그물 만들기' 등을 활용하면 좋다. 반면에 어떠한 사실이나 정보를 전달하거나 다른 사람을 설득할 목적이라면 선행 연구나 전공 서적 또는 신문 기사나 전문가 인터뷰 등에서 다양하고 풍부한 자료를 수집하는 것이 필요하다. '자료 읽기', '대화하기' 등을 활용할 수 있다. 내용 생성하기 과정에서의 핵심은 글쓰기에 사용할 재료를 최대한 모으는 것이다.

1) 브레인스토밍

창의적인 아이디어를 생산하기 위해 '브레인스토밍(brainstorming)' 전략이 널리 활용된다. 브레인스토밍은 말 그대로 뇌(brain)에 폭풍을 일으키는 것(storming)으로, 화제나 주제와 관련하여 떠오르는 생각을 거리낌 없이 자유롭게 발산하는 전략이다.

브레인스토밍을 하기 위해서는 먼저 화제나 주제가 무엇인지 적고, 일정한 시간 동안 그에 대해 떠오르는 생각을 모두 적는다. 이때 떠올린 아이디어를 평가하거나 다듬지 않고 최대한 많은 양의 아이디어를 모으는 것이 중요하다. 브레인스토밍으로 아이디어를 떠올린 다음에는 많은 아이디어 중에서 글에 반영할 아이디어를 선정하는 일이 뒤따른다. 다발짓기와 같은 전략을 사용할 수 있는데, 주제와 관련이 있는 아이디어를 선택하되 아이디어끼리 서로 관련 있는 것들을 다발로 묶고 불필요한 아이디어를 삭제하는 과정을 거친다.

  브레인스토밍은 혼자서 하는 것이 보통이지만 모둠으로 구성하여 진행하면 경험과 사고의 폭이 다양한 사람들에게서 창의적인 아이디어를 얻을 수 있는 기회가 되기도 한다. 모둠 브레인스토밍의 목적도 질 높은 아이디어보다는 가능한 한 많은 양의 아이디어를 만들어 내는 데 있다. 따라서 모둠원들이 거리낌 없이 다양한 아이디어를 떠올릴 수 있도록 최대한 자유롭고 허용적인 분위기를 조성하고, 아이디어의 발산에 방해가 되지 않도록 다른 사람들이 낸 아이디어를 비판하거나 평가하지 말아야 한다. 모둠 브레인스토밍의 장점 중 하나는 다른 사람이 낸 아이디어로부터 새로운 아이디어를 착안하거나 아이디어와 아이디어를 결합하여 또 다른 아이디어를 만들어 낼 수 있다는 점이다.

[브레인스토밍 전략 사용하여 내용 생성하기]

나를 갉아 먹는 것들

  정신의 소모, 끝없이 추락하다, 질투할 때, 노력 부족, 집착, 부러워하는 것, 돈, 허영, 남자친구와의 이별, 나를 바로 보기, 행복한 삶, 나는 나를 평가한다, 잘난 척, 학점, 취직 준비, 돌이킬 수 없는 실수, 나를 사랑하기, 자신감, 숨어버리고 싶은 마음, 누군가에게 위안 받기, 실패 경험, 그만 버리고 싶은 것, 불안감, 한 단계 성장하기, 차별 받는다는 느낌

2) 생각 그물 만들기

  '생각 그물 만들기(mind-mapping)'는 화제나 주제로부터 중심 개념을 만들고 거기서 연상되는 생각을 도형이나 선, 화살표 등을 이용하여 확장해 나가는 전략이다. 제한된 시간 내에 내용 생성을 위한 아이디어를 떠올리는 전략이라는 점에서 브레인스토밍과 유사하다. 그러나 브레인스토밍이 많은 양의 아이디어를 쏟아내는 데 초점을 두는 반면, 생각 그물 만들기

는 아이디어와 아이디어들 간의 관계를 시각적으로 표현함으로써 구조화된 아이디어를 파악할 수 있다는 점에서 차이가 있다.

생각 그물은 나무의 중심에서 나뭇가지가 뻗어나가듯이 아이디어를 확장하기 때문에 화제나 주제와 가까이에 있는 1차 가지의 아이디어가 글에서 다룰 주요 항목이 될 수 있다. 또 1차 가지로부터 뻗어나간 2차, 혹은 3차 가지의 아이디어가 세부 내용이 될 수 있다. 제주도여행 계획으로 다발 짓기를 한다고 할 때 '살 것', '보고 즐길 것', '먹을 것', '이동수단' 이 1차가지가 될 수 있고, 보고 즐길 것에서 뻗어나간 '숲 산책'과 '체험'이 2차 가지 그리고 숲 산책에서 다시 뻗 나간 '비자림', '치유의 숲', '카멜리아 힐'이 3차 가지가 될 수 있다.

[생각 그물 만들기 전략 사용하여 내용 생성하기]

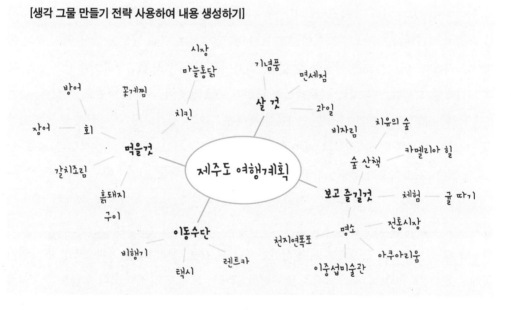

3) 자료 읽기

'자료 읽기'는 글의 화제나 주제와 관련된 자료를 찾아 읽고 필요한 내용을 마련하는 전략이다. 다양한 매체에서 자료를 탐색하고 글의 맥락을 고려하여 내용을 선별하는 과정이 포함된다.

자료 읽기 전략은 필자가 말하고자 하는 바를 논리적으로 뒷받침해 줄 수 있는 자료를 찾거나 새로운 아이디어를 얻기 위해 활용할 수 있다. 특히 정보전달이나 설득을 목적으로 하는 글처럼 객관적인 사실이나 지식이 요구되는 글을 쓸 때 유용하다. 필자의 머릿속 지식이나 경험만으로 독자를 이해시키거나 설득하는 것은 한계가 있기 때문이다. 또 주제와 관련된 자료를 읽으면서 다른 사람들은 어떻게 주제에 접근하고 있는지, 대상이나 사건에 대한 관점과 견해가 자신과 어떤 점에서 같고 어떤 점에서 다른지 등을 파악할 수 있다. 이러한 자료 읽기는 필자의 사고를 확장해 주고 필자 자신만의 개성적이고 창의적인 아이디어를 만들어 내는 데에도 도움을 준다.

자료 읽기 전략은 도서관에서 책이나 논문, 보고서 등을 찾아 읽거나 인터넷 사이트에서 신문 기사나 보고서, 보도자료 등을 찾아 읽는 것이 대표적이다. 특히 대학 도서관은 국내외 학술 자료를 풍부하게 보유하고 있고 대학 간 자료 공유도 활발하여 원하는 자료를 어렵지 않게 구할 수 있다. 가령 '플라스틱의 불편한 진실'이라는 화제로 논설문을 쓴다고 할 때 도서관 학술 데이터베이스에서 '환경오염', '플라스틱'을 검색하여 관련 논문을 찾아 읽고 글의 목적이나 화제에 맞는 자료를 선정할 수 있다. 인터넷을 활용한다면 그린피스와 같은 환경 단체 사이트에서 '플라스틱 제로' 프로젝트와 관련된 자료를 찾아 내용을 마련할 수 있다. 다만 일반적인 포털사이트 검색 시스템을 이용할 때에는 주의가 필요하다. 지나치게 많은 자료가 제시되어서 자신에게 필요한 자료가 어떤 것인지 일일이 살펴보느라 시간을 허비할 수도 있고, 참고문헌으로 사용하기에는 부정확하거나 오류가 있는 자료도 많기 때문이다.

자료 읽기 전략을 활용할 때에는 신뢰성 있는 자료를 찾는 일이 중요한데, 저자가 해당 분야의 전문가인지 자료의 출처가 분명하고 믿을 만한지를 따져봐야 한다. 특히 통계 자료를 활용할 때에는 공신력 있는 기관에서 생산한 최신의 것을 선택하도록 한다. 또한 자료 읽기 전략으로 수집한 정보를 글의 내용으로 구성할 때에는 쓰기 윤리에 어긋나지 않도록 주의해야 한다. 자료에 오류나 왜곡이 없는지 확인하고, 인용 방법에 맞게 자료를 인용해야 하며, 자료의 출처도 명확하게 밝혀야 한다. 개인의 블로그나 홈페이지 등에 실려 있는 글은 그 내용이 합리적이고 신선하다고 해도 신뢰성을 꼼꼼히 따져 보고 출처를 확인할 수 없는 내용은 사용하지 말아야 한다.

4) 대화하기

'대화하기'는 말 그대로 다른 사람과 대화를 나누면서 글에 쓸 내용을 생성하는 전략이다. 대화하기 전략은 일정한 형식을 갖추어 진행하는 토의나 토론, 협상뿐만 아니라 형식에 구애

받지 않고 자유롭게 이야기를 나누는 것도 포함한다. 실제 인물을 대상으로 한 면담은 물론이고 글 유형에 따라서는 작품 속이나 역사 인물과의 면담도 내용 생성을 위한 대화하기 전략으로 활용된다.

대화하기 전략의 장점은 협력적인 의사소통 과정을 통해 자신이 미처 생각하지 못했던 아이디어를 마련할 수 있다는 점이다. 화제나 주제에 대해 다른 사람들과 대화함으로써 새로운 아이디어를 떠올리기도 하고 기존에 가지고 있던 아이디어를 변형하거나 수정할 수 있다. 또 대화를 통해 자신의 생각을 정교화하기도 하며 글의 내용으로 포함할 구체적인 정보를 얻기도 한다. 예를 들면 '현대 사회에서 미디어의 역할'이라는 글을 쓸 때 친구와 대화하면서 미디어 광고가 여성을 상품으로 소비하도록 조장하기도 한다는 사실을 알게 될 경우 그 내용을 글에 포함할 수 있다. 또 '사형 제도를 폐지해야 한다.'라는 주제로 글을 쓴다고 할 때 사형제도 폐지에 대한 찬반 토론을 하고 그 내용을 바탕으로 하여 글을 쓸 수도 있다.

아래의 예시는 내용 생성을 위한 대화하기 전략의 활용을 잘 보여준다. 학생들 간에 '장소의 획일화'라는 화제로 대화를 나눈 후 대화 내용을 바탕으로 하여 '이곳저곳 같은 장소, 장소의 획일화 무엇이 문제인가'라는 제목으로 비평문을 쓴 예이다.

학생 1 : 오늘은 내가 모둠장 할 차례니까 진행해 볼게. 지난번에 비평문에서 다룰 현안에 대해 각자 찾아보기로 했잖아. 의견 나눠 볼까?

학생 2 : 그래, 시사성이 있으면서도 우리 학교 학생들도 고민해 볼 만한 현안을 다루기로 했었지?

학생 3 : 맞아. 나는 우리 학교 학생들의 독서 실태 개선으로 하는 게 좋을 거 같은데.

학생 2 : 근데 그건 교지에서 다룬 적이 있어서 내용이 겹치지 않을까?

학생 3 : 그러네. 그럼 어떤 걸로 하지?

학생 1 : 얼마 전에 읽은 신문 기사 중에 장소의 획일화에 대한 내용이 인상적이었거든. 그건 어때?

학생 2 : 장소의 획일화에 대해 조금 더 얘기해 줄래?

학생 1 : 응. 장소가 본모습을 잃고 다른 장소와 유사하게 변한 것을 말해.

학생 3 : 그렇구나. 우리 학교 근처에 있던 골목길도 다른 지역과 비슷한 ○○ 거리로 변해 버렸잖아. 우리의 추억이 깃든 장소인데. 이것도 장소의 획일화 아닐까?

학생 1 : 그래, 그게 장소 획일화의 사례 중 하나라고 볼 수 있을 것 같아.

학생 2 : 그러고 보니 우리 학교 학생들도 경험했을 만한 내용이네. 장소의 획일화를 현안으로 다뤄 보자.

학생 3 : 좋아. 근데 장소의 획일화가 나쁜 점만 있을까? 인기 있는 명소를 따라 해서 획일화되더라도 관광객이 늘어나면 이익이 될 수도 있잖아.

학생 1 : 물론 이익이 될 수도 있겠지. 근데 획일화된 장소는 금방 식상해져 관광객이 줄어들지 않을까? 그렇게 되면 이익 역시 줄어들게 될 거고.

학생 2 : 나도 그렇게 생각해. 그럼 장소의 획일화에 대해 부정적 관점으로 비평문 쓰기를 해 보자.

학생 3 : 응. 그럼 장소의 획일화로 어떤 문제들이 생길 수 있는지 더 생각해 볼까?

학생 1 : 아무래도 장소의 다양성이 줄어드니까 가 볼만한 장소가 줄어들겠지. 다른 문제점도 있을 텐데, 내가 자료 수집하면서 더 조사해 볼게. 다른 역할도 나눠 볼까?

학생 2 : 초고는 내가 써 볼게. 초고 다 쓰면 검토 부탁해.

학생 3 : 나도 자료를 찾는 대로 정리해서 공유할게.

제목 : 이곳저곳 같은 장소, 장소의 획일화 무엇이 문제인가

우리 학교 학생이라면 학교 인근의 변화된 모습을 본 적이 있을 것이다. 학생들이 즐겨 찾던 골목길이 사라지고, 개성 없는 ○○ 거리가 자리 잡았다. 추억이 담긴 골목길이 전국의 수많은 ○○ 거리 중 하나가 되어 버렸다. 이처럼 장소가 고유한 특성을 잃고 다른 장소와 동질화된 것이 장소의 획일화이다. 이러한 장소의 획일화는 바람직하지 않다.

장소가 획일화되면 장소에서 느끼는 정서적 유대가 훼손된다. 장소는 물리적 환경으로서의 공간과는 구별되며, 인간과 밀접한 관계를 형성한다. 지리학자 에드워드 렐프는 '나의 장소'라고 느낄 수 있는 진정한 장소가 인간에게 중요하다고 밝히며, 장소에 대한 정서적 유대를 강조하였다. 인간과 장소의 관계가 장소의 획일화로 훼손되면, 장소는 더 이상 애착의 대상이 되지 못하며 안정감을 주지 못한다.

또한 장소가 획일화되면 장소를 통해 얻을 수 있는 경험의 다양성도 줄어든다. 인기 있는 장소를 따라 하면, 장소 고유의 특성이 사라져 경험의 다양성이 줄어드는 것이다. 교내 학술제에서 소개된 '우리 동네 보고서'를 보면, 학교 근처 골목길에서 일어난 변화가 최근 우리 동네 곳곳으로 퍼지고 있음을 확인할 수 있다. 이렇듯 장소가 획일화되어 차별성이 사라지게 되면 경험을 할 수 있는 장소 선택의 폭이 좁아진다. 그런데 장소의 획일화가 불가피하다고 주장하는 이들도 있다.

그들은 경제적 효과를 얻기 위해서는 유행하는 장소를 따라 할 수밖에 없다고 말한다. 그러나 이는 적절한 주장이 아니다. 어딜 가나 비슷한 장소에 싫증을 느낀 사람들은 더 이상 그곳을 찾지 않게 되고, 그로 인해 기대했던 경제적 효과도 지속되기 어렵기 때문이다.

장소의 가치는 장소가 가진 고유한 특성에 기인한다. △△ 재래시장에서는 전통적인 모습으로 장소의 고유성을 살려 상인과 방문객들에게 큰 호응을 얻고 있다. 이처럼 장소의 획일화에서 벗어나 각 장소에서만 느낄 수 있는 고유한 가치를 지키고 키우려는 노력이 필요하다.

-한국교육과정평가원, 2021학년도 수학능력시험 국어 문항

1 다음의 화제 중 하나를 선택한 후 브레인스토밍 전략을 사용하여 내용을 생성해
보자.

뿌리, 공간, 상실, 집착, 약속, 자존감, 새로움, 게으름

2 화제를 정하고 생각 그물 만들기 전략을 사용하여 내용을 생성해 보자.

3 대화하기 전략 중 면담을 활용하여 내용을 생성하려고 한다. 글의 목적과 면담 대상을 고려하여 면담 질문을 만들어 보자.

▶ 목적은?

▶ 화제는?

    인스턴트 위주의 식생활

▶ 독자는?

▶ 면담 대상

질문1	
질문2	
질문3	
질문4	

▶ 목적은?

    영화 '리틀 포레스트'를 본 후 영화에 대한 자신의 생

    각과 감정을 표현하기 위함

▶ 화제는?

▶ 독자는?

▶ 면담 대상

    주인공 '혜원'

질문1	
질문2	
질문3	
질문4	

3. 내용 조직하기

　글쓰기의 세 번째 과정은 '내용 조직하기'이다. 내용 조직하기 과정은 생성한 아이디어를 바탕으로 글의 전체적인 틀을 짜는 단계이다. 우리는 요리를 할 때 필요한 재료를 준비한 다음, 요리 순서나 조리법을 고려해서 뒤죽박죽 섞여 있는 재료를 한데 모으거나 구분하여 정리해 놓는다. 마찬가지로 내용 조직하기 과정은 내용 생성하기 과정에서 생성된 아이디어들의 관계를 파악하고 글의 목적과 주제를 고려하여 내용을 분류하거나 배열하는 작업이라고 할 수 있다.

　내용을 조직하는 전략으로 '다발 짓기'와 '개요 짜기'가 대표적인데, 다발 짓기와 개요 짜기를 할 때에 어떻게 글을 구조화할 것인지를 결정해야 한다. 즉, 글의 구조를 염두에 두고 이들 전략을 활용하여 내용을 조직할 수 있어야 한다. 구조화가 잘된 글과 그렇지 않은 글은 완성도뿐만 아니라 글쓰기의 목적을 달성하는 데에도 차이가 나기 마련이다.

　그렇다면 내용 조직하기는 이미 생성된 내용만을 활용해야 할까? 그렇지 않다. 앞선 단계에서 생성된 내용이라고 하더라도 불필요하다면 삭제하고 부족한 내용이 있으면 다시 추가할 수 있다. 또 내용 조직이 끝났다고 하더라도 글을 쓰면서 얼마든지 내용 조직하기 과정으로 되돌아가시 다빌을 추가하거나 개요를 다시 짤 수 있다.

> ◆ 글의 구조는 일반적으로 '처음, 가운데, 끝'의 형식 구조로 이루어져 있다. 나열 구조, 순서에 따른 구조, 원인과 결과 구조, 비교, 대조 구조, 문제와 해결 구조 등은 내용 구조로서 글의 내용이 본격적으로 전개되는 '가운데(본문)' 부분에서 주로 활용된다.

1) 다발 짓기

'다발 짓기(clustering)'는 생성된 아이디어들을 관련된 것끼리 묶어 범주화하는 전략이다. 다발 짓기 전략은 일정한 기준에 따라 선이나 도형, 화살표 등을 사용해서 시각화하여 나타내기 때문에 아이디어들의 관계를 파악하기 쉽고 전체적인 글의 구조를 한눈에 알 수 있다는 장점이 있다. 또한 개요 짜기에 비해 형식이 고정되어 있지 않고 글의 목적이나 유형에 따라 다양하게 변형이 가능하다는 점에서도 활용도가 높다.

다발 짓기 전략을 활용할 때에는 글의 주제를 전달하는 데 가장 효과적인 글의 구조가 무엇일지 생각해 본다. 그런 다음 그 구조를 시각화하여 나타낸 후 생성한 아이디어들을 정리하고 범주화해 나간다. 다발 짓기의 형태는 고정되어 있는 것이 아니라 글의 목적이나 유형에 따라 얼마든지 유연하게 변형될 수 있다.

다발 짓기 전략에서 주로 쓰이는 구조로는 나열 구조, 순서에 따른 구조, 원인과 결과 구조, 비교·대조 구조, 문제와 해결 구조 등이 있다. 예를 들면 '약물 중독'을 화제로 설득하는 글을 쓸 때, 약물 중독으로 인해 발생하는 문제와 이를 해결하는 방안을 제시하는 문제와 해결 구조로 내용을 조직할 수 있고, '거문 오름'이라는 화제로 기행문을 쓴다면 시간이나 공간의 이동 순서에 따른 구조로 내용을 조직할 수 있다. 물론 이들 구조는 한 편의 글에서 전체를 관통하는 큰 구조로 쓰이기도 하고 큰 구조의 내부에서 하위 구조로 쓰이기도 한다. 예를 들면 '기독교와 불교'라는 화제로 정보를 전달하는 글을 쓴다고 할 때, 기독교와 불교의 공통점과 차이점을 비교·대조의 구조를 사용하여 조직하고 그 구조 안에 나열 구조를 포함할 수도 있다.

⫽ 나열 구조로 다발 짓기

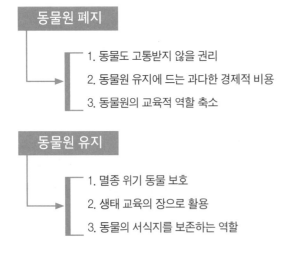

// 순서 구조로 다발 짓기

과정에 따른 순서

▶ 재료 손질

당면 물에 불리기
⇨ 시금치, 당근, 버섯 다듬어서 씻기
⇨ 당근 채썰기
⇨ 느타리버섯 가늘게 찢기

▶ 재료 조리

당면 삶아서 헹군 후 체에 받쳐 놓기
⇨ 시금치, 느타리버섯 데치기
⇨ 당근, 돼지고기 볶기
⇨ 조리한 재료를 한데 넣고 간장, 설탕, 참기름
　 넣고 버무리기
⇨ 접시에 담은 후 통깨 뿌리기

공간 이동에 따른 순서

공 산 성	공산성 가는 길	공산성에서 본 것	공산성에 대해 알게 된 것	공산성에서 한 일	공산성을 둘러보고 느낀 것
	공주시외버스터미 널에서 시내쪽으 로 걸어서 30분	성곽, 진남루와 공 북루(남문과 북문), 갖가지 꽃과 나무	백제 시대, 적의 공격을 막기 위 해 쌓음	산성을 따라 걸 음, 수문장 근무 교대식을 봄	성곽에서 선조의 지혜를 느낌, 성곽 을 따라 걷다보니 스트레스가 풀림

마 곡 사	공산성에서 마곡사 가는 길	마곡사에서 본 것	마곡사에서 알게 된 것	마곡사에서 한 일	마곡사를 둘러보고 느낀 것
	공산성→시내버 스터미널(걸어서 10분)→마곡사(버 스로 40분)	대웅보전, 영산 전 등의 전각을 둘러봄, 마곡사 의 현판	마곡사가 세 계문화유산으 로 등재됨	김구 선생이 머물 다 간 백범당에 들 름, 오층석탑을 돌 며 소원을 빎	천년고찰의 아름다움 을 느낌, 세계문화유 산인 마곡사를 잘 보 존해야겠다고 생각함

// 비교·대조로 다발 짓기

피겨 스케이팅		쇼트트랙
- 피겨 스케이트 - 개인별로 다른 의상 - 동작의 기술력과 예술성으로 승부를 겨룸	- 빙상 경기 - 올림픽 종목	- 쇼트트랙용 스케이트 - 국가별 동일한 유니폼 - 속도로 승부를 겨룸

// 원인과 결과로 다발 짓기

결과	원인
미세먼지가 발생하여 건강을 해침	원인1 화력 발전소 가동 원인2 공장, 산업시설의 매연 원인3 자동차 배기가스

// 문제와 해결로 다발 짓기

문제	해결
미세먼지가 발생하여 건강을 해침	해결1 친환경 에너지 생산 해결2 공장, 자동차 등에 미세먼지 저감 장치 설치 의무화 해결3 대중교통 이용

2) 개요 짜기

'개요 짜기(outlining)'는 생성한 아이디어들을 체계화하고 배열하는 전략이다. 집을 짓기 전에 설계도를 그려서 원하는 집의 모습을 구체화하듯이 글을 쓰기 전에 개요를 작성하면 글의 전체 내용과 구조를 한눈에 파악할 수 있다. 또 설계도를 꼼꼼하고 충실하게 작성하면 설계도를 보면서 집을 짓는 과정도 수월해지고 집의 완성도도 높아지는 것처럼, 글을 쓸 때에도 개요를 바탕으로 글을 써 나가면 주제에서 벗어나거나 불필요한 내용이 들어가는 것을 막을 수 있고, 논리적이고 짜임새 있는 글을 쓸 수 있다.

개요는 '화제 개요'와 '문장 개요'로 나눌 수 있다. 화제 개요는 목차식 개요라고도 하는데 '윤리적 소비자의 개념'처럼 핵심적인 단어나 어구로 짤막하게 나타낸다. 문장 개요는 '윤리적 소비자란 상품을 선택하는 기준으로 가격과 품질뿐만 아니라 상품이 제조되는 과정을 고려하고, 건강·환경·사회까지 생각하는 소비자를 말한다.'와 같이 구체적인 내용을 완결된 문장으로 풀어서 작성한다.

화제 개요는 전체 내용을 일목요연하게 나타낼 수 있고 비교적 쉽게 작성할 수 있다는 장점이 있지만, 구체적인 내용을 담고 있지 않기 때문에 글을 쓸 때

> ◆ 개요 작성 시 주의할 점
> 1. 개요는 계층적으로 작성한다.
> 2. 개요 번호는 일관성 있게 붙인다.
> 3. 항목이 하나밖에 없으면 그 항목은 설정하지 않는다.
> 4. 화제 개요와 문장 개요를 섞어 쓰지 않는다.
> 5. 상위 항목과 하위 항목의 제목을 같게 하지 않는다.
> 6. 항목의 제목은 구체적으로 표현한다.

바로 가져다 쓰기 어렵다는 단점이 있다. 문장 개요는 주요하게 다룰 내용을 완결된 문장으로 표현해야 하므로 화제 개요에 비해 시간이 많이 걸리고 작성하기 어렵다는 단점이 있다. 하지만 구체적인 내용을 담고 있어서 글에 바로 활용할 수 있다는 장점이 있다.

화제 개요

▶ 제목 : TV 드라마에 나타난 여성상 연구 - 〈또 오해영〉을 중심으로
▶ 주제 : TV 드라마에 나타난 여성상, 여성주의적 요구
▶ 개요

Ⅰ. 서론 : TV 드라마와 재현된 여성 이미지

Ⅱ. TV 드라마 분석 - 〈또 오해영〉을 중심으로

   1. 드라마의 서사 분석

   2. 드라마의 담화 분석

Ⅲ. TV 드라마에 나타난 여성상

   1. 평범한 외모와 뒤처지는 스펙

   2. 자신의 감정을 솔직하게 표출함

   3. 성적 욕망에 대한 긍정

Ⅳ. TV 드라마에 나타난 여성 인물의 한계

   1. 남녀 관계에 있어서의 소극성

   2. 남성에 대한 환상 및 소녀 취향

   3. 수려한 외모와 재력을 겸비한 남성과의 결혼

Ⅴ. 결론

문장 개요

▶ 제목 : TV 드라마에 나타난 여성상 연구 - 〈또 오해영〉을 중심으로

▶ 주제 : TV 드라마에 등장하는 현대 여성상을 분석해보고, 사랑과 일, 성에 대한 여성주의적 요구를 확인해본다.

▶ 개요

Ⅰ. 서론

   TV 드라마는 우리 시대의 여성 담론을 읽어낼 수 있는 텍스트이며, TV 드라마 속에 재현된 여성 이미지를 통해 변화된 여성들의 지위 및 사회적 인식을 확인할 수 있다.

Ⅱ. TV 드라마 분석은 드라마의 서사 및 담화 분석을 통해 가능하다. 얼마 전 방영된 드라마 〈또 오해영〉을 중심으로 분석해 보고자 한다.

   1. 드라마의 서사 분석은 드라마에 설정된 인물들 간의 관계 및 서사 전개 방식을 분석한다.

     가. 세련되고 아름다운 부잣집 여성과 촌스럽고 평범한 외양의 여주인공이 라이벌 관계로 등장한다.

나. '사랑 → 실연 → 새로운 만남 → 사랑의 성취'의 기승전결 형식으로 서사가 전개된다.

2. 드라마의 담화 분석은 주인공의 내적 독백 및 발화를 분석한다.

가. 주인공의 내적 독백을 통해 주인공의 내면을 엿볼 수 있다.

나. 주인공의 상상 속 발화를 통해 주인공의 내면 심리를 읽어낼 수 있다.

Ⅲ. TV 드라마 분석을 통해 전통적 여성들과의 차별화된 현대 여성의 모습을 확인할 수 있다.

1. 조신함과 아름다움이라는 코드에서 벗어난 평범한 외양의 왈가닥이다.

2. 자신의 감정을 솔직하게 표출한다.

3. 성적인 욕망을 당당하게 드러낸다.

Ⅳ. TV 드라마에 등장하는 여성 인물은 사랑에 있어서만큼은 한계에 부딪히는 모습을 보여준다.

1. 남녀 관계에 있어서 여전히 소극적이다.

2. 남성에 대한 환상 및 소녀 취향을 지니고 있다.

3. 수려한 외모와 재력을 겸비한 남성과 결혼한다.

Ⅴ. 결론

-송재일 외, 『대학생을 위한 소통의 글쓰기』

1 다음에 제시된 내용을 참고하여 내용을 생성한 후 다발 짓기를 하여 내용을 조직
해 보자.

▶ 화제: 환경오염
▶ 주제문
환경오염은 인간의 건강을 해치고 쾌적한 생활환경을 빼앗아 가므로 환경 보존에 힘써야 한다.
▶ 구체적 목적
최근 심각해지고 있는 환경오염에 대해 깊이 인식하고 그 대책을 세워봄으로써 환경의 중요성
을 깨닫게 한다.

2 자신이 쓰고자 하는 주제에 관하여 화제 개요와 문장 개요를 작성해 보자.

[주제]

[화제 개요]

[문장 개요]

4. 표현하기

글쓰기의 네 번째 과정은 '표현하기'이다. 표현하기는 머릿속 아이디어들을 문자 언어로 전환하는 과정으로 초고 쓰기 또는 작성하기라고도 한다. 내용 조직하기 단계에서 다발 짓기나 개요 짜기로 내용을 조직했다면 이를 바탕으로 글을 써 나가는 단계이다. 그런데 아무리 풍부하게 내용을 생성하고 정교하게 조직했다고 하더라도 막상 생각을 문자로 나타내려고 하면 막막하게 느껴진다. 제목을 무엇으로 해야 할지, 글의 첫머리는 어떻게 시작해야 할지부터 난감할 때가 많다. 더군다나 처음부터 완벽한 글을 쓰고 싶은 마음이 앞서다 보면 더욱 그렇다.

표현하기 과정에서 활용할 수 있는 전략으로는 '자유 쓰기' 전략과 '구두 작문' 전략이 있다. 이들 전략의 공통점은 최대한 자유롭게 부담감 없이 글을 써 나가는 데 중점을 두는 것이다. 특히 초고를 쓸 때 맞춤법과 같은 형식적인 측면에 지나치게 얽매일 필요가 없다는 것을 강조한다. 형식적인 측면에 집착하다 보면 역동적인 의미 구성에 방해를 받을 수 있기 때문이다.

표현하기 과정에서는 누구나 초고 쓰기를 어려워한다는 점, 고쳐쓰기는 초고를 다 쓴 후에만 이루어지는 것이 아니라 초고를 쓰면서 수시로 이루어진다는 점, 초고를 쓰면서 다시 내용을 생성하기도 하고 새로 조직할 수도 있다는 점, 글을 쓰면서 자신이 지금까지 작성한 텍스트, 즉 지금 쓰고 있는 글을 지속적으로 참고하면서 초고를 쓴다는 점 등을 알아둘 필요가 있다.

1) 자유 쓰기

'자유 쓰기(free writing)'는 초고를 쓸 때 머릿속에 떠오르는 생각을 자유롭게 써 내려가는 전략이다. 자유 쓰기는 '내리 쓰기', '얼른 쓰기'라고도 하는데, 글씨체나 맞춤법에 구애받지 않고 생각나는 대로 자유롭게 쓰면서 정해진 시간 내에 글을 마무리하는 것이다.

자유 쓰기 전략은 내용 생성하기나 조직하기 단계를 거치지 않고 바로 시작할 수도 있고 다발 짓기나 개요 짜기 결과물을 바탕으로 수행할 수도 있다. 10~15분 정도 일정한 시간을 정해 두고 그동안에 떠오르는 생각을 재빠르게 글로 옮기는데, 이때 생각이 나지 않거나 쓰다가 막히는 부분이 있으면 생각하려고 애쓰지 말고 표시를 해 두고 넘어간다. 어법이나 띄어쓰기뿐만 아니라 내용 순서나 글의 구조 등에 신경 쓰지 말고 정해진 시간 내에 충분히 쓸 수 있도록 한다.

나의 꿈은 나무와 숲을 연구하는 산림 연구원이다. 어렸을때부터, 나는 산으로 캠핑을 다니며 자연을 접하였고 나무와 숲을 좋아하게 되었다. 나는 나무마다 가지고 있는 각기 다른 성격과 각기다른 독특함에 빠져 애뮤되었고, 울창한 숲이 주는 맑은 공기와 평온함이 매력적이게 다가왔다. 내가 느끼는 숲을 더 많은 사람들이 좀 더 쉽고 편리하게 느낄수 있도록 연구하는 사람이 되고 싶다. 나의 연구를 통해 우리나라의 산림환경과 관련 복지를 향상시키는 것이 나의 목표이다. 산림 연구원이가는 꿈을 이루기 위해서는 삼림에 대한 많은 양의 전공 지식과 경험, 노력들이 필요하다고 생각한다. 그렇기 때문에 나는 산림과 관련된 과에 진학하여 공부하고 있다. 대학 졸업 후에는 대학원에 진학해 학문을 공부를 더 깊이있게 공부하고 싶다.

-학생 글

위의 글은 자유 쓰기 전략을 활용해서 학생이 쓴 초고이다. 부적절한 단어도 있고 비문도 있지만 초고 쓰기를 한 후 얼마든지 고칠 수 있기 때문에 신경 쓸 필요가 없다. 자유 쓰기를 하는 과정에서 게임을 하는 것 같은 즐거움과 성취감을 느낄 수 있으면 충분하다.

자유 쓰기 전략은 자신이 쓴 글에 대한 기대가 낮거나 초고를 잘 써야 한다는 부담을 가지고 있는 필자들, 초고를 마지막 글로 생각하고 한 번에 완벽하게 쓰려고 힘들어 하는 필자들에게 유용하다. 자유 쓰기를 하면서 초고 쓰기가 그리 어려운 과제가 아니며 떠오르는 생각을 자유롭게 풀어내는 유쾌한 과정이라는 것을 체험할 수 있다.

2) 구두 작문

'구두 작문(oral writing)'은 음성 언어 즉 말로 초고를 쓰는 전략으로 '말로 쓰기'라고도 한다. 구두 작문은 '나는 이렇게 쓰려고 한다.'와 같이 쓰기 계획을 발표하는 것이 아니라 실제 초고를 말로 써 나가는 것이다. 일반적으로 말하기는 글쓰기보다 수월하게 수행할 수 있기 때문에 글쓰기에 어려움을 겪는 미숙한 필자들에게 유용한 전략이다. 구두 작문은 맞춤법이나 띄어쓰기를 생각할 필요가 없고 문단의 짜임이나 구성 등에 크게 신경을 쓰지 않아도 되기 때문에 글로 쓰는 것보다 인지 부담이 훨씬 적다.

글을 쓸 때 다발 짓기나 개요 짜기의 결과물을 참고하듯이 구두 작문을 할 때에도 구상한 아이디어 조직도를 보면서 구체적인 내용을 표현하면 도움이 된다. 구두 작문은 처음에는 다루기 쉬운 화제로부터 시작해서 머릿속의 생각을 밖으로 끄집어내는 데 집중하고, 점차 어려운 화제에 도전해 가면서 생성한 내용이나 조직한 내용을 보완하거나 수정하며 초고를 완성하도록 한다. 구두 작문은 추상적인 생각이 구체적인 언어로 변환되어 가는 과정을 경험해 보는 데 의의가 있다.

구두 작문은 그 자체로 초고가 될 수도 있지만 구두 작문 과정을 거친 후 초고를 다시 작성하는 방법도 있다. 이때 녹음을 해 두면 녹음 자료를 들으며 표현하기 과정을 스스로 성찰해 볼 수도 있고, 글을 쓸 때 구두 작문 결과를 반영할 수도 있다.

1 다음에 제시된 화제를 참고하여 내용을 생성한 후 다발 짓기 또는 개요 짜기를
활용하여 내용을 조직해 보자.

┌ 내용 생성하기 　내가 활용할 전략은?

노동 환경, 빈부 격차, 사회적 약자, 윤리적 소비, 쓰고 싶은 화제 (　　　　　　)

┌ 내용 조직하기 　내가 활용할 전략은?

2 위에서 작성한 다발 짓기 또는 개요를 보면서 자유 쓰기 전략을 활용하여 초고를 작성해 보자.

제목 :

5. 고쳐쓰기

글쓰기의 마지막 과정은 고쳐쓰기이다. 고쳐쓰기는 표현하기 과정에서 작성한 글을 검토하여 잘못된 부분을 수정하거나 더 좋은 글로 다듬는 단계이다. 이때 단순히 맞춤법이나 띄어쓰기와 같은 문법적 오류를 바로잡는 것보다는 글의 의도나 주제 등을 포함하여 내용을 검토하는 데 중점을 둔다.

고쳐쓰기는 글을 쓰는 과정에서도 이루어질 수 있고 글을 다 쓴 후 초고를 대상으로 이루어질 수 있다. 글쓰기 과정에서 고쳐쓰기를 편의상 마지막 단계에 배치하고 있지만 사실 종이에 첫 글자를 쓰는 그 순간부터 고쳐쓰기가 일어난다고 봐야 한다. 제목은 무엇으로 해야 할지, 첫머리는 어떻게 시작해야 할지, 썼다 지웠다 하는 과정이 바로 고쳐쓰기이다. 다만 글을 쓰는 과정에서의 고쳐쓰기를 지나치게 강조하다 보면 초고를 완성하기까지의 시간이 많이 걸리고 심할 경우 초고 쓰기를 포기하는 일도 생긴다. 그래서 필자에 따라서는 일단 초고를 완성한 후 고쳐쓰기를 하는 편이 나을 수도 있다.

◆ 고쳐쓰기를 할 때에는 첨가의 원칙, 삭제의 원칙, 재구성의 원칙을 고려한다. 첨가의 원칙은 미흡하거나 빠뜨린 내용을 보충하는 것이며, 삭제의 원칙은 반복되거나 불필요한 내용이나 표현을 삭제하는 것이다. 재구성의 원칙은 논리적인 완결성을 고려하여 배열이나 순서를 바꾸어 다시 구성하는 것이다.

초고를 완성한 후 이루어지는 고쳐쓰기 전략으로 자신이 혼자 글을 고치는 전략과 다른 사람과 함께 고치는 전략이 있다. '훑어 읽기' 전략은 자신이 쓴 초고를 여러 번 읽고 스스로 문제점을 발견하여 고치는 것이며 '돌려 읽기' 전략은 초고를 동료들과 돌려 읽고 동료의 피드백을 바탕으로 고쳐쓰기를 하는 것이다. 이들 전략을 활용할 때에는 목적, 주제, 독자 등 쓰기 과제가 무엇인지 확인하여 작문 맥락을 파악하고, 초고를 읽을 때 준거가 될 수 있는 평가 기준을 마련해 사용하면 좋다.

　아무리 글을 잘 쓰는 필자라고 하더라도 처음부터 완벽한 초고를 쓸 수는 없다. 초고에서 주제가 불분명하다면 내용을 보강하거나 논거를 교체해야 하고, 통일성이 부족한 문단은 삭제해야 하며, 독자의 이해를 돕기 위해 글의 구조를 변형하기도 하고, 비문을 찾아 고치고 어색한 단어를 바꾸어야 한다. 물론 이러한 고쳐쓰기는 여러 번에 걸쳐 이루어지고, 그렇게 하는 만큼 초고의 완성도도 높아진다.

1) 훑어 읽기

　'훑어 읽기(survey)'는 초고를 전체적으로 훑어 읽으면서 부족하거나 문제가 있는 부분을 발견해 내는 전략이다. 글의 완성도를 높이기 위해서는 형식적이고 지엽적인 부분보다는 의미적이고 전체적인 부분에 검토를 집중해야 하는데, 이때 훑어 읽기가 글의 전체적인 내용을 파악할 수 있도록 도움을 준다. 훑어 읽기는 한 번으로 끝내지 않고 여러 번에 걸쳐서 하는게 효과적이다.

　훑어 읽기를 할 때에는 먼저 글 전체에서 문제가 없는지 살펴보고 세부적인 내용을 점검하는 것이 좋다. 글 수준에서 제목이나 소제목이 적절한지, 글의 구성이 적합한지, 주요한 내용이 누락되지는 않았는지 등을 검토한다. 문단 수준에서 문단의 중심 내용이 적절한지, 뒷받침 문장과 중심 문장이 긴밀하게 연결되었는지 등을 살핀다. 문장 수준에서는 호응, 접속어와 지시어의 쓰임 등을 따져 보고, 단어 수준에서는 단어의 쓰임이 적합한지, 표기와 관련해서는 맞춤법과 띄어쓰기가 정확한지를 확인한다.

　훑어 읽기는 자신의 글을 객관적으로 살펴보고 판단할 수 있도록 일정한 시간이 흐른 후 하는 것이 좋다. 초고를 쓴 직후에는 자신의 글에서 무엇이 문제이고 어디가 잘못되었는지 미흡한 점을 발견해 내기 어렵기 때문이다. 그리고 훑어 읽기 전에 글의 주제, 목적, 독자 등을 먼저 생각해 보는 것이 좋고 훑어 읽는 과정에서도 이 점을 생각해 보도록 한다(이재승, 2006).

　훑어 읽기를 할 때에는 아래와 같은 물음들을 참고할 수 있다.

◆ 글 전체 수준

서론

·글의 서론이 적합한가? 그 서론이 흥미롭고도 적절한가?

·글의 서론이 글 전체의 전개 계획을 명백하게 제시하고 있는가?

본론

·글의 본론이 일정한 계획에 따라 배열되어 있는가? 독자가 그 단계를 쉽게 알아차리고 그 단계에 따라 읽을 수 있게 되어 있는가?

·글의 본론에서 일반적인 생각을 보충하기 위한 수단으로서 세부 내용들을 적절하게 보충하고 있는가?

결론

·글의 본론에서 사용된 증거들은 적절한 것이며, 논리 전개는 합리적인가? 주장에 대한 가능한 대안들을 고려하였는가?

·글의 결론은 지금까지 밟아 온 글의 논리로부터 빗나간 것은 아닌가? 결론에서 새로운 내용이나 본문과 상관없는 내용들을 제시하지는 않았는가?

글 전체

·글 전체가 명료하게 짜여져 있는가? 필요한 세부 내용들을 적절히 제시하고 있는가?

·글 전체를 통하여 일관된 입장을 유지하고 있는가?

·적절한 제목을 사용하였는가?

◆ 문단 수준

·각각의 문단은 글 전체에 대하여 적절한 기능을 수행하고 있는가?

·각 문단은 글의 통일성과 일관성의 규칙에 위배되지는 않는가?

·각 문단에는 하나의 중심 문장이 있는가?

◆ 문장 수준

·각 문장들이 명백하게 진술되었으며, 문법적으로도 완결된 것인가?

·수식어와 피수식어는 바르게 연결되었는가?

·주어와 서술어 사이의 호응은 적절한가?

·문장들 중에서 보다 간결하게 표현될 수 있는 문장은 없는가?

·각 문장들은 논리적으로 연결되어 있는가?

◆ 단어 수준

·단어 사용은 명료하고 정확한가?

·글의 문맥과 관련하여 단어 사용이 적절한가?

·국어 어법에 맞게 단어를 사용하였는가?

·불명확하거나 지나치게 일반화된 의미를 지닌 단어들을 사용하지는 않았는가?

·보다 적절한 단어로 대치할 수 있는 단어는 없는가?

◆ 표기 수준

·모든 단어들은 맞춤법에 맞게 표기하였는가?

·마침표 및 쉼표의 사용은 적절한가?

·인용 부호의 사용은 적절한가?

-박영목,『작문교육론』일부 수정

2) 돌려 읽기

'돌려 읽기(reading around)'는 표현하기 단계에서 작성한 초고를 다른 사람과 공유하고 피드백하는 전략이다. 돌려 읽기 전략은 실제 독자를 설정하여 초고를 점검하게 함으로써 독자의 시각에서 문제점을 발견하고 해결 방안을 찾을 수 있다는 점에서 유용하다. 즉 글을 쓰다보면 자신의 생각에만 빠져서 독자의 흥미나 이해 정도를 고려하지 못하는 경우가 많은데, 필자 중심의 글을 독자 지향의 글로 바로잡을 수 있도록 도움을 준다.

돌려 읽기를 할 때에는 필자와 독자의 역할을 넘나들게 된다. 독자의 입장에서는 단순히 느낌이나 감상에만 초점을 두지 말고 더 좋은 글이 될 수 있도록 조언을 제시할 수 있어야 한다. 이때 초고를 점검할 수 있는 평가 항목이나 평가 기준을 활용하는 것이 좋다. 필자의 입장에서는 자신이 쓴 글을 공개해야 하고 또 다른 사람의 평가를 받아야 한다는 점에서 돌려 읽기 전략이 부담이 될 수도 있지만 좋은 글을 쓰기 위한 과정이라는 점을 인식할 필요가 있다. 다른 사람의 피드백을 충분히 받아들이되, 글의 완성도를 높일 수 있는 피드백을 선별할 줄 알아야 한다. 모든 피드백을 반영한다면 자칫 글이 산으로 갈 수 있기 때문이다.

다음은 동물 실험을 화제로 쓴 논설문을 대상으로 하여 돌려 읽기 전략을 활용한 예이다. 돌려 읽기를 할 때 사용한 평가 기준과 동료 피드백 내용의 일부를 확인할 수 있다.

동물 실험, 더 나은 미래를 향한 지름길

현재에도 진행 중이다. 나는 동물 실험이 웬만한 과학 실험보다 효과적이라고 생각한다. 지금 우리가 동물 실험을 하면서 과거에 하던 안전 실험을 굳이 여러 번 시행하지 않아도 되는 건 행운이라고 생각한다. 우리 인류의 역사에서 동물에 대한 역사를 알지 못하면서 동물 실험을 하지 않는 것은 뭔가 나사가 빠진 로봇 같을 것 같다. 그리고 동물 실험을 대상으로 하는 실험을 인간을 대상으로 할 수 없다. 그 실험을 왜 해야 하는지, 누구를 위한 것인지, 실험 후에 안전한 것인지를 인간을 대상으로 실험을 할 수 없다고 생각한다. 또 후에 내 후손들이 공부를 할 때 우리가 쓰던 지식이 조금이라도 변했는데, 그 후손들이 이런 변천사를 알지 못하고 또 똑같은 과정을 반복할 수는 없다. 만약 반복한다면 무척이나 마음이 아플 것 같다.

사실 나는 동물 실험이 매우 중요하고 인류의 역사에서 중요한 일이라고 생각한다. 인간을 대상으로 할 수 없는 일들을 동물을 대상으로 하는 것은 사실 동물 실험 말고도 많지 않은가? 또한 한 마리의 동물 실험으로 인해서 인류의 역사에 끼치는 영향력은 엄청나다. 만약 동물 실험을 하지 않고 실험을 계속한다면 이는 국어에서 ㄱ, ㄴ을 배우지 않고 소설을 읽는 것과 같다는 느낌이다. 뭐, 한글을 배우지 않는다면 국어 자체를 과목으로 넣을 가치도 없다는 생각이 든다.

동물 실험은 인간에게 할 수 없는 일을 대신하는 소중한 실험이다. 사실 동물 실험을 반대한다고 하는데, 우리 집 멍멍이 모두가 실험 대상이지는 않다. 그 중에 일부만 실험을 하는데 굳이 반대할 필요는 없다. 만약 우리 집 멍멍이가 실험을 한다면 처음엔 충격과 공포 그 자체이겠지만, 우리 집 멍멍이가 아니니 그나마 다행이라는 생각도 든다. 또 '우리 집 멍멍이 한 마리를 희생해서 인류 모두를 살릴 수 있다면 좋은 일 아닌가?' 라는 생각도 들 것 같다. 과거에 제 2차 세계대전에서 독일이나 일본이 인간을 대상으로 잔인한 실험을 하였다. 그러나 그 실험의 결과들이 엄청난 의학의 발전을 이루기도 하였다. 인간들 대신 동물들을 대상으로 한 실험을 통해 인류의 엄청난 발전과 더 나은 미래를 위한 길이 숨어 있을 수도 있다. 원래 큰일은 작은 발걸음 하나로부터 시작하지 않은가. 그 작은 시작을 위해 동물 실험은 인류의 역사에 반드시 필요한 실험일 것이다.

-학생 글

돌려 읽기에서 사용한 평가 기준과 동료 피드백 예시

평가 범주	평가 항목	평가 기준
내용	주장의 명확성	주장을 명확하게 제시하였는가?
		화제에 대한 문제의식을 적절하게 제시하였는가?
	논거의 타당성	주장을 타당한 근거로 뒷받침하였는가?
		예상되는 상반된 주장에 대해 타당한 반론을 제시하였는가?
조직	내용의 통일성	글이 전체적으로 통일성이 있는가?
	내용 조직의 유기성	서론, 본론, 결론이 유기적으로 조직되어 있는가?
		문단 연결, 문단 내 중심 내용과 세부 내용들이 논리적으로 구성되어 있는가?
표현	표현 전략	독자를 설득하기 위해 적절한 표현전략을 사용하였는가?
	독자 인식	독자를 고려하여 적절한 어휘나 문장 표현을 사용하였는가?
형식 및 어법	어법의 정확성	어법(맞춤법과 문장 호응 등)에 맞게 썼는가?

피드백
멍멍이라는 표현은 적절하지 않아 보인다. 동물 실험의 효과에 관해 설명해 주었다면 설득력을 더 높일 수 있었을 것이다.
다양한 비유를 사용하여 근거를 들었는데, 주장과 어떻게 연관되는지 파악하기 어려워 오히려 글의 통일성과 논리성을 떨어뜨리는 느낌이었다. 또한 중간 중간 불필요한 문장들이 삽입되어 있었다. 또 몇 개의 어휘는 수정할 필요가 있다.
주장을 뒷받침하는 근거의 타당성이 부족하다. 내용의 구성에서 서론, 본론, 결론의 연결이 유기적으로 수정하고 문단의 구성의 논리성을 확보하면 좋겠다.
문단은 구성되어 있으나, 서론과 본론이 구분되어 있지 못함. 공식적인 글에서는 사용되는 않는 문구나 표현을 사용하여 다소 가벼운 느낌을 주고 있음. 주장에 대한 근거가 구체적이지 못하고 개인적 차원에서 머무르고 있어 신뢰성이 부족함.

1 다음 초고를 대상으로 훑어 읽기 전략을 사용하여 점검한 후 고쳐 쓸 내용을 정
리해 보자.

▶ 글 수준에서 고쳐야 할 내용은?

▶ 문단 수준에서 고쳐야 할 내용은?

▶ 문장 수준에서 고쳐야 할 내용은?

▶ 단어나 표기 수준에서 고쳐야 할 내용은?

제가 설명할 것은 운동경기 중 농구입니다. 농구란 손을 이용하여 공을 튀겨 상대편 골대에 던져넣어 많
은 점수를 얻는 팀이 이기는 경기입니다. 한 팀은 5명으로 이루어져 있습니다. 팀원의 포지션은 센터, 포워
드, 가드로 나누어지며 포지션의 제한수는 없습니다. 센터는 골대 밑에서 던져진 공이 골대를 맞고 튕겨져
나온 것을 잡아 자신의 팀의 공격권을 유지하거나 상대편의 공격권을 빼앗아오는 역할입니다. 센터는 키
가 크고 덩치가 크며 점프력이 높으면 좋습니다. 가드는 3점슛을 주로 쏘며 포워드, 센터에게 패스를 잘하
는 역할입니다. 가드는 신장이 별로 중요하지 않으며 패스능력 및 슛 능력이 중요합니다. 포워드는 가드와
센터의 중간 역할로 주로 2점슛을 쏩니다. 체격조건과 요구능력이 가드와 센터의 중간입니다. 슛의 종류로
는 미들슛, 3점슛, 골밑슛, 덩크, 레이업 등이 있습니다. 미들슛은 2점슛을 의미하며 3점슛라인 안에서 쏘
는 슛입니다. 골밑슛은 말그대로 골대 밑에서 쏘는 슛으로 주로 센터가 사용하며 3점슛은 주로 가드의 득
점 요인이 됩니다. 덩크는 슛 중 신체조건이 좋아야만 할 수 있는 슛으로 공을 잡고 점프를 하여 골대 안에
직접 공을 넣는 슛입니다. 레이업은 빠른 공격 전개를 필요로 할 시 사용합니다. 농구의 규칙상 세 걸음 이
상 걸으면 워킹 파울임으로 두 발자국 걸으며 가볍게 점프, 공을 골대에 넣는 슛입니다. 농구에서 반칙은
더블드리블, 워킹이 가장 기본적이며 슛이나 드리블을 신체적 접촉으로 막았을 때 반칙 선언이 됩니다. 더
블드리블이란 공을 잡고 튕기다가 다시 잡았는데 그 상태에서 패스나 슛을 하지 않고 다시 드리블을 했을
때이며 공격권이 상대팀에게 넘어갑니다. 워킹은 공을 튕기지 않고 세발자국 이상 걸었을때며 마찬가지로
공격권이 상대편에게 넘어갑니다. 워킹과 더블드리블은 공격권을 잡고 있던 팀이 할 수 있는 반칙입니다
수비하는 팀은 상대의 공격을 신체적 접촉으로 막았을 때 반칙선언을 받게 되는데 이를 테크니컬 파울
이라고 합니다. 수비자가 테크니컬 파울을 하면 공격권은 공격자가 계속 유지하게 되며 파울을 한 수비수
는 경고를 받게 되는데 경고가 5번이 누적되었을 때는 2분간 퇴장을 당하며 2분이 지나고 다시 들어오면

경고 누적이 사라집니다. 또한 공격자가 슛을 하는 도중 테크니컬 파울을 하게 되면 공격수가 자유투라는 것을 얻게 되는데 이는 자유투 라인에서 누구의 방해도 없이 2번 슛을 쏘게 되며 한 골당 1득점이 인정됩니다. 이처럼 농구는 복잡하고 어려운듯 하지만 기본적인 규칙만 지킨다면 어느 구기종목보다 훨씬 더 재미있고 즐거운 스포츠가 될 수 있습니다.

-학생 글

지난 5월 6일 코로나19 확진 판정을 받은 확진자의 동선 중, 포털에서는 '게이클럽'이라는 점을 부각한 기사들이 순위 상단을 장식했습니다. 사람들이 많은 유흥업소 중에서도 게이클럽에 관심을 가지는 이유는 아직까지도 성적 소수자에 대한 차별이 존재하기 때문이라고 생각했습니다. 저는 교사를 꿈꾸는 사람으로서 차별적인 상황에 민감하고 대체로 반대하는 주의입니다. 그래서 저는 다수의 취향과는 다르다는 이유로 성적 소수자를 차별하는 것이 정당화될 수 없다고 주장합니다. 일단 먼저, 성 소수자에 대한 차별을 철폐하는 것은 우리의 상식이자, 도덕적, 법적 책무입니다. '모든 시민은 평등한 대우를 받아야 한다.'는 것은 인권과 민주주의를 지향하는 사회의 대원칙이며, 국제 인권법과 대한민국 헌법에도 가장 중요한 원칙으로 명시되어 있습니다. 성소수자도 시민으로서 당연히 이러한 평등한 대우를 받을 권리가 있습니다.

두 번째로, 차별받는 환경 속에 있으면 건강한 자존감과 자기애를 형성하며 성장할 수가 없습니다. 사람들의 혐오 발언에 쉽게 노출되고 있는 청소년 성소수자들이 자살을 시도하는 비율은 성소수자가 아닌 청소년들에 비해서 5-6배가 높다는 한국다양성연구소의 결과로 확인할 수 있습니다.

세 번째로 성 소수자는 사회에 해가 되지 않습니다. 앞에서 언급한 게이와 같은 동성애는 저출산으로 인구감소를 유발하며 에이즈의 위험성이 커진다는 주장이 있습니다. 하지만 유럽연합 28개국 중에서 동성결혼이 합법화 혹은 제도화된 국가들의 예시를 보면 실제로 이들 국가에서 출산율이 감소한 예는 존재하지 않으며 2009년 미국 Emory 대학에서 동성결혼이 허용된 경우가 미허용보다 에이즈 신규 감염이 감소한다는 연구결과가 이미 있습니다. 따라서 실제로 동성애 그 자체가 에이즈에 미치는 영향은 없으며 동성애를 보는 사회적 시각이 문제인 것입니다.

저와 반대로 정당화될 수 있다고 주장하는 입장에서는 특정 종교의 경전에서 동성애는 죄악이라고 표현한다는 것을 근거로 듭니다. 하지만 종교는 변화하는 속성을 가질뿐더러 종교의 자유를 허용한다는 것은 특정 종교를 우대하거나 특정 종교를 차별하는 외부적 행위를 용인한다는 의미가 아닙니다. 따라서 종교적 이유를 근거로 차별을 정당화할 수 없습니다. 저는 이러한 모든 인식개선 및 사회 분위기를 조장하는데 필요한 것은 교육이라고 생각합니다. 성교육은 학생들로 하여금 다른 성적 지향과 정체성을 가진 사람들을 이해할 수 있는 기회를 주는 교육. 그리고 어떤 것이 차별적 발언이고 행동인지를 가르치는 교육으로 이루어져야한다고 생각합니다.

우리 한 사람 한 사람의 노력으로 차별 없는 사회가 만들어졌으면 좋겠습니다. 감사합니다.

-학생 글

II

글쓰기의 실제

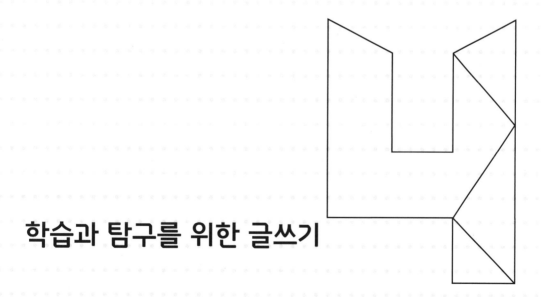

학습과 탐구를 위한 글쓰기

글쓰기는 글을 쓰는 목적이나 그 대상에 따라 여러 가지 유형으로 나눌 수 있다. 시나 소설, 수필과 같은 문학작품 창작의 경우 독자들에게 깊은 감동과 여운을 줌으로써 삶의 질을 높이는 데 기여한다. 따라서 그 내용은 객관적인 사실이나 지식보다는 작가의 정서가 중심이 된다. 한편 자기소개서나 기획서 등과 같은 실용적인 목적의 글쓰기는 취업이나 승진이라는 구체적인 목적을 지닌다. 따라서 사실에 근거한 논리적인 전개와 작성자의 창의적인 생각이 가미되어 자신의 경쟁력을 두드러지게 드러내야 한다.

대학 생활에서의 학술적 글쓰기는 정서의 표현이나 실용성이 강한 성격에 그치는 것이 아니라 비판적인 사고를 바탕으로 다양한 학술적 내용을 체험하는 과정에 존재한다. 이러한 능력은 대학에서의 수학능력과 직결된다. 전공 및 교양과 관련된 다양한 텍스트에 대한 분석적 읽기를 통해 밀도 있는 이해 능력을 토대로 읽은 내용에 대한 비판적 평가 능력을 갖추어야 한다. 나아가 이해하고 평가한 내용에 대한 창의적 적용을 논리적·논증적으로 표현할 수 있어야 우리는 올바른 학문적 능력을 지니게 되는 것이다. 학술적 글쓰기는 지식과 이론, 학문의 조건이다. 이는 진리를 정당화하는 과정이고 그러했을 때 우리는 학술적 담화 공동체(academic discourse community)의 일원이 될 수 있다.

학술 담화 공동체의 일원으로서 생각하고 소통하는 탐구의 과정과 직접적으로 연관된다는 점에서 대학 생활 내내 지속적으로 부딪치게 되는 문제이기도 하다. 전쟁이라 일컬어지는 취업 환경과 급변하는 시대적 분위기 속에서 대학의 위상이 점점 변화하고 있다. 그렇다 하더라도 여전히 대학은 학술을 하는 곳으로 남아 있으며, 또 남아 있어야 한다. 건강하고 생산적인 학술적 토대가 사회 발전의 원동력이 된다는 것은 동서고금을 막론하고 부정할 수 없는 사실이기 때문이다. 이 장에서 학습과 탐구를 위한 학술적 글쓰기의 기본기를 다져보자.

1. 학술적 글쓰기의 특징과 종류

1) 학술적인 글의 특징과 성격

대학에서의 학술적 글쓰기는 학술적 지식을 바탕으로 학습자, 연구자로서 자신의 견해를 논리적이고 합리적으로 구성하여 제시하는 것이 그 핵심이다. 교수자의 의도를 정확히 파악한 후 그에 적합한 글의 주제와 목적을 분명히 하고 다양한 자료를 수집하는 과정이 요구된다. 무엇보다 수집한 기존의 텍스트 및 정보에 대한 올바른 분석과 이해, 평가를 거친 후 작성자의 견해와 주장을 담는 것이 중요하다.

학술적 글의 특징

▶ 학술적 글쓰기는 사실을 기록하는 것에 그치는 것이 아니라 이에 대한 **분석과 비판, 평가가 종합된 글쓰기다.** 나의 의견을 세우는 것이 중심이지만 남의 의견과 관련시키는 서술 방식이 일반적이다. 따라서 학술적 글쓰기에서는 기존 논의의 검토와 인용의 형식을 익히는 것이 중요하며, 이런 점에서 단순한 정보 전달에 그치는 글쓰기와 구별되어야 한다.

▶ 어떠한 주제에 대한 **학술적인 연구 결과를 체계화하여 일정한 형식에 따라 작성한 글이다.** 이를 위해 해당 주제에 대한 정확한 지식의 정리와 그에 대한 이해를 토대로 학술 적 근거를 제시하여 입론하는 글쓰기 훈련이 중요하다.

학술적 성격의 글은 목차와 인용, 참고문헌 등 일정한 형식적 조건을 갖춘 논문이나 리포트뿐 아니라 이러한 형식에서 비교적 자유로운 에세이(비평문)까지 그 형태는 다양하지만 문제의식을 갖고 그 문제에 대한 자신의 주장을, 근거를 통해 정당화하는 일련의 과정을 가진다는 점에서 대체로 일치한다. 따라서 일반적으로 학술적인 성격의 글은 다음과 같은 기본 요소를 갖추어야 한다.

첫째, 창의적으로 유의미한 문제를 발견하고 제기해야 한다. 세상에는 여러 가지 사건들과 현상들이 있다. 그것으로부터 제기할 수 있는 문제는 다양하며 또한 문제가 연관된 학문적 영역도 다양하다. 하지만 우리는 관습적 사고로 인해 문제화할 수 있는 것도 당연하게 여기고 있다. 학술적 글쓰기는 주제의 발굴을 통해 문제를 제기하고 이를 해결해 나가는 글쓰기이다. 함께 해결해야 할 문제 제기로서의 주제 발굴은 학술적 글이 다른 글과의 차이점을 드러내는 특징이라 할 수 있다. 유의미하고 참신한 주제 발굴은 학술적 글쓰기의 시작이자 연구방향의 확정인 것이다.

둘째, 논증 중심의 내용적 조건을 갖추어야 한다. 학술적인 글이 되려면 문제제기에 입각해 주제를 정하고 그와 관련된 자료들을 검토하고 그러한 검토 속에서 가장 바람직한 해결책으로서 자신의 주장을 세우고 그것을 정당화하기 위한 일련의 논증 과정을 포함해야 한다. 주제를 잘 논의하기 위해 관련 자료들을 비교, 검토해야 하고, 논리적 추론이나 다양한 방법의 조사 혹은 실험을 통해 자신이 주장하는 근거를 마련해야 하며, 그 결과가 어떤 의의가 있는지를 납득시켜야 한다.

셋째, 일정한 형식적 조건을 갖추어야 한다. 내용이 아무리 좋아도 형식을 갖추지 못하면 학술적 글쓰기로서 인정받지 못한다. 이때 형식적 조건이란 서론, 본론, 결론 등 하나의 전체로서 글의 논리적 구성, 인용과 각주 및 참고문헌 제시 등을 말한다. 이러한 형식은 학문 공동체 안에서 오랜 탐구 과정을 거치면서 최적화된 것이므로 학술적 글의 충분조건은 아닐지라도 필요조건이라 할 수 있다. 또한 이러한 형식적 조건은 논증이라는 내용의 완성도를 높이는 데도 기여한다.

넷째, 윤리적 조건을 갖추어야 한다. 이때 윤리란 글쓰기 윤리로 표절, 변조, 위조 없이 학문적 정직성에 입각하여 자신이 직접 연구를 수행해야 함을 말한다. 아무리 좋은 내용과 일정한 형식을 갖추었다고 해도 글쓴이 자신이 쓴 것이 아니면 의미가 없다. 타인의 연구 계획, 연구 과정, 결과 또는 기록 등을 자신의 것인 양 가져와 쓰거나 연구와 관련된 재료장비 및 과정이나 설문 조사 내용을 변조하거나, 존재하지 않는 자료나 연구 결과를 위조한 글은 학술적 글이 될 수 없다. 학술적 글은 궁극적으로 진리를 지향한다. 비윤리적인 글, 진실성이 확보되지 않은 글이 진리라는 목적에 도달할 수는 없다. 또한 비윤리적인 글은 독자의 신뢰를 깨뜨린다는 점에서 소통의 장애가 된다.

그렇다면 학술적 성격의 글은 어떠해야 할까? 우선 아래에서 인용한 글을 읽어 보자.

다양성은 나 자신의 초월적 실용주의의 시각에서 보면 복수의 담론공동체와 결정이 자유로운 담론공동체로 이해될 수 있다. 이 공동체에서는 각자가 동시에 자신을 규정하고 변증법적이고 반성적으로 행한다. 그러니까 이 공동체에서는 자신을 대화 주체로서, 다른 개인적 주체와 상호 협력하기도 하고 맞서기도 하는 존재로 규정할 뿐만 아니라 독립 주체로서 행동·의지·느낌·사고의 주체로 자신을 잘 알고 있는 인격적 주체로 규정한다. 그와 동시에 여러 가지 삶의 현장에서 오는 다양성이 생산적으로 효력을 발휘할 때는, 그 다양성 속에서 행하는 개인과 공동체가 서로 협력하기도 하고 맞서면서 논리적으로 타당하고 도덕적으로 확실할 경우 그리고 그들이 개인과 다수로서의 다양성을 가진 존재로, 그러니까 독립 주체와 대화 주체로서 다른 사람들과 함께 생활하고 나누고 싶어 할 경우다. . 〔퀼른 다양성 연구 센터 창립에 즈음하여 기고한 홀거 부르크하르트(Holger Burukhart)의 글 에서 발췌, 《디 차이트(Die Zeit)》, 2006년 12월 28일자, p .29〕
                    -오토 크류제, 김종명 옮김, 『공포를 날려버리는 학술적 글쓰기 방법』재인용.

이 글에서 사용하고 있는 단어들은 전체적으로 어렵지 않다. 하지만 이 글이 지닌 의미를 파악하기란 매우 어렵다. 글에서 언급된 언어들은 오히려 독자의 이해를 방해하는 요소가 많다고 볼 수 있다. 독자로서는 '그 다양성 속에서 행하는 개인과 공동체'라는 말 속에 어떤 의미가 있는지 그저 짐작만 가능할 뿐이다. 독자들이 텍스트를 온전히 이해할 수 없다면 글쓰기의 근본 목적을 상실하게 될 뿐이다.

따라서 학술적인 글의 문장은 아래와 같은 특성을 지녀야 한다.

1) 간단하고 유려한 언어
학술어는 무조건 복잡한 문장 구성을 필요로 하는 것이 아니다. 문장 기술의 첫 번째 원칙인 간단하고 명료한 구성은 학술적인 글이라 해서 예외는 아니다. 복잡한 수식관계가 얽혀 있는 문장은 간단하게 나누어 서술하는 것이 좋다.

2) 정확한 개념
학술적 묘사를 할 적에 전제해야 할 사실은 소개된 용어와 지식공동체에서 확정된 용어를 사용해야 한다는 점이다. 학술적 텍스트는 정확한 개념을 사용하고 그 개념을 항구적으로 사용할 때에만 주목을 받을 수 있다.

3) 정확한 표현
'비교적 많은'이라는 표현 대신에 가능하면 퍼센트나 숫자가 나와야 하고, '어떤 성향'이라는 표현

대신에 그것이 무엇인지 명명해야 한다. 그리고 '뜻밖의 전략'을 말하지 말고 그것이 어떠한 전략일 수 있다는 것을 말해야 한다.

4) 완전한 문장

학술어는 명확한 언어라서 생략된 단축어를 허용하지 않는다. 신문·잡지 텍스트에서 사용하거나 '시골교사는 학교에 갔다. 혼자서. 책이 가득 들어 있는 배낭을 메고'와 같이 이야기 텍스트에나 어울리는 표현 방식은 학술적 텍스트로는 부적절하다.

5) 객관적 서술

학술적 텍스트는 기분, 자신의 삶에서 온 이야기, 미학적 판단 그리고 시적 표현방식과 같은 사적인 정보를 기피한다. 마찬가지로 유머와 아이러니 그리고 긴장을 유발하는 요소를 포기한다. 이 텍스트는 환담하거나 위로할 목적으로 사용해서는 안 되고 오로지 정보를 제공하거나 논증할 목적으로 사용해야 한다.

6) 사소한 것 근절

학술적 텍스트는 오로지 한 가지 주제만을 추구하고 모든 부차적인 사고를 단념한다. 많은 장르에서 특히 인문학에서는 부차적인 생각은 각주로 보내져 텍스트의 흐름이 방해 받지 않도록 해야 한다.

7) 주도적인 시제는 현재

학술 텍스트는 대개 현재형으로 쓴다. 역사적 서문에서는 앞선 시간을 나타내기 위하여 텍스트가 종종 현재완료나 과거 시제로 바뀐다. 하지만 입장을 표현해야 하는 경우에서는 현재형으로 쓴다. 연구 보고서의 일부 방식에서는 때때로 현재완료나 과거시제를 발견할 수 있는데 이는 사람들이 행한 것을 기술할 경우에 한해서다.

-오토 크루제, 김종영 옮김 『공포를 날려버리는 학술적 글쓰기 방법』

2) 학술적인 글의 종류

일반적으로 합리적인 근거를 바탕으로 하여 어떤 주장이나 견해가 옳다는 것을 객관적으로 입증하는 글이라면 형식에 관계없이 '학술적인 글'이라 할 수 있을 것이다. 학술 활동이 다른 창작 활동과 구별되는 주요 특징 중 하나가 바로 '객관적인 입증'(정당화)이기 때문이다.

일반적으로 학술적인 글이라고 하면 '학술 논문'을 떠올리게 되지만 이 밖에도 다양한 형식과 특징을 지닌 글들이 존재한다. 논문을 포함하여 흔히 리포트라 불리는 각종 보고서, 학술 에세이 등이 대표적이다.

(1) 논문(학위논문, 소논문)

학술 논문은 학술 분야에서 새로운 발견을 알리거나 연구자의 독창적인 주장과 견해를 입증함으로써 학술 발전에 기여하는 데 그 목적을 둔 글이다. 따라서 학술 논문은 분야마다 요구되는 특별한 논문 형식을 갖추어야 하며, 무엇보다도 '독창성'이 요구된다. 그리고 주제에 대한 독창적인 결론을 이끌어 내는 과정에서 먼저 관련 자료에 대한 폭넓은 조사와 분석, 기존 연구에 대한 비판적 정리가 필수적이다. 또한 학술 논문은 각 분야별로 엄격히 규정된 논문 형식에 따라야 한다. 학술 논문은 주제나 내용, 연구 방법이 매우 전문적이어서 해당 학술 분야를 전공하지 않은 사람들은 쉽게 이해할 수 없는 면도 많다.

논문은 크게 학위논문과 학술지 논문(소논문)으로 나뉜다. 학위논문은 대학원 과정에서 작성되는 석사학위논문과 박사학위논문을 말하며, 학술지 논문은 학술전문잡지에 수록된 비교적 짧은 형식의 논문을 의미한다.

학위 논문의 경우에는 각 대학별로 작성 방식에 대한 규정을 두고 있으며 공주대학교 역시 대학원 홈페이지를 통해 학위논문 작성 방식과 표지의 형식을 규정하고 있다.

(2) 학술 에세이(평론)

학술 논문이나 보고서는 주로 전문 연구자들 사이에서 유포되는 데 비해 학술 에세이는 일반인들도 비교적 자주 접할 수 있는 학술적인 글이다. 학술 에세이는 다루는 대상에 따라 예술 작품에 대한 평론이나 사회적, 문화적 현상에 대한 평론, 책이나 논문 등에 대한 서평 등으로 나누어 볼 수 있다. 학술 에세이는 독창적인 관점에 입각하여 특정한 주제를 다루고 합리적 논증의 과정을 통해 주장의 타당성을 입증해야 한다. 따라서 구체적인 논리적 분석이 없는 피상적 기술이나 자료에 대한 소개나 요약, 정리 수준을 넘어 글쓴이의 독창적이고 주체적인 관점을 세우고 이를 잘 전달할 수 있도록 논리적으로 접근해야 한다.

여기에 어떠한 대상에 대한 해설과 함께 그에 대한 비판을 포함한다. 이때의 '비판'은 대상을 무조건 부정하는 것이 아니라 대상이 지닌 한계와 함께 그것이 지닌 의의나 가치까지도 제대로 평가하는 것을 의미한다. 학술적인 목적을 지닌 본격적인 평론의 경우는 학술 논문의 경우와 마찬가지로 엄격히 정해진 형식에 따라야 하지만, 전문 연구자들이 아닌 일반 독자들을 대상으로 발표된 평론의 경우에는 비교적 형식이 유연하고 자유롭다. 우리는 흔히 신문이나 잡지 등을 통해 예술 평론이나 사회 평론, 서평을 접할 수 있을 뿐만 아니라, 스스로 평론을 써야 할 기회도 많다. 대학에서는 어떤 수업이든지 특정 주제에 대한 책이나 논문 등을 읽고 서평을 쓰거나, 예술 작품이나 최근 부각되는 사회적, 문화적 현상을 대상으로 평론을 쓸 것을 요구하는 경우가 많기 때문이다.

학술 에세이를 작성하기 위해서는 일반적으로 다음과 같은 사고의 접근이 요구된다.

학술에세이 작성을 위해서는

▶ 비판적으로 사고하라.

항상 '왜'라는 질문을 던지면서 당연하게 여겨지는 현상들에 문제를 제기해야 한다. 다양한 시각에서 비판하고 고정 관념을 깨는 전복적 사고를 훈련함으로써 참신하고 예리한 문제제기가 가능해진다.

▶ 분석적으로 사고하라.

다양한 현상에는 그러한 현상을 가능케 한 원인들이 복합적으로 작용하는 경우가 많다. 또는 각기 다른 현상들이 하나의 원인으로 연결되기도 한다. 문제가 되는 현상들에 대한 원인과 결과를 깊이 있게 따져보는 것만으로도 본질에 접근할 수 있는 길이 열린다.

▶ 논리적으로 사고하라.

자신의 주장에 설득력이 생기려면 감정보다는 논리적 접근이 필요하다. 논리성을 확보하기 위해서는 무엇보다 자신의 주장을 명확히 하고 이를 뒷받침할 수 있는 합리적인 근거(논거)를 찾는 것이 중요하다.

▶ 종합적으로 사고하라.

학술 에세이는 사실이나 현상에 대한 필자의 성찰적인 시각과 현실 가능한 대안을 제시하는 것이 좋다. 이를 가능하게 하는 것은 현상과 사실을 둘러 싸고 있는 상황에 대한 종합적인 이해이다. 그래야 편견을 배제한 설득력을 확보할 수 있다.

3) 각종 보고서(리포트)

리포트는 조사나 연구, 실험 결과에 관한 글이나 문서를 말한다. 리포트는 학술 에세이에 비해 학술적인 논리나 체제의 엄밀성이 중요하다. 리포트를 작성할 때에는 학술적 가치를 지닌 기존 연구 또는 자료를 적극적으로 활용해야 한다. 전체의 구성은 표지, 목차, 본문,

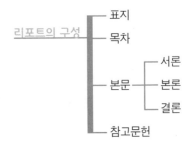

리포트의 구성
- 표지
- 목차
- 본문
  - 서론
  - 본론
  - 결론
- 참고문헌

참고문헌 등으로 이루어지며, 본문의 경우 서론, 본론, 결론의 형태를 갖춰야 한다.

특히, 리포트는 대학에서 수행하는 학술 글쓰기 중 가장 활용도가 높다. 리포트는 학생들의 지식수준을 높이고, 각자의 실력을 공정하게 평가할 수 있는 효과적인 방법이기 때문이다. 따라서 리포트 작성을 통해 다양한 학술 자료를 수집·정리하고, 학술 글쓰기의 용어와 형식을 체계적으로 구성하는 기술을 습득할 수 있다. 또한 수업 시간 외에 스스로 문제 해결 능력을 키우는 소중한 기회가 된다.

보고서는 설문, 답사, 관찰, 관측, 실험, 실습 등을 통해 얻은 연구 및 실험 자료들을 정리하여 보고하는 글로서 해당 학술 분야마다 정해진 형식에 따라 연구 및 실험 과정을 과학적이고 객관적인 방식으로 보여준다. 따라서 연구 및 실험 보고서의 결과는 대개 계량적 자료로 정리되며 글쓴이 자신의 관점은 최대한 배제된다.

대학 생활에서 학생들이 자주 쓰게 되는 학술적인 글들 가운데 하나가 연구 및 실험 보고서이다. 자신의 전공 영역에 따라 어느 정도 차이가 있겠지만 학생들은 수업 시간에 설문 조사 보고서, 답사 결과 보고서, 관찰 및 관측 보고서, 실험 및 실습 보고서와 같은 다양한 종류의 보고서들을 제출해야 한다. 이처럼 대학 수업에서 학생들에게 연구 및 실험 보고서를 요구하는 것은 학생들 스스로 보고서를 작성하기 위해 다양한 자료들을 조사하고 정리하는 과정에서 특정 주제(혹은 문제)에 대한 학술적 기초 지식과 지적 능력을 마련하게 하려는 데 그 목적이 있다.

학술적 성격의 글 중 대학에서의 필수 요소인 리포트 작성에 대해서는 보다 상세하게 살펴보자.

2. 리포트

인문사회계열 A학생(1학년)

저는 아무래도 새내기다보니 대학생활의 모든 것이 낯설기만 했습니다. 처음에 수강신청 하는 것도 어쩌나 헷갈리고 어렵던지... 시험을 볼 때도 대부분 서술형 문제가 나와 공부한 내용을 쓰는 데도 어떻게 구성해서 써야 하는지 좀 당황스러웠습니다. 그 중에서 가장 막막한 것은 역시 리포트 제출입니다. 고등학교 때까지 글쓰기에 관심이 많아서 상도 몇 번 탄 적이 있어서 별로 걱정을 하지 않았었는데, 막상 대학에 들어오니 고등학교 때하고는 많이 다르더라고요. 그렇다고 누가 자세히 설명해 주는 것도 아니고... 교수님들께 자세히 여쭈어보자니 너무 시시콜콜한 것까지 여쭙는 것도 실례인 것 같아서 좀 망설여집니다. 나름대로 열심히 준비하고 노력해서 제출했다고 생각했는데도 막상 학점은 늘 기대 이하였습니다. 나중에 졸업하면 대학원에도 진학할 계획인데 논문은 또 어떻게 써야할지 막막합니다.

자연계열 B학생(2학년)

대학에 들어오면서 다양한 상상을 했어요. 흔히 말하는 대학생활의 낭만들에 대해서... 그런데 막상 1년 넘게 다니다보니 전공공부 따라가기에 정신이 없어서 늘 초췌한 몰골로 다니기 일쑤더라고요. 게다가 무슨 과제는 그렇게나 많은지... 늘 시간에 쫓겨 겨우 제출하고 나면 허탈감만 생겼어요. 물론 제출한 과제에 대한 평가도 그리 좋지 않았지요. 특히 저 같은 이과 학생들은 대학에 들어오기 전에 글쓰기에 대해 제대로 배운 적도, 관심을 둔 적도 별로 없다 보니 고생을 많이 하게 되는 것 같아요. 물론 2학년이 된 지금도 마찬가지고요. 선배들에게 물어봐도 누구나 시원하게 대답을 해주는 분들이 없더라고요. 그저 학년이 올라가면 자연스럽게 터득하게 된다고만 하고... 늘 리포트에 치여 살다보니 어느새 2학년이 되고, 이제 곧 군대에 갔다 오면 본격적으로 취업 준비를 해야 하는데 글쓰기에 대한 자신감이 없어서 많이 불안합니다. 저는 전공과 관련된 연구소에 들어가는 게 목표인데 거기에서도 늘 연구와 관련된 각종 글쓰기를 해야 할 텐데 걱정입니다.

'리포트(report)'는 대학 강의에서 교수자가 학생에게 부과하는 글쓰기 형태의 과제물로 가장 대표적인 학술적 글쓰기 양식이다. 대학 학술 강의에서 부과되는 학문 목적 글쓰기 과제이기 때문이다. 이 용어는 어떤 단체나 조직에서 문서로 제출하는 커뮤니케이션 수단이라는 의미이지만 우리나라에서는 대학과 대학원에서 학생들이 제출하는 보고서나 논문 등 일련의 쓰기 과제물을 흔히 '리포트'라 통칭한다.

대학생들에게 보고서나 논문 과제를 부과하는 것은 학생 스스로 조사·연구할 수 있는 능력을 기르도록 하는 데 그 목적이 있다. 주어진 여건 상 강의실에서 모든 문제를 해결할 수는 없다. 중요하지만 강의 시간에 미처 다루지 못했던 문제들을 학생들이 스스로 탐색하고 직접 연구하게 함으로써 좀 더 폭넓은 지식을 습득하도록 할 수 있다. 또한 강의실에서는 불가능한 현장조사 등을 통해 자료조사와 정리 등 일련의 과제해결 방식을 학생들 스스로 익힐 수도 있다. 뿐만 아니라 자기의 주장이나 견해를 체계적이고 논리적으로 전개할 수 있는 능력을 키워 강좌에 대한 이해도를 높이는 데에도 도움이 된다. 따라서 리포트는 학생들의 학습 노력이나 연구 능력을 판단하고 평가하는 중요한 근거가 되는 중요한 문서이다.

하지만 실제 수업 현장에서 제대로 된 형식과 내용을 갖춘 보고서를 만나기란 그리 쉽지 않은 것이 현실이다.

대학생 리포트 이것이 문제다

〈게으른 농부형〉

남들이 밭을 갈 때 쉬고, 씨 뿌릴 때 놀고, 잡초도 뽑지 않은 채 앉아서 결실만 바라는 농부형의 학생들은 결국 아무 것도 얻지 못하고 허송세월만 보낸다. 과제 제출 기일은 다가오고, 준비된 것은 없으니 남의 것을 훔치거나 빌려 올 수밖에 없다. 가장 흔한 경우는 인터넷에 떠도는 자료를 복사해서 제출하는 것이다. 누구나 키워드만 검색해도 볼 수 있는 자료를 제출하는 것은 점수와 공부를 포기했다고 밖에 볼 수 없다.

〈공리주의자형〉

그들은 최소의 투자로 최대의 효과를 기대한다. 가령 최소 몇 백 원에서 몇 천 원대의 금액을 지불하고 좋은 학점을 받은 다른 학생의 리포트를 사서 제출한다. 평소 자신이 수업 때 보인 태도나 글쓰기를 통해 드러난 실력을 이미 알고 있는데 남의 글을 제출하는 것은 양심의 문제이다.

〈돈키호테형〉

과제의 의도를 전혀 파악하지 못하고 제멋대로인 학생들이 많이 있다. 좌충우돌 제멋대로 과제를 해석하고 본인이 쓰고 싶은 대로 작성한 채 요구사항을 충족시키지 못한 학생의 글은 어디서부터 고쳐주어야 할지 난감하다. 이 경우에는 주제문 작성을 연습하면 도움이 된다.

〈햄릿형〉

자료도 많이 찾아보고 생각도 많이 하지만, 정작 핵심을 찾지 못해 우왕좌왕 방향을 잃고 글을 산만하게 쓰는 학생들이 여기에 속한다. 햄릿형 학생들은 글의 순서와 구성 방법만 가르쳐 주어도 글이 눈에 띄게 좋아진다.

〈앵무새형〉

그들은 논의에 대한 진전 없이 같은 말만 반복한다. 여기에 속한 학생들은 한 가지 사실에 매달려 표현만 바꿔가며 같은 내용을 반복해서 쓴다. 주제의 본질을 찾지 못한 대부분의 학생들이 여기에 속한다. 이때 문제를 해결하기 좋은 방법은 개요를 작성해 보는 것이다.

〈무법자형〉

그들은 주제 파악은 물론 맞춤법, 띄어쓰기, 문장구성 등 모든 규칙을 무시한다. 여기에 해당하는 학생은 사실 글쓰기 자체의 원리와 방법을 전혀 모르는 경우가 태반이다. 차근차근 문장의 규범과 원리를 기초부터 익히면 조금씩 나아질 수 있다.

-장미영,『백지공포증이 있는 대학생을 위한 글쓰기』

1) 리포트 작성 과정

리포트 작성은 주어진 과제를 파악하여 주제를 설정하고, 이를 뒷받침할만한 자료를 수집하는 일로 시작된다. 자료가 수집되면 글쓴이의 관점에서 정리하고 분석하여 개요를 작성해야 한다. 개요를 따라 초고를 쓴 뒤, 미비한 부분을 고쳐씀으로써 보고서 작성은 마무리된다. 각 단계 별로 유념해야 할 사항을 정리해 보자.

(1) 과제 분석과 주제 찾기 – 무엇을 써야 하나?

무엇보다 좋은 리포트를 쓰려면 먼저 주어진 과제가 무엇을 요구하는지를 정확히 인식해야 한다. 작성자의 주관적인 견해를 필요로 하는 보고서를 작성해야 함에도 불구하고 자료를 정리하는 수준의 결과물을 작성한다거나 반대로 실험 결과의 정리나 논저의 요약만을 요구하는 주제를 작성해야 하는데 작성자의 판단이나 의견이 개입된 결과물을 제출한다면 애써 작성한 리포트가 무의미한 것이 될 수도 있다. 따라서 무엇을 써야 하는지 미리 메모하고 그 내용을 추정하여 정리하는 것이 필요하다.

리포트의 주제는 담당 교수에 의해 제시되는 경우도 있고 학생이 직접 선정해야 하는 경우도 있다. 교수는 학생이 해결해야 할 과제를 구체적으로 제시하기도 하지만, 때로는 유연하고 폭넓게 제시하기도 한다. 이때 학생은 자신이 작성할 리포트의 주제를 구체적으로 확정해야 한다. 주제를 확정할 때에는 과제를 제시한 교수의 의도, 그리고 학생의 관심거리와 작성 능력, 리포트의 규모, 주어진 시간, 참조할 자료의 유무 등을 고려해서 결정하는 것이 좋다.

하지만 처음부터 확실한 주제를 정하는 것은 쉽지 않다. 처음 결정한 주제는 잠정적인 것이라고 생각하고 참고자료를 찾아보면서 주제를 구체적으로 확정해 나가는 것이 좋다. 자신이 작성하고 싶은 주제라 하더라도 참조할 자료가 없거나 너무 적으면 리포트를 작성하는 데 많은 어려움이 있다. 또한 참조할 자료가 있다 하더라도 자료를 이리저리 살피는 사이에 주제를 바꾸고 싶은 생각이 들기도 하고, 처음에 선정한 주제가 연구 불가능한 주제임이 드러날 수도 있다. 그럴 때는 처음 선택한 주제에 집착하지 말고 다른 주제로 눈을 돌리는 용기도 필요하다. 한편 자유로운 주제로 리포트를 작성해야 할 경우에는 확정된 주제를 선정한 이유를 함께 밝히는 것이 좋다.

주제 정하기 절차

① **화제를 통한 문제 제기:** 자신이 떠올린 화제에 대한 문제의식을 충분히 심화하고 그 과정을 통해 나온 생각들을 정리한다.

[화제]

코로나 19에 능동적으로 대처하기 위한 대학의 새로운 수업방식에 대한 고민이 필요하다.

② **문제의 정리:** 선택한 화제에 대한 여러 생각들을 나열해 본다. (브레인스토밍, 마인드 맵 등) 단, 주제와의 관련성에 항상 유의해야 한다.

코로나 19에 능동적으로 대처하기 위한 대학의 새로운 수업방식에 대한 고민이 필요하다.

[관련 활동]

- 코로나 19 이전 대학의 수업 방식에는 어떤 것들이 있었나?

- 기존의 수업 방식에는 어떤 장점과 단점이 있었을까?

- 기존 수업 방식이 코로나 환경에 적절하지 않은 요소들은 무엇이 있을까?

- 달라진 수업 방식(LMS, 플립러닝, 블렌디드러닝 등)에 대한 학습자와 교수자의 평가는 어떠한가?

- 수업 방식에 변화를 주기에 대학의 인프라는 충분히 구축되어 있는가?

- 새로운 수업 방식에 학습자와 교수자들은 모두 적응하고 있는가?

- 비대면 방식이 유일한 대안이라면 대학의 존재 이유는 무엇인가?

- 미네르바 대학 등 캠퍼스가 없는 대학들은 어떻게 운영되고 있으며 그 성과는 무엇인가?

③ **범위의 한정**: 앞에서 나열한 요소들 중 일부를 선택(또는 조합)한 다음 자신의 관심과 능력을 고려하여 가장 잘 쓸 수 있다고 생각한 것을 선택한다.

[관련 활동]

달라진 대학의 수업 방식에 대한 학습자와 교수자들의 평가를 토대로 효과적인 수업 방식을 모색해본다.

④ **한정된 주제 설정**: 앞서 선택한 문제의 핵심 내용을 잘 전달할 수 있는 구체적인 어구를 마련한다.

[관련 활동]

지난 학기 수업 방식에 대한 분석, 학습자와 교수자의 평가, 효과적인 수업 방식에 대한 고민

⑤ **주제문 작성**: 글쓴이의 주장과 관점을 잘 드러내고 글 전체의 내용에 의해 증명이 가능하거나 공감을 얻을 수 있는 주제문을 작성한다.

[관련 활동]

주제문- 코로나 19로 변화된 수업 방식에 대한 분석결과 온·오프 블랜디드 방식의 교수방법에 대한 구체적 대안이 필요하다.

(2) 자료 탐색과 정리 - 어떤 내용을 쓸 것인가?

주제가 정해졌다면 이를 뒷받침해 줄 수 있는 자료를 수집하고 정리하여 작성자의 관점에서 분석해야 한다. 자료는 글의 핵심 생각을 검증하거나 뒷받침하는 데 직·간접적 제공되는

일체의 정보를 말한다. 자료의 도움 없이 학술적 성격의 글을 모두 글쓴이 스스로 작성하는 것은 거의 불가능하다. 글쓴이의 주장만으로 구성된 글은 설득력을 확보하기 어렵기 때문이다. 결국 학술적인 글은 자료의 신뢰성과 다양성, 풍부함, 참신성, 주제에 맞는 적합성 등이 글의 충실도를 좌우하는 중요한 요소가 되므로 자료수집에 각별히 신경 써야 한다. 자료의 수집과 검토 과정에서 작성하고자 하는 과제의 성격이 더욱 명료해지기도 하고 때로는 새로운 문제점들이 도출되기도 한다. 따라서 자료가 어느 정도 모아지고 자료의 검토가 끝난 후 글을 작성해 가는 과정이라도 필요하다면 다시 보충자료를 수집하는 등 글의 내용을 생성하고 정한 서술을 위해서는 자료의 수집과 분석 작업이 쓰기의 전 과정에서 지속적으로 이루어져야 한다.

일반적으로 자료는 1, 2, 3차 자료로 구분한다. 1차 자료(Primary Sources)는 연구자의 직접적 분석대상으로 문학·철학적 텍스트나 역사적 기록물뿐 아니라 연설 대본, 광고, 사진, 영화, 예술품, 오디오 파일, 웹 상의 글까지 분석·연구하고자 하는 모든 것이 대상이 될 수 있다. 2차 자료(Secondary Sources)는 1차 자료를 분석하거나 조망하는 텍스트로 학술서적, 논문, 전문가 칼럼, 배경자료, 설문자료 등이 있다. 분석하고자 하는 대상을 이해하는 데 도움이 되거나 그 대상을 들여다보는 도구로 쓰일 수 있는 자료들이다. 3차 자료(Tertiary Sources)는 기초자료라고도 하는데 백과사전이나 개론서, 문헌 연감, 기사문 등을 가리킨다. 용어에 대한 기본 정의나 역사적 배경에 대한 정보를 제공한다. 1, 2차 자료에 비해 부차적으로 활용되기는 하지만 연구의 체계를 잡는 과정에서 중요하게 사용되므로 연구 계획을 하는 초반에 검토하는 것이 좋다.

자료 수집과 정리의 중요성

한 개인이 공부할 때도 자신이 필요로 하는 자료를 잘 정리해두고, 자기 나름의 데이터베이스를 구축하는 일이 중요하다. 어느 날 갑자기 책상 앞에 앉는다고 필요한 자료가 생기고 아이디어가 떠오르는 것이 아니다. 전적으로 분석적 방법에만 의존하는 분야라면 모를까, 대부분의 공부 분야에서는 늘 관련 자료를 모으는 자세, 그리고 필요할 때 언제든지 사용할 수 있게끔 정리해두는 습관이 필요하다. 이미 목록화되어 있고 인덱스로 정리되어 있는 자료의 경우에도 해당 자료를 효과적으로 사용하려면 자기만의 인덱스를 만들 필요가 있다. 심지어 한 권의 책을 읽을 때도 마찬가지다. 책 말미에 이미 제공된 인덱스가 있어도 실제 책을 읽어가며 자기만의 인덱스를 따로 만드는 것이 좋다.

-김영민, 『공부란 무엇인가』

※ 학술 자료를 어떻게 수집·분류·분석·활용할까?

　학술적 글쓰기에서 주장의 타당성을 확보하려면 관련 자료를 찾아 효과적으로 활용하는 것이 중요하다. 글쓴이는 글의 목적에 맞게 활용하려는 자료를 직접 인용하거나 바꿔 쓸 수 있다. 또한 주요 아이디어라든가 데이터를 요약하고 해석하여 제시할 수 있다. 다양한 자료를 효과적으로 검색하는 것은 좋은 글을 쓰기 위해 반드시 필요한 작업이다. 보고서나 논문을 작성하려면 도서관에서 책을 찾거나, 학술 데이터베이스에서 제공하는 정보를 잘 검색할 줄 알아야 한다.

　자료를 수집할 때에는 먼저 개설서를 통해 목록을 작성해 보는 것도 좋은 방법이다. 그것을 바탕으로 최근의 자료까지 찾는 것이다. 대학교육에서 학생들에게 보고서를 작성하도록 하는 목적은 여러 가지가 있지만 그 중에서 학생들 스스로가 자료를 찾아 분석하고 주어진 주제에 대해 다양하고 깊이 있게 사고하는 훈련을 하도록 하는 경우도 있다. 따라서 작성자가 수집한 자료에 오류나 왜곡은 없는지 철저히 확인해야 한다. 특히 인터넷 상에 수집한 자료 중 그 출처가 불분명한 자료에 대해서는 확인이 불가능하다면 함부로 인용하는 것은 금물이다. 일반적으로 학습 보고서에서 수집된 자료는 글쓴이의 주제를 뒷받침하는 논거로 활용되기 때문에 공신력 있는 자료를 수집하는 것은 보고서의 질을 결정하는 중요한 요소이다.

〈자료의 수집-도서관 활용하기〉

　인터넷이 일상화되어 있는 시대에 학생들은 학술적인 글을 작성하는 데 필요한 정보는 대학도서관, 국회도서관, 국회중앙도서관 등에서 찾을 수 있다. 특히 국내외의 대학들은 정보자료들을 교환하는 상호대차 협약을 맺고 있기 때문에 어느 한 대학의 도서관에 들어가기만 해도 필요한 자료들을 얻는 것이 가능하다.

〈공주대학교 도서관 학술자료 검색 창〉

〈공주대학교 도서관 홈페이지 전자책 검색 창〉

공주대학교 도서관 홈페이지에서도 다양한 국내외 자료와 전자책을 검색하여 활용할 수 있다. 홈페이지 하단에는 국립중앙도서관, 국회도서관, RISS(학술연구정보서비스), NDSL(과학기술정보시스템), FRIC(외국학술지지원센터) 등 추천 사이트가 링크되어 있어 이를 잘 활용한다면 각 분야의 연구 성과가 담긴 좋은 자료들을 수집할 수 있다.

일반적인 포털사이트 검색 시스템을 이용하는 것은 많은 주의가 필요하다. 지나치게 많은 자료가 제시되어서 자신에게 필요한 자료가 어떤 것인지 일일이 살펴보는 데에 많은 시간이 허비되기도 하고, 보고서의 참고문헌으로 사용하기에는 적절하지 않은 자료가 상당수이기 때문이다. 특히 개인의 블로그나 홈페이지 등에 실려 있는 글은 그 내용이 합리적이고 신선하다고 해도 신뢰성에 문제가 있기 때문에 그 출처를 확인할 수 없는 내용은 사용하지 말아야 한다.

자료를 검색할 때 유의해야 할 사항

- 학술 자료는 학술 서적과 저널을 중심으로 검색한다.
- 웹 자료를 검색할 때에는 먼저 정보의 질을 평가하여 선택 여부를 결정한다.
- 웹 상의 자료 가운데 출처 불명의 글을 사용해서는 안 된다.
- 단편적인 웹 문서보다는 정보의 배경과 맥락을 알려주는 깊이 있는 자료를 찾아야 한다.

자료 가운데에는 학술 자료로서 한계가 있는 경우가 많다. 공신력 있는 자료를 찾는 것은 학술적 글쓰기에서 매우 중요하다. 오래된 자료나 귀중본 자료를 열람하려는 경우에는 각 대학도서관을 비롯하여 국회도서관이나 국립중앙도서관의 정보 자료 검색을 통해 소장 여부와 열람 가능 여부를 확인하고 직접 방문해야 한다.

자료수집에 참고할 수 있는 사이트

국가과학기술정보센터(http://www.ndsl.kr) 국가전자도서관(http://www.dlibrary.go.kr/)
국가통계포털(http://kosis.kr/) 국립중앙도서관(http://www.nl.go.kr/)
국회도서관 (http://www.nanet.go.kr) 문화콘텐츠닷컴(http://www.culturecontent.com/)
민족문화추진회(http://minchu.or.kr/MAN/index.jsp)
브리테니커 온라인(http://premium.britannica.co.kr/)
조선왕조실록(http://sillok.history.go.kr/) 카인즈(www.kinds.or.kr)
통계청 E-나라지표(http://index.go.kr/) 한국교육학술정보원 (www.riss.kr)
한국언론진흥재단(http://www.kpf.or.kr/)

한국역사정보통합시스템(http://www.koreanhistory.or.kr/)

한국의 지식 콘텐츠(http://www.krpia.co.kr/)   한국사 데이터 베이스(http://db.history.go.kr/)

한국사회과학자료원(http://www.kossda.or.kr/)

한국콘텐츠진흥원(http://www.kocca.kr/) DBPIA(http://www.dbpia.co.kr/)

KSI KISS(http://kiss.kstudy.com/)

〈수집 자료의 분류와 정리〉

자료를 구하기가 어려운 경우에는 먼저 구한 자료를 읽어가면서 자료를 수집하는 것이 좋다. 자료를 읽다 보면 그 안에 참고문헌을 통해 새로운 정보를 얻을 수 있기 때문이다. 이때 자료를 읽으면서 자신이 써야 하는 보고서에 필요한 부분은 따로 정리할 필요가 있다. 인용할 자료의 내용과 성격에 따라 직접 인용할 대상, 요약 인용할 대상, 바꿔 인용할 대상 등으로 자료를 구분하여 정리하면 보고서 집필 과정에서 이를 용이하게 사용할 수 있기 때문이다. 아울러 자료를 정리하면서 작성자의 생각이나 평가를 간단하게 메모하는 것도 도움이 된다. 그리고 서지사항과 발췌한 부분이 어느 페이지인지까지 정확하게 기록해두어야 한다. 이는 보고서에 인용문을 넣을 경우 그 출처를 밝혀 두어야 하기 때문이다.

자료의 분류는 여러 기준이 있을 수 있다. 예를 들면 자료의 성격을 기준으로 한다면 앞서 제시한 1차, 2차, 3차 자료로 분류할 수 있을 것이다. 또한 자료의 형태를 기준으로 한다면 단행본, 논문, 에세이, 신문, 잡지, 발표집, 보고서, 회의록 등의 문헌자료와 이미지, 영상, 음성 등의 시청각 자료, 그리고 통계 및 각종 형태의 정보 등 기타자료로 분류할 수도 있다. 이 밖에도 발표나 제작 시기, 문제에 대한 관점이나 결론의 유사성 정도 등 보다 세부적인 기준을 설정할 수도 있다. 다만 무엇보다 중요한 것은 자료들 사이의 관계가 어떠한지 살피고 분류한 자료가 자신이 다루고자 하는 글의 주제와 어떤 연관성이 있는지, 나의 주장 혹은 생각의 어느 부분과 일치하고 그렇지 않은지 등에 대해 생각해보는 것이다.

아래는 조셉 비접이 제시한 자료 이용 목적에 따른 분류 방식이다. 각 머리 글지를 모은 BEAM은 자료가 해당 글에 '빛'을 불어넣는다는 점에서 의미심장하다.

조셉 비접(Joseph Bizup)의 자료 분류 방식
"BEAM: A Rhetorical Vocabulary for Teaching Research-Based Writing"

- **배경 자료 B(Background)**
  맥락을 제공하기 위해 필자와 독자가 공유할 수 있는 사실·정보들로, 비교적 논란이 적은 내용의 자료들이다. 주제에 대한 일반적이고 기초적인 정보를 제공한다.

- **증거 자료 E(Exhibit)**

  문서 자료, 데이터, 관찰 기록, 시각적 이미지, 연구자가 분석하고자 하는 사물·사례들로 필자의 논증 근거로 사용된다.

- **논증 자료 A(Argument)**

  연구자의 질문을 둘러싼 학자들의 연구 담론, 다른 학자들의 논문과 저서 등이 여기 속하며 분석적 전망을 더해 준다.

- **이론 자료 M(Method)**

  연구자가 채택한 이론과 방법에 대한 참고 논저들. 이론적 체계, 포괄적 개념, 연구자의 글과 관련한 방법론을 제시한다.

  -서울대학교 대학글쓰기1 교재편찬위원회 편, 『대학글쓰기1』

〈수집 자료의 분석과 활용〉

자료는 수집과 분류를 거쳐 분석과 활용을 통해 글쓴이가 쓰고자 하는 글에 기여하게 된다. 자료의 활용은 글쓴이의 생각을 발전시키고, 주장을 구체화하는 데 도움을 주어 결과적으로 글의 신뢰도를 높인다. 자료를 분석하고, 비판·평가하기 위해서는 먼저 내가 다루고자 하는 주제와 관련된 문제를 이 자료에서는 어떻게 다루고 있는지 확인해야 한다. 이를 확인하는 방법은 자료의 제목, 목차, 서문, 결론, 본문의 일부 등을 빠르게 훑어보는 것이다. 만약 내가 다루고자 하는 주제와 별 관련이 없거나 그리 유용한 자료가 아니라는 판단이 들면 미련 없이 포기하고 새로운 자료를 찾아야 한다.

자료를 분석할 때에는 먼저 해당 자료의 사실관계를 객관적으로 따져 보아야 한다. 자료의 조작이나 허위, 오류 등 진위 여부를 따지는 것은 주로 오래된 역사적 자료나 누군가에 의해 가공된 자료인 경우, 연대나 작가가 확실하지 않은 자료 등에서 유효하다. 더군다나 인터넷에 출처를 알 수 없거나 잘못 알려진 정보들이 아무런 검증과정 없이 유통되고 있는 상황을 고려한다면 더욱 엄격한 기준과 잣대로 들여다보며 사실관계를 확인하려는 자세가 필요하다.

또한 자료 분석 단계에서는 수집한 자료들이 내가 다루고자 하는 글의 주제와 어떠한 관계에 있는지 면밀하게 살펴야 한다. 즉 자료들 중에는 나의 관점과 시각과 일치하는 주장도 있을 수 있고 때로는 나의 주장과 반대되는 내용도 있을 수 있으며 자료들 간 서로 상반된 주장이 존재하기도 하고, 모순되는 내용이 있기도 하다. 글쓴이로서 해당 자료가 자신에게 얼마나 유용할 것인가. 얼마나 새롭고 참신한가, 자료를 통해 얻을 수 있는 새로운 생각을 무엇인가 등을 물어가며 자료의 가치와 유용성을 판단해야 한다.

이렇게 분석을 통해 추려진 자료들은 우선 서지사항을 기록하는 것이 좋다. 이는 방대한 자료들을 쓰임에 맞게 적절하고 효율적으로 활용하기 위해서다. 참고한 서지사항을 정리해 놓으면 주제와 관련된 자료를 한눈에 파악할 수 있으며, 검토해야 할 자료의 우선순위를 정할 수도 있고, 이미 살펴본 자료와 앞으로 살필 자료를 구분할 수도 있다. 무엇보다 실제 글쓰기를 진행할 때 필요한 자료를 쉽게 찾아 유용하게 사용할 수 있다는 점이 가장 큰 장점이라 할 수 있다. 이러한 서지 사항을 기록하는 별도의 양식은 없으나 글쓴이 가장 손쉽게 접근하고 다룰 수 있는 매체와 형식을 사용하는 것이 좋다.

자료의 적절한 활용을 위한 전제는 자료 내용을 정확하게 파악하는 일이다. 이를 위해 가장 효과적인 방식이 '요약하기'이다. 요약은 글이나 자료의 핵심적인 내용을 최소의 단어로 정확하게 서술하는 경제적인 의사소통 방법이다. 불필요한 것은 과감하게 삭제하고 자료를 활용하는 사람의 입장에서 필요한 사항을 반드시 포함시키는 것이 요약의 기본이다. 축약이 단순히 글의 분량을 줄이는 기계적인 축소의 작업이라면 요약은 중요한 것과 그렇지 않은 것을 구분하여 중요한 것을 뽑아내는 판단과 평가가 전제된 작업이다. 요약은 자신의 언어로 자신이 이해한 내용을 정리하는 것이기에 해당 자료를 더 깊이 이해할 수 있도록 돕는 작업이기도 하다.

요약에 포함될 수 있는 사항	요약에 포함할 수 없는 사항
각 문단의 화제문, 중요한 통계와 연도, 주요 발견 사항과 그것을 뒷받침하는 자료, 주요 발견 사항에 대한 해석과 결론, 글쓴이의 주관적 논평 등	배경적인 논의, 여담이나 추측, 부연 설명, 불확실한 자료 등

(3) 개요 작성과 초고 쓰기 - 어떻게 구성하여 쓸 것인가?

글의 주제를 정하고 자료를 수집·정리가 충분히 이루어졌다면 이를 토대로 주제를 선명하게 드러낼 수 있는 보고서의 구성 방식을 고민해야 한다. 구성은 보고서의 설계도를 그리는 것으로 일반적으로 개요 작성법을 익혀 활용하면 도움이 된다. 쓸거리를 몇몇 항목 아래에 분류한 뒤 작성할 순서를 정하고 항목별로 어느 정도의 분량으로 작성할 것인지 결정해야 한다. 또한 필요한 그림이나 통계 자료, 도표나 인용문 등은 어디에 어떤 모양으로 배치할지도 구상해야 한다. 무엇보다 중요한 내용이 누락되거나 비슷한 내용이 반복되지 않도록 주의해야 한다.

리포트는 그 유형에 따라 작성해야 할 내용이 다르므로 개요를 작성하는 방법에도 차이가 있다. 논문에 해당하는 연구 보고서의 경우는 일반적으로 '서론-본론-결론'의 3단 구성을 취하고 주제에 따라서 '문제점-사례-개선책-전망'의 구성이 이루어지기도 한다. 감상문의 경우 '대상 소개-기존 평가-분석과 감상' 등의 구성을, 요약문의 경우 '요약 자료 소개-요약 내용'의 구성을 갖추는 것이 좋다. 조사·답사 보고서는 대체로 '조사·답사의 목적-개요-결과-소감'의 구성을 취하며 구체적인 자료의 분량이 많은 경우 맨 뒤에 첨부하기도 한다. 실험·관찰 보고서의 경우는 '실험·관찰의 목적-이론과 방법-시행-결과-분석-논점' 등으로 구성한다.

'서론, 본론, 결론' 구성의 일반적인 요소

구분	구성	주요내용
서론	도입과 문제 제기	- 대상의 범위 및 선택 동기 - 대상과 관련된 이론 또는 선행 논의 - 문제 제기 및 연구 방법

본론	문제 해결방안 제시	- 대상의 이해에 필요한 사회·문화적 배경
		- 대상에 대한 분석 및 해석
		  (분석, 예시, 인용, 실험자료, 통계를 제시)
		- 대상에 대한 비평과 평가
		  (제기된 문제에 대한 해결 방안 제시)

결론	주제 재확인 및 전망 제시	- 본론의 핵심 정리 - 대상의 사회·문화적 의의 - 대상의 한계 및 전망에 대한 의견 제시 (새로운 과제에 대한 방향 제시와 전망)

리포트는 객관적인 사실에 근거한 타당한 논리의 전개와 설득력이 생명이다. 이를 위해서는 무엇보다 탄탄한 문장이 뒷받침되어야 한다. 아무리 훌륭한 생각과 관점이라 하더라도 문장이 이를 뒷받침하지 못한다면 독자(교수)를 설득하기 어렵다. 따라서 리포트 작성에 사용하는 문장은 다음에 유의해야 한다.

- 예상 독자를 고려한 문체의 선택(교수, 동료 학생)
- 간결한 문장과 객관적이고 구체적인 어휘의 사용
- 인터넷 용어나 유행어, 공인되지 않은 전문 용어의 사용 자제
- 수사적인 표현과 감탄문, 의문문, 청유문의 사용 자제
- 지나친 과장이나 개인적 감정 표현, 추측 표현 자제(~인 듯하다. ~것 같다. ~인 모양이다 등)
- 가독성 높은 구성과 편집(줄·표·그래프·그림·부호·특수문자 등을 활용한 시각적 효과, 글자모양·크기, 좌·우, 상·하 여백)
- 소리 내어 읽기를 통한 오류의 수정(오탈자, 모호한 문장, 도표나 그림의 오류 등 수정 등)

(4) 수정 및 퇴고하기

러시아의 문호 도스또예프스끼가 똘스또이를 부러워한 것도 그의 재주가 아니라 "그는 얼마나 느긋하게 원고를 쓰고 앉았는가!"하고 원고료에 급하지 않고 얼마든지 퇴고할 시간적 여유가 있었음을 부러워한 것이다.

러시아어 문장을 가장 아름답게 썼다는 뚜르게네프는 어느 작품에서든지 써서 곧 발표하는 것이 아니라 책상 속에 넣어두고 석 달에 한 번씩 꺼내보고 고쳤다고 하며, 고리끼도 체호프와 똘스또이에게 문장이 거칠다는 비평을 받고부터는 얼마나 퇴고를 심하게 했던지 그의 친구가 "그렇게 자꾸 고치고 줄이다 간 '어떤 사람이 태어났다. 사랑했다. 결혼했다. 죽었다' 네 마디밖에 안 남지 않겠나?"했단 말도 있다. 아무튼 두 번 고친 글은 한 번 고친 글보다 낫고, 세 번 고친 글은 두 번 고친 글보다 나은 것이 진리다. **예나 지금이나 명문장가치고 퇴고에 애쓴 일화가 없는 사람이 없다.**

-이태준, 『문장강화』

모든 글쓰기에서도 그렇지만 특히 학술 글쓰기에서의 퇴고는 아무리 강조해도 지나치지 않다. 제출하기 직전까지 계속 읽고 다듬어야 보고서의 완성도가 높아진다. 보고서를 퇴고할 때는 다음의 사항을 염두에 두고 하는 것이 좋다.

- 선정된 주제를 적합한 내용들을 충분하게 다루고 있는가? (주제를 벗어나지는 않았는가?)
- 보고서의 전체적인 내용이 통일성 있게 조직되었는가?

- 논리적으로 일관되게 진술하고 있는가?

- 글의 전체적인 구성은 적절한가?

- 문장 표현이 적절하게 이루어졌는가?

- 문단의 구분은 적절한가?

- 표현상의 문제들(오탈자, 띄어쓰기, 문장부호 등)은 없는가?

- 각주와 인용, 참고문헌 등은 빠짐없이 기재하였는가?

모든 글은 독자를 염두에 두어야 한다. 자신이 작성한 보고서 역시 독자의 입장에서 객관적으로 검토할 필요가 있다. 대체로 평가자들은 다음과 같은 기준으로 보고서를 평가한다.

평가자의 눈으로 이해하자

〈좋은 점수를 줄 수 없는 이유들〉

- 아무리 읽어봐도 무슨 이야기를 하고 있는지 알 수가 없네...

- 내가 이 과제를 왜 제시했는지 주제를 이해한 흔적이 전혀 보이지 않아...

- 글의 구성이 엉망이야. 비슷한 내용이 반복되거나 아예 상반된 내용이 나오다니...

- 문단 구성도 제대로 되어 있지 않구먼...

- 정확한 문장 쓰기의 기본을 안 지킨 데다 오탈자가 너무 많아 읽기가 힘들군...

- 이것저것 짜깁기 한 흔적을 감출 수가 없군...

〈중위 평가를 내릴 수밖에 없는 네 가지 이유〉

- 글의 짜임새는 있지만 내용이 모호하고 지루해서 논점을 부각시키지는 못하고 있네...

- 성의 있게 쓰기는 했지만 내용이 단순하고 누구나 다 아는 내용을 써놓아서 아쉽다...

- 자신의 의견을 밝히는 것은 좋은데 주제를 논리적으로 뒷받침하는 근거가 미약하군...

- 가끔씩 문장이 깔끔하게 다듬어지지 않은 경우도 있지만, 자신의 생각을 자연스럽고 명확하게 펼쳐나가려고 노력한 게 보이네...

〈마음에 쏙 들어 상위 평가를 내릴 수밖에 없는 이유〉

- 내가 이 과제를 왜 내주었는지 의도를 간파하고 스스로 이에 부합되는 흥미로운 주제의식을 명확히 보여주고 있어 좋군!

- 더구나 설득력 있게 근거를 갖추려고 공부도 많이 해서 논의될 만한 내용을 잘 담고 있네!

- 다양하고 풍부하게 관련 자료들을 수집했고, 이를 적절한 방식으로 인용해서 학습 윤리도 잘 지켰군!

- 무엇보다 문체가 깔끔하고, 한 편의 글로 잘 완결되어 읽기가 아주 편했다!

이처럼 평가자의 눈은 보고서의 내용(출제자의 의도에 부합하는), 설득력 있는 논리전개, 문장과 문단 표현의 적절성 등 다양한 기준을 보고 있다는 것을 기억하자.

2) 보고서의 구성

보고서의 형식은 그 유형에 따라 다르다. 대학에서 학생들이 가장 많이 쓰게 되는 보고서가 학습 보고서와 실험 보고서이다. 학습 보고서의 경우 대체로 표지 → 차례 → 본문 → 참고문헌 순서로 구성된다.

(1) 표지

보고서의 표지는 지나치게 화려하게 꾸미기보다는 보고서의 내용(주제)과 보고자와 관련된 정보들이 일목요연하게 제시되는 것이 중요하다. 보고서에는 보고서의 제목, 담당 과목과 담당 교수 이름, 제출자의 소속 학과(학부/계열), 제출자의 학번, 제출일 등을 차례대로 기입하되 제목이 잘 부각되도록 구성하여 보고서의 내용이 무엇인지 한눈에 알아볼 수 있도록 해야 한다. 또한 보고서의 기본 형식을 해치지 않는 범위 내에서 보고서의 성격이 잘 드러나도록 편집 기술을 활용하는 것도 좋다. 가령, 답사 결과를 담은 보고서라면 답사 지역과 관련된 사진이나 그림을 삽입하는 것도 좋은 방법이다.

(2) 제목

제목은 보고서의 핵심적인 내용을 한눈에 확인할 수 있어야 한다. 지나치게 독특하거나 추상적인 제목보다는 보고서의 핵심 내용과 의미가 무엇인지 알 수 있는 구체적인 제목이 좋다. 보고서의 성격이 지나치게 포괄적이라면 큰 제목에 작은 제목을 붙여서 범위를 제한할 수도 있다.

(3) 목차

목차는 표지나 본문 앞부분에 일목요연하게 정리하여 제시하는 것이 원칙이다. 본문은 서론, 본론, 결론의 3단 구성이 일반적이지만, 필요한 경우 소제목을 붙여 장과 절로 적절하게 배분하여 구성할 수도 있다.

본문에서 장과 절, 그리고 항은 보고서의 유형과 관계없이 다음의 원칙 가운데 하나를 선택하여 일관성 있게 구분하면 된다.

장과 절의 구분 방식

▶ **수문자식** : 숫자와 문자를 번갈아가면서 장, 절, 항등을 표시

장 - I. II와 같은 로마 숫자

절 - A, B와 같은 문자

항 - 1과 2 등의 아라비아 숫자

▶ **숫자식** : 숫자만으로 표시하는 방식

장 - 한 자리 수 1, 2

절 - 두 자리 수 1.1 및 1.2

항 - 세 자리 수 1.1.1과 1.1.2 등으로 표시

▶ **장절식** : '제1장', '제1절' 따위를 부호대신 사용

▶ **단락식** : 장(또는 절) 이하를 단락으로 구분하여 일련번호를 붙이는 방식

3. 인용·주석·참고문헌

학술적 글에는 인용과 주석이 다수 포함된다. 인용은 다른 사람의 말이나 글을 자기 글에서 사용하는 것이며, 주석을 통해 인용된 구절의 출처를 밝힌다. 글쓴이는 인용과 주석을 통해 이전의 학문적 성과들을 자신의 글에 반영함으로써 객관적인 논거의 타당성과 글의 신뢰도를 높인다. 타인의 저작물을 자신의 글에 인용할 때에는 반드시 그 출처를 밝혀야 한다. 그리고 출처를 밝히는 것은 일정한 방법과 형식이 있기에 학술적인 글을 쓰기 위해서는 반드시 그 방식을 이해하고 적용할 수 있어야 한다.

1) 인용

남의 글을 가져오는 이유는 아주 다양하다. 남의 조사 자료들이나 실험, 관찰기록들, 남의 견해나 이론 등을 자신의 주장을 뒷받침해주는 근거로 사용하는 경우가 대표적이다. 또 그것들에 대해서 찬성, 반대, 또는 여타의 의견을 개진하기 위해 인용하는 경우도 있다. 이때 주의할 것은 적절한 표시를 통해 자신의 글(생각)과 남의 글(생각)을 명확하게 구분해야 한다는 점이다. 인용은 크게 직접 인용과 간접 인용으로 구분되며, 각각의 인용은 나름의 규칙에 따라 이루어져야 한다.

논문이나 보고서에서 다른 사람의 글을 인용할 경우 유의해야 할 사항

- 인용하는 자료는 인용할 가치가 있어야 한다. 자신의 논지 전개에 결정적인 역할을 해야 하고 다른 사람들도 인정할만한 것이어야 한다. 자신의 논지 전개와 동떨어진 자료를 인용하거나 가치가 희박한 논

문 등을 인용하면 오히려 보고서의 가치를 떨어뜨리게 된다.

- 인용이 남의 것을 빌려오는 것이므로, 아무리 사소한 것이라도 인용의 근거를 분명하게 밝혀 자기 것 이 아님을 분명히 해야 한다.

- 가급적 원전에서 인용해야 하며 부득이 남이 이미 인용한 것을 다시 인용한 경우에는 '재인용'이라 하 여 그 사실을 명기해야 한다.

- 원문에 충실해야 한다. 원문의 내용이나 형식을 자의적으로 바꾸어서는 안 된다.

- 원저자의 의도에서 벗어나지 않게 정확한 맥락에서 인용해야 한다.

- 인용은 가급적 짧게 해야 한다. 지나치게 자주 인용을 하거나 인용문이 지나치게 길 경우 본말이 전도 될 가능성이 있다.

(1) 직접 인용

직접 인용은 원저자의 주장이나 표현을 원문 그대로 가져오는 경우를 말한다. 흔히 인용한 문장에 쌍따옴표를 쳐서 본문과 구분한다. 그런데 가져올 분량이 많거나 두드러지게 할 필요 가 있을 경우에는 행갈이를 통해 독립된 인용 문단으로 구성하고 글씨의 크기나 행간격 등을 달리함으로써 시각적으로 강조하여 표시한다.

단어 어구의 인용

영국의 문화인류학자 메리 더글라스는 한 개인이 사회생활에 참여하는 다양성은 '그룹 (group)'과 '그 리드(grid)' [1] 라는 사회성의 두 영역으로 적절히 설명될 수 있다고 주장한다.

[1] 메리 더글러스, 『순수와 위험』, 유제분·이훈상 역, 현대미학사, 2005, pp.295~300.

문장의 인용

국내의 한 연구자는 "정체성이란 '부동(浮動)집단'으로서 매일의 일상적 삶 속에서 끊임없이 새롭게 만 들어 지는 어떤 것으로 그 내부에서도 세대와 성과 지위 등 상호 간의 차이를 내포하고 있다'[1]고 지적하 였다. 이러한 주장은 재외동포 정체성의 실체에 좀 더 디가갈 수 있는 실마리를 제공해 준다.

[1] 엄묘섭, 「세계화, 디아스포라, 민족적 정체성」, 『사회과학논총』, 제6집, 2007, p.11.

행갈이를 통한 인용 단락 만들기

한국어 문학교육의 현장에서 소설을 텍스트로 한 교육이 가장 먼저, 활발하게 논의되고 있는 것은 이 와 같은 소설 장르가 지니고 있는 본질적인 특성과 연관이 있다. 아울러 우한용(2000)의 다음과 같은 주장도 설득력을 확보할 수 있을 것이다.

소설 텍스트는 문학의 다른 갈래에 비해 언어적 다양성을 지니고 있고, 언어가 운용되는 실제 맥락을 잘 구현하고 있으며, 언어적 소통구조를 가장 잘 보여주는 텍스트이기 때문에 의사소통 교육에 가장 적합하다. 뿐만 아니라 소설 텍스트는 구체적인 상황 속에서 인간이 사고하고, 행동으로 실천하는 양상을 구체적으로 보여줌으로써 인간 행동을 이해하게 하고, 또한 소설은 사회의 구성원들이 살아가는 구체적인 삶의 방식을, 즉 풍속과 관습을 이해하는 자료가 되고, 다음으로 소설은 작품 속에 나타나는 상징이나 원형을 문화차원에서 이해하는 문화적 원형의 이해에 도움을 준다. 그러므로 독자는 소설 텍스트를 통해 삶의 다양한 측면들을 고찰할 수 있다. [1]

---

[1] 우한용, 「외국인을 위한 한국어교육에서 문학의 효용」, 『외국인을 위한 한국어교육 연구』 3, 2000.

(2) 간접 인용

간접 인용은 원문을 그대로 가져오지 않고 변형시켜 가져오는 경우이다. 흔히 원문의 내용이 너무 길거나 불필요한 부분이 있거나, 전체 글의 특정한 내용만을 가져오고 싶을 때 간접 인용을 한다. 간접 인용의 경우 인용한 부분의 끝에 주석 표시를 한다. 또는 인용하는 내용의 앞에 "~는", "~에 따르면"과 같은 표현을 사용한 후 주석 표시를 하거나, 인용한 내용에 이어서 자신의 생각을 밝힐 때 "필자의 생각에는......"와 같은 표현을 사용한 후 주석 표시를 해주기도 한다.

과거에 비해 학술은 매우 세분화되었고 그와 관련된 전문지식의 양은 측정할 수 없을 정도로 방대해졌다. 이러한 현실을 생각한다면 학술적 글쓰기에서 인용은 당연한 글쓰기 방식일 것이다. 하지만 자신이 쓰고자 하는 글의 주장과 근거들을 모두 남의 글에서 인용해 온다면 그것이 아무리 형식적으로 문제가 없는 글이라 할지라도 온전한 자기의 글이라고 부르기에는 어려움이 있을 것이다. 따라서 자기 글의 가장 핵심적인 뼈대와 내용은 반드시 본인의 창의적인 생각에서 나와야 한다는 점을 잊지 말아야 할 것이다.

2) 주석

인용한 후에 출전은 주석(註釋·注釋)을 단다. 주석이란 낱말이나 문장의 뜻을 알기 쉽게 풀이한 것을 말한다. 주석은 주어진 자료의 출전을 밝혀야 할 때, 보충 설명이 필요할 때, 자료 이용에 대한 감사의 뜻을 나타낼 때, 본문의 다른 부분과 연관을 지을 때 주로 사용한다. 주석을 달면 자료의 정확성을 확보할 수 있고, 데이터의 오류로부터 생기는 책임을 피할 수 있다.

주석을 통해 자세한 서지정보를 제공하는 것은 독자로 하여금 그 문헌을 찾을 수 있도록 돕기 위한 것이다. 그래서 주석 작성의 규칙을 지키는 것은 매우 중요하다. 그 규칙 안에는 문헌을 찾아갈 수 있는 최소한의 필수 정보가 포함되어 있기 때문이다.

주석에는 글의 맨 뒤에 붙이는 미주(尾註, endnote)와, 한 페이지의 끝 부분에 붙이는 각주(脚註, footnote)가 있다. 특별한 경우가 아닌 한 학술 글쓰기에서는 각주를 사용하는 것이 일반적이다.

주석에서는 인용한 자료의 저자, 책이나 논문 제목, 출판사항, 인용한 페이지 등의 정보를 적는다. 이처럼 인용한 자료의 정보를 모두 밝히는 것을 완전주석이라고 한다. 한편, 앞서 인용했던 자료를 다시 인용할 경우, 출전을 모두 밝히는 것이 번거롭기 때문에 중복되는 일부분을 생략하기도 한다. 이것을 약식주석이라고 한다.

출전을 밝힐 때 사용하는 주석 표기 방식은 각 전공 영역이나, 학회에서 정한 원칙에 따라 조금씩 다르지만 기본 방식은 같다. 단행본, 학위논문, 학술지 논문(소논문)은 각각 주석 표기 방식에 차이가 있다. 논문의 경우 홑낫표(「 」)를, 단행본의 경우에는 겹낫표(『 』)로 표기한다.

① 각주와 미주

각주는 인용이 발생한 쪽(page)에 주석을 다는 방식이며, 미주는 글 끝부분에 주석들을 다 모아서 표기하는 방식이다. 각주와 미주는 위치만 다를 뿐, 주석의 내용은 동일하므로 여기서는 각주의 사례들만 세분화하여 설명하겠다.

② 외각주와 내각주

내각주는 보통 최소한의 서지사항(이름, 연도, 쪽수)만을 밝히고, 전체 서지사항은 참고문헌 목록에서 확인하게 하는 경우가 대부분이다. 외각주는 본문 밖에서 인용 출처의 서지사항을 기재하는 방식이다.

국내의 한 연구자는 "정체성이란 '부동(浮動)집단'으로서 매일의 일상적 삶 속에서 끊임없이 새롭게 만들어 지는 어떤 것으로 그 내부에서도 세대와 성과 지위 등 상호 간의 차이를 내포하고 있다"[1]고 지적하였다. 이러한 주장은 재외동포 정체성의 실체에 좀 더 다가갈 수 있는 실마리를 제공해 준다.

----

1) 엄묘섭, 「세계화, 디아스포라, 민족적 정체성」, 『사회과학논총』, 제6집, 2007, 11쪽.

국내의 한 연구자는 "정체성이란 '부동(浮動)집단'으로서 매일의 일상적 삶 속에서 끊임없이 새롭게 만들어 지는 어떤 것으로 그 내부에서도 세대와 성과 지위 등 상호 간의 차이를 내포하고 있다'(엄묘섭, 2007, 11쪽)고 지적하였다. 이러한 주장은 재외동포 정체성의 실체에 좀 더 다가갈 수 있는 실마리를 제공해 준다.

③ 완전 주석과 약식 주석

완전 주석은 인용 출처에 대한 완전한 서지정보를 제공하는 것이며, 약식 주석은 완전주석의 내용 중 몇 가지를 생략하여 제시하는 방법이다. 흔히 어떤 글을 처음 인용하는 경우 완전 주석을 통해 서지정보를 제공하고 이어서 반복적으로 인용하는 경우에는 약식주석을 통해 표시하곤 한다.

완전주석

완전주석은 〈저자명, 서명, 출판사, 출판년도, 인용쪽수〉를 기본으로 표시하는데 문서의 종류나 형식, 번역이나 편집자의 유무, 사용언어 등의 특징에 따라 변형된 형태를 갖는다.

㉠ 저서

동양서는 겹낫표시(『 』)로 서양서는 이탤릭체로 표시한다.

㉡ 논문(학위논문)

동양 논문은 홑낫표(「 」)로 서양 논문은 쌍 따옴표(" ")로 표시한다. 학위논문은 단독으로 제본되어 출간되지만 그것을 제외한 일반적인 학술논문은 단독으로 출간되는 경우가 없으며 원칙적으로 저서나 학술지와 같은 형태 안에 포함되어 있다. 따라서 학술논문은 그것이 실린 저서(학술지)에 대한 정보(발행기관, 권, 호 등)를 함께 제공해주어야 한다.

ⓒ 사전

사전류는 흔히 저자를 따로 명시하지 않지만 몇몇 백과사전이나 특수사전의 경우 각 항목별로 저자를 따로 명시하기도 한다. 일반적인 서지 정보에 준하여 〈항목 저자, 「항목명」, 『사전명』, 출판사, 출판연도〉 순으로 기재한다.

ⓔ 신문 기사

전문가 칼럼이나 기획기사가 아닌 일반적인 기사는 저자를 표시할 필요가 없다. 그런 경우 「기사제목」, 『신문 이름』, 연월일, 면수로 서지정보를 표기한다. 인터넷 신문의 기사의 경우에도 같은 방식으로 표시하되 URL을 반드시 병기한다.

ⓜ 인터넷 자료

인터넷 자료의 출처를 밝히는 원칙도 다른 것들과 다르지 않다. 인터넷 자료의 출처는 〈저자, 자료이름, 기관이름, 사이트명〉을 기재하며, 상황에 따라 변형하거나 추가, 제외한다.

ⓗ 그 밖의 주의사항

일반적으로 서지정보에는 출판지의 정보가 기재되는데, 이는 특히 영어권 출판물의 경우 주로 해당된다. 영어는 세계적인 공용어로 영국이나 미국, 캐나다, 호주 등 다양한 국가에서 사용되므로 출판사 정보만 가지고는 책을 입수하기 힘든 경우가 있기 때문이다. 반면, 한국어나 일본어처럼 그 언어를 사용하는 국가가 한정적인 경우 특별히 국가나 도시명을 생략하는 것이 일반적이다. 이밖에도 편집자(엮은이)와 번역자가 따로 있을 경우에는 저서명 뒤에 붙이고 재판본의 경우 판수를 표시한다.

완전주석

단행본 : 저자명, 『책 제목』, 출판사, 출판년도, 쪽수.
- 조동길, 『소설교수의 소설읽기』, 맵씨터, 2013, 29쪽.
- 조재훈, 『오두막 황제』, 푸른사상, 2010, 102쪽.
- 마이클 샌델, 이창신 옮김, 『정의란 무엇인가』, 김영사, 44~47쪽.

학위논문 : 필자명, 「논문 제목」, 학교 학위명, 연도, 쪽수.
- 정형근, 「디아스포라 소설을 활용한 재외동포 한국어 교육 방안 연구」, 공주대 박사학위논문, 2014, 78쪽.

학술지 논문 : 필자명,「논문 제목」,『학술지명』호수, 학회명, 발행년도, 쪽수.
　　■ 최정순,「한국어교육 연구의 균형화와 전문화를 위하여」,『새국어교육』, 제 92호.

약식주석

　인용을 하다보면 바로 앞에서 인용한 자료를 다시 인용하는 경우가 있다. 이럴 경우 번거롭게 서지정보를 다시 제시하기 보다는 'ibid', 혹은 '위의 책(글)'이라고 적고 쪽수를 밝히는 것이 일반적이다. 한편 바로 앞은 아니지만 이전에 한번 인용한 적이 있는 자료를 다시 인용하는 경우도 있다. 이런 경우에는 <저자명, op, cit, 인용쪽수> 혹은 <저자명, 앞의 책(글), 인용쪽수>를 표시함으로써 약식으로 서지정보를 제공할 수 있다.

약식주석

Ibid. : 라틴어 ibidem의 약자. '상게서', '상게논문', '위 논문', '위의 책'의 뜻 바로 앞 번호에 나온 자료를 다시 인용할 경우에 사용한다.

Op. cit. : Opere citato의 약자. '전게서', '전게논문', '앞 논문', '앞의 책'의 뜻 몇 차례 앞에 사용한 자료를 다시 인용할 때 사용한다.

Loc. cit. : Loco citato의 약자. '인용된 자리에서', '같은 곳'이라는 뜻 앞서 인용한 자료를 페이지까지 똑같이 인용했을 때 쓴다.

1) 조동길,『한국 근대문학의 지실』, 푸른사상, 2014, 123쪽.

2) Ibid., 114쪽.

3) 이―푸 투안, 구동회・심승희 역,『공간과 장소』, 대윤, 1995, 267쪽.

4) 조동길, Op. cit., 201쪽.

5) 오은영,「다문화청소년의 자아존중감 향상을 통한 학교적응 방안 연구」, 공주대학교 석사논문, 2015, 87쪽.

6) Loc. cit.

3) 참고문헌

　글을 쓰고 난 뒤에는 글 전체에서 참고한 모든 자료의 목록 <참고문헌>으로 정리해서 적는다. 참고문헌은 다음과 같은 방식에 유의해서 작성한다.

- 1차 자료와 2차 자료를 구분하거나, 단행본·논문·기타 자료 등으로 분류해서 작성할 수 있다. 대체로 국내 저작을 먼저, 외국 저작을 나중에 쓴다.
- 각 자료는 저자명의 가나다 순, 알파벳 순으로 정렬한다.
- 외국문헌의 저자는 각주에서와는 달리 〈성, 이름〉 순으로 쓴다.
- 동일 저자의 문헌을 여러 편 사용한 경우, 처음에만 저자명을 적고 나중에는 저자명 대신 줄표를 긋는다.

참고문헌 표기법은 내각주와 외각주에 따라 다르다.

외각주의 참고문헌 표기법은 각주 표기법을 준용하되, 면수를 삭제하고 연도 뒤에 마침표를 찍는다. 내각주의 참고문헌 표기법은 발행연도를 저자 뒤의 괄호 안에 쓰는 점에서 외각주와 다르다.

〈참고문헌 표기 사례〉

외각주

[참고문헌]

1. 기본 자료

공주대학교한민족교육문화원, 『2017 재외동포 국내 교육과정 위탁 운영 성과 보고서』, 공주대학교한민족교육문화원, 2017.

2. 논문

정형근, 「재외동포 후속세대를 위한 문화교육 방향 모색」, 『한글』 315호, 한글학회, 2017.

3. 단행본

송재일 외, 『대학생을 위한 소통의 글쓰기』, 박이정, 2017.

내각주

[참고문헌]

1. 기본 자료

공주대학교한민족교육문화원(2017), 『2017 재외동포 국내 교육과정 위탁 운영 성과 보고서』, 공주대학교한민족교육문화원.

2. 논문

정형근(2017), 「재외동포 후속세대를 위한 문화교육 방향 모색」, 『한글』 315호, 한글학회.

3. 단행본

송재일 외(2017), 『대학생을 위한 소통의 글쓰기』, 박이정.

Brown(1994), Principles of Language Learning and Teaching, Prentice Hall Regents Prentice Hall, Inc.

1 리포트를 작성하면서 다음 문헌을 참고했다. 주석 표기법에 따라 정리해 보자.

① 글 1 책의 저자는 '조순'과 '정운찬'이다. 1998년 '법문사'에서 출간된 이 책의 제목은 '경제학 원론'이다. 이 책의 '수요 공급의 이론'이라는 부분에서 38~39쪽을 인용하였다.

② 리처드 도킨스가 지은 〈이기적 유전자〉라는 책에서 밈(meme)이라는 용어를 빌려 논의를 전개하였다. 이 책은 2013년에 을유문화사에서 발행한 전면개정판이며, 홍영남·이상임이 번역하였다.

③ 『김유정과의 만남』이라는 책 중 손윤권이 쓴 「김유정 소설에 나타난 농촌 노총각의 성과 결혼」을 인용하였다. 이 책은 '김유정학회'가 펴낸 것으로, 2013년에 '소명출판'에서 발행되었다.

④ '생산력과 문화로서의 과학 기술'이라는 책에서 인용하였다. 저자는 '홍성욱'이며 2007년에 제3판으로 출판되었다. 직접적으로 인용한 부분은 '누가 과학을 두려워하는가'이다. 출판사는 서울에 있는 '문학과 지성사'이다. 인용한 곳은 102~105쪽이다.

⑤ 위의 ④ 에서 135쪽을 인용하였다.

⑥ 『탈경계 인문학』 4호에 수록된 「웹툰에 나타난 세대의 감성구조 : 잉여에서 병맛까지」라는 논문의 102쪽을 인용하였다. 이 학술지는 2011년도에 발행되었으며, 이 논문의 필자는 김수환이다.

⑦ 최정화의 논문 「SNS이용이 대학생들의 정치효능감과 정치참여에 미치는 영향」 중 401~408쪽을 참조하였다. 이 논문은 『정치커뮤니케이션연구』의 27호에 게재된 것이며, 이 학술지는 2012년에 발행되었다.

4. 설명과 논증

1) 설명

 설명은 글쓴이가 알고 있는 어떤 사실, 지식, 정보 등을 쉽게 풀어서 독자들로 하여금 그것이 무엇인가를 잘 알 수 있게 하려는 목적의 기술 방식이다. 학술적인 글에서 설명은 글쓴이가 지닌 정보를 단순히 전달하는 데만 그치지 않는다. 글쓴이가 이해한 정보를 정확히 명확히 설명하게 글쓴이의 관점에서 재구성된 모습을 갖추어야 좀 더 설득력 있게 설명할 수 있다. 이를 위해서 설명하려는 대상을 여러 가지 방법으로 정의하기도 하고, 때로는 유사한 다른 정보와의 공통점과 차이점에 초점을 두어 비교(대조)하기도 하고, 대상을 여러 갈래로 나누어 분류(분석)하기도 한다.

 학술적인 글에서 자주 사용하게 되는 설명의 다양한 방식을 이해하는 것은 글쓴이가 독자들에게 자신의 글을 정확하고 완벽하게 전달하기 위한 출발점이다.

(1) 정의

정의

▶ 정의는 어떤 대상이나 용어의 의미를 정확하게 규명하는 글쓰기 방법이다. 글쓴이가 선정한 글의 내용과 성격에 따라 특정 대상이나 용어에 대한 독자와의 의미 합의 과정이 있어야 글쓴이와 독자 사이의 원활한 소통이 가능하다.

▶ 독자에게 익숙하지 않은 전문용어, 의미가 매우 포괄적이거나 추상적인 용어, 신조어, 글쓴이가 자신

의 글에서 일반적인 의미와는 다르게 사용하고자 하는 용어 등에 대한 의미 설명은 글쓴이가 자신의 논지를 확장할 수 있는 토대가 된다.

▶ 따라서 정의를 할 때에는 개념이 명확하게, 독자가 이해할 수 있는 표현으로, 동어반복을 피하며 객관적으로 접근해야 한다.

정의는 하나의 대상이 가진, 다른 모든 것과 구별될 수 있는 기본적인 특성을 포착하는 데서 시작한다. 그 기본적인 특성을 바탕으로 정의하고자 하는 대상이 어떤 부류에 포함되는 개념인가(유개념)를 먼저 밝히고, 그 부류에 속하는 다른 개념들과 구별되는 점이 무엇인가(종차)를 분명하게 제시하는 것이 정의를 내리는 가장 기본적인 방식이다. 그 방식과 유의점을 살펴보자.

피정의항 (정의할 용어)	대학생은	문학(음악)은
유개념 (범주와 부류)	학생이다	예술이다
종차(개별적 특성)	대학에서 공부하는	언어(소리)로 표현되는

원칙 1

피정의항(정의하고자 하는 대상)은 정의항(풀이하는 항)과 대등하여야 한다. 이는 정의가 등식으로 이루어진다는 사실을 두고 하는 말이다. 여기에는 다시 아래와 같은 두 작은 원칙이 내포되어 있다.

① 정의항의 범주가 피정의항의 그것보다 커서는 안 된다.

② 정의항 범주는 피정의항의 그것보다 작아서도 안 된다.

가령, 우리가 "탁자는 가구의 한 종류로 접시, 램프, 재떨이, 책, 골동품 등을 놓는 것이다."라는 정의를 내렸다 하자. 여기서 정의항의 범주는 너무 크게 잡혀진 셈이다. 왜냐하면 접시, 램프, 재떨이 등을 놓을 수 있는 것은 비단 탁자뿐만 아니라 찬장, 선반, 그 밖의 것을 수도 있기 때문이다. 다음 또 하나의 경우로 우리가 "탁자는 가구의 한 종류로 우리가 식사를 하는 것이다"라는 정의를 내렸다 하자. 이 경우에는 정의항이 너무 좁게 잡혀지고 있는 것이다. 왜냐하면 이 정의항은 소탁자나 서재용 탁자 등을 포함시킬 수 없는 것이기 때문이다.

원칙 2

피정의항은 정의항의 부분이어서는 안 된다. 피정의항의 술어나 관념이 정의항에서 되풀이되어서는 안 된다는 것을 뜻한다. 가령, 우리가 "정치가란 정치하는 사람이다"라는 정의를 내렸다 하자. 여기에서 정치라는 말은 여전히 또 한번의 정의를 기다리는 피정의항으로 남게 된다. 이것을 논리학에서 순환정의의 오류라고 일컫는다는 것은 우리가 널리 알고 있는 바와 같다.

원칙 3

피정의항이 부정적이 아닌 한, 정의항도 부정적이어서는 안 된다. 가령 "수라는 여느 사람들이 먹는 밥이 아니었다"라는 말이 있다 하자. 이 경우 정의항의 '먹는 밥이 아니었다'를 잘못 해석하면 '죽이었다'하는 해석이 내려질 우려도 있다. 결과 피정의항은 다분히 부정확하게 정의될 위험성이 개재하는 셈이다.

예시

① 대문자의 디아스포라(Diaspora)라는 말은 본래 "이산(離散)을 의미하는 그리스어"이자 "팔레스타인 땅을 떠나 세계 각지에 거주하는 이산 유대인과 그 공동체를 가리킨다"고 한다. 《世界大百科事典》, 平凡社, 1981) 그러나 그것은 물론 사전상의 의미에 지나지 않는다. 오늘날 '디아스포라'라는 말은 유대인뿐 아니라 아르메니아인, 팔레스타인인 등 다양한 '이산의 백성'을 좀 더 일반적으로 지칭하는 소문자 보통명사(diaspora)로 사용하는 경우가 많아졌다.

콜럼버스는 신대륙 착륙 이후 수백만, 일설에 의하면 2,000만에 이르는 아프리카인들이 신대륙으로 끌려갔다. 그들과 그 자손을 '블랙 디아스포라'라고 부르기도 한다. 또 19세기 이후부터 많은 중국인들이 쿨리(苦力, coolie)라는 모멸에 찬 이름으로 하층 노동자가 되어 세계 각국으로 퍼져 나갔는데 이들이 차이니즈 디아스포라다. 조선 사람들 역시 과거 한 세기 동안 식민 지배, 제2차 세계대전과 한국전쟁, 군사정권에 의한 정치적 억압 등을 경험해, 상당수에 달하는 사람들이 뿌리의 땅인 한반도로부터 세계 각지로 이산했다. 코리언 디아스포라의 총수는 현재 대략 600만 명이라고 한다. 재일 조선인은 그 일부이며 나는 그중 한 사람이다.

② 이 글에서 나는 근대의 노예무역, 식민 지배, 지역 분쟁 및 세계 전쟁, 시장 경제 글로벌리즘 등 몇 가지 외적인 이유에 의해, 대부분 폭력적으로 자기가 속해 있던 공동체로부터 이산을 강요당한 사람들 및 그들의 후손을 가리키는 용어로서 디아스포라라는 말을 사용하고자 한다.

-서경식, 『디아스포라 기행: 추방당한 자의 시선』, 13~14쪽

이 글에서 글쓴이는 ①번 문장들을 통해 디아스포라에 대한 사전적 정의를 토대로 소문자와 대문자 간의 정의의 영역을 설명하고 ②번 문장들을 통해 본인의 글에서 사용하고자 하는 개념을 정의하고 있다. 이를 통해 글쓴이는 자신의 논지를 펴는데 중요한 개념을 독자들과 공유함으로써 자칫 혼란스러울 수도 있는 문제들을 정리하고 있다. 이처럼 정의는 사전적 의미에 한정 지어 한 가지 방식으로만 접근하는 것을 넘어 대상을 좀 더 객관적이고 명확한 포

괄적 개념으로 이해하기 위한 방법으로도 사용될 수 있다. 이를 위해 정의를 내리고자 하는 대상의 어원을 확인하는 방법이나 역사 및 배경을 찾아보는 방법, 용례를 확인하거나 유사어 및 동의어, 반의어와 비교하는 방법 등 다양한 접근을 활용할 수 있다.

(2) 비교(대조)

비교(대조)

> ▶ 비교는 어떤 대상의 특성을 설명하기 위해 그와 연관된 다른 대상을 견주어 가면서 기술하는 글쓰기 방법이다. 다른 대상과의 공통점 또는 차이점을 통해 하나의 대상만을 놓고 살펴볼 때는 잘 드러나지 않았던 특성이 명확하게 드러나는 효과가 있다.
> ▶ 일반적으로 공통점에 중점을 두는 경우를 '비교'라 하고 차이점에 중점을 두는 경우를 '대조'라 하여 구분하는데 여기서 말하고자 하는 비교는 좁은 의미의 비교와 대조 두 개념을 포괄하는 뜻으로 사용한다.

비교를 활용해 대상을 기술할 때에는 두 대상의 공통점과 차이점을 구체적으로 확인할 수 있는 기준들을 설정해야 한다. 또한 두 가지 이상의 대상을 비교할 때 글쓴이는 두 대상 모두를 동일한 비중에서 설명할 수도 있고, 한 가지 대상을 잘 설명하기 위해 다른 하나의 대상을 도구로 활용하여 글을 쓸 수도 있다. 중요한 것은 글의 목적에 따라 공통점을 강조할 것인지 차이점을 강조할 것인지를 결정해서 대상을 비교하는 구체적인 기준을 설정해야 한다는 것이다. 따라서 글쓴이가 글을 쓰는 목적이 무엇인지에 따라 그에 부합하는 기준을 선택해야 한다.

예시

헬조선의 원조 조선왕조의 오백년 역사에서 이순신 장군을 제외한다면 진정한 영웅을 찾기 힘들다. 특히 훌륭한 왕은 정말 드물다. 백성에게 자애로웠다는 세종대왕조차 상하를 바로잡고 어쩌고 하는 예조판서 허조의 말을 좇아 수령고소금지법을 제정한 바 있다. 아무리 억울한 일을 겪어 수령을 고소해도 장 100대에 3년간의 징역이라니. 과거에 합격하면 온갖 부당한 방법으로 재물을 챙기고 양민까지 부려먹으며 여종을 겁탈하는 것은 일도 아닌 탐관오리가 넘쳐났고, 사대부의 노블레스 오블리주는 남의 나라 이야기가 되었다. 공신으로 책봉되면 부여되는 무한 권리와 그 권세를 등에 업은 자들의 탐욕은 결국 나라를 패망시켰다.

① 수령고소금지법은 종종 사대부를 위한 법이라 여겨지지만, 왕을 위한 법이기도 하다. 상하를 구분하기 위한 법이라면 상 중의 최상은 왕이 아닌가. 조선왕조 내내 왕을 처형한 사례가 없다. 물론 정황상의 독극물 중독이나 사고로 위장된 살해는 차고 넘쳤겠지만 권력 다툼 중에 발생한 사적인 보복은 공식적인 처형과는 그 결이 다르다. 연산군도 그저 자리에서 물러나 유배되어

병으로 죽었을 뿐이다. 심지어 극심한 수탈 끝에 반봉건의 기치를 들었던 동학농민혁명조차 자국민을 치기 위해 청에 파병을 요청하고 일본의 침략을 허용하여 망국의 길을 열었던 어리석은 왕조를 부정하지 않았다.

② 반면, 서구는 공화정으로 가는 길목에서 왕을 처형한 경험이 있다. 영국의 국왕 찰스 1세는 세계 최초의 시민혁명인 청교도혁명으로 1649년 의회파 지도자 크롬웰에게 참수당했다. 전쟁을 위한 세금을 징수하기 위해 의회와 갈등하다 의회를 해산시켜버린 탓이었다. 프랑스의 루이 16세 역시 미국의 독립전쟁을 지원하다 파산할 위기에서 제3신분이 주도한 혁명으로 공화정이 선포된 1792년의 다음해 초 단두대에서 처형당했다. 그가 중도파 의견을 받아들여 프랑스가 입헌군주국이 되는 데 동의했다는 것도 왕정을 공식적으로 끝내고자 하는 혁명세력의 마음을 바꾸지는 못했다. 크롬웰이나 로베스피에르 등이 왕정 못지않은 독재를 펼치고 결국 왕정복고가 이루어졌다 해도 이러한 혁명이 궁극적으로 의회의 힘을 강화하여 국민주권의 기틀을 세우는 결정적인 역할을 했다는 사실은 변하지 않는다.

한국 사회는 시민혁명의 경험 없이 국민의 주권을 독립운동을 통해 간접적으로 확보하였다. 그나마 제대로 된 민주공화국도 쿠데타에 의한 독재가 끝난 1987년에야 겨우 시작되었지만, 불행하게도 외환위기의 혼란 속에 이루어진 독재자에 대한 섣부른 사면으로 어두운 과거와의 완전한 단절이 불가능해졌다. 이 잘못된 특별사면은 연성 권위주의 딕타블란다(dictablanda)와 구분하기 어려운 불완전한 민주주의 데모크라두라(democradura)의 치명적인 한계였다. 덕분에 우리는 최근까지도 횡령과 뇌물수수, 언론탄압, 국정농단 등 민주공화국의 의미를 크게 퇴색시킨 제왕적 대통령들을 배출한 바 있다.

대통령을 왕으로 착각하여 무슨 짓을 하건 사면받아 마땅하다는 생각은 미처 청산되지 못한 봉건적 사고의 잔재일 뿐이다. 조선시대의 신분구조는 와해되었을지 몰라도 봉건적 사고는 아직도 우리 사회 곳곳에 뿌리 내린 채 현대 자본주의 경제체제와 결합하여 유구한 헬조선 갑질의 역사를 만들어가고 있다. 대한항공 땅콩 회항과 같은 사건은 다른 선진 자본주의국가에서는 발생하지 않는다. 정규직과 비정규직이 단순히 고용계약상의 차이를 넘어 새로운 신분제로 등극한 것도 우리 사회의 봉건성과 무관하지 않다.

2016년 말 시작된 촛불혁명은 우리가 한번도 제대로 경험하지 못했던 서구 시민혁명의 업그레이드 버전이다. 또다시 섣부른 사면이 행해진다면 또 다른 미완의 혁명만 남게 될 것이다. 정치권은 언제나 믿기 힘들지만, 어려울 때마다 목숨을 바쳐 해준 것 없는 나라를 구해온 국민은 믿을 수 있다. 이번에는 뒤늦은 시민혁명을 꼭 완성해줄 것이다.

-이주희, 「사면과 미완의 혁명」(『한겨레』) 중에서

이 글에서 글쓴이는 ①번 문단을 통해 왕(조) 중심의 조선사회 봉건성에 대해 다루며 이를 왕의 처형 사례를 통해 시민혁명이 주도했던 서구사회의 국민주권 수립의 과정을 보여주는

②번 문단과 비교(대조)하면서 전직대통령의 사면 문제에 대해 비판적인 자신의 주장을 펼치고 있다. 이처럼 비교(대조)의 설명방식은 글쓴이가 주장하고자 하는 내용의 설득력을 갖출 수 있도록 도와줄 뿐 아니라 하나의 대상만을 중심으로 서술했을 때와는 다른 주장의 명확성이 잘 드러나는 장점이 있다.

(3) 분류(구분)

<u>분류(구분)</u>

▶ 분류는 여러 대상이나 개념을 일정한 기준에 따라 하위 부류로 나누거나(구분) 상위 부류로 묶어 나가는(분류) 글쓰기 방법이다. 정의나 비교와 마찬가지로 분류도 대상의 특징을 잘 드러내기 위한 설명방식의 하나이다.

▶ 일반적으로 분류는 대상들 간의 관계나 위계를 파악하기 용이하다는 장점이 있다. (도서의 '삼진분류법'이나 생물학에서의 '종-속-과-목-강-문-계')

분류는 대상의 속성이나 특징에 대한 충분한 이해가 바탕 되어야 그 기준이 객관적으로 설정될 수 있고 독자에게 수용되고 학문의 세계에서 받아들여질 수 있다. 따라서 분류할 때 제외되거나 겹치는 대상이 없도록 해야 하고, 각 대상들은 동등한 지위를 가져야 한다. 또한 각 단계에 이르는 각각의 기준들이 분명한 위계 관계와 명확하고 객관적인 용어로 표현되어야 한다.

예시

채식주의자라면 무조건 고기를 먹지 않고 심지어 우유도 마시지 않는 존재로 생각하기 쉽다. 하지만 이는 잘못된 생각이다. ① **채식주의자들도 음용하는 음식의 종류에 따라 여러 형태로 나뉜다.** 음식에 따라 분류되는 채식주의자들은 어떻게 구분할까?

채식주의자는 식습관에 따라 크게 베지테리언(Vegetarian)과 세미 베지테리언(Semi Vegetarian)으로 나눌 수 있다. 둘의 차이는 육류의 섭취 여부에 달려 있다. 베지테리언은 아예 육류를 섭취하지 않지만, 세미 베지테리언은 조류나 어류를 섭취하는 사람들을 가리킨다.

또한 베지테리언이라 하더라도 동물성 식품, 즉 달걀이나 치즈 등을 섭취하느냐 하지 않느냐에 따라 4종류로 나뉘고, 세미 베지테리언도 조류를 먹느냐 아니냐에 따라 2종류로 구분된다.

베지테리언 중에서도 일체의 동물성 식품을 멀리한 채 오로지 채소와 과일 등 식물만을 섭취하는 채식주의자들을 비건(Vegan)이라 부른다. 채식주의 중에서 가장 어렵고 까다로운 단계라 할 수 있다.

    나머지 3종류의 베지테리언으로는 달걀과 같은 조류의 알을 먹느냐와 유제품인 우유나 치즈를 먹느냐에 따라 오보(Ovo)와 락토(LActo), 그리고 락토-오보(Lacto-Ovo)로 구분한다. 오보는 알을 뜻하고, 락토는 우유를 가리키므로 오보 베지테리언은 식물에 달걀만을 섭취하는 채식주의자를 뜻하고, 락토 베지테리언은 식물에 유제품만을 더하는 채식주의자를 의미한다. 물론 락토-오보 베지테리언은 달걀과 유제품 모두를 먹는 채식주의자를 가리킨다.

    반면에 세미 베지테리언의 경우는 붉은 고기 종류인 소고기와 돼지고기는 피하되, 조류와 어류는 먹는 채식주의자들이다. 이 중 폴로(Pollo) 베지테리언은 달걀과 유제품, 그리고 생선 및 닭고기 등을 모두 먹는 채식주의자이고, 페스코(Pesco) 베지테리언은 달걀과 유제품, 그리고 생선까지만 섭취하고 닭고기는 먹지 않는 채식주의자들을 말한다.

이 글은 채식주의자를 ①번 문장처럼 음용하는 음식을 종류에 따라 구분하고 있다. 이러한 서술을 통해 독자는 채식주의자라는 글의 중심 화제에 대해 보다 위계적인 관계를 파악하며 명확하게 이해할 수 있다.

(4) 서사

서사

▶ 서사는 사건이나 행위를 시간적 흐름 속에서 재현하는 글쓰기 방법이다. 따라서 '시간성'이 기본적인 구성 요소이다.

▶ 서사는 글쓴이가 사건의 진행 과정을 어떤 태도로 서술하는가에 주목할 경우 객관적인 서사와 주관적인 서사를 구분할 수 있는데 일반적으로 신문 기사, 사건 기록, 관찰 보고처럼 객관성이 중시되는 경우와 문학작품, 특히 소설의 경우에는 주관적인 서사가 자주 사용된다.

▶ 서사에서는 사건들이 꼭 시간적인 순서에 따라 배열될 필요는 없다. 때로는 글쓴이가 어디에서 시작해서 어디에서 끝을 맺는가를 통해 글을 쓴 목적을 짐작할 수도 있다.

▶ 여러 사건을 순차적으로 배치하면 시간에 따른 변화가 잘 나타난다. 어떤 일이 발생한 뒤에 생겨난 다른 일에 대해 말하는 과정에서 '어떻게 변화했는가'를 중점적으로 서술하게 되는데 이를 '과정적 서사'라 한다. 이 경우 어떤 결과를 만들어 냈는가를 밝히는 데 서사의 초점이 놓인다. 반면 역행적 구성은 변화의 양상보다는 그 이유에 관심이 놓이게 된다. 독자는 이러한 결과가 빚어지게 된 원인, 즉 왜 이런 변화가 나타났는가에 관심이 집중되는데 이를 '인과적 서사'라 부르기도 한다. 대체로 인과적 서사는 과정의 서사를 포함하지만, 서술의 초점을 '왜'에 맞추면서 진행된다.

예시

우선 이성과 합리성 그리고 완벽한 이상을 추구하는 절대주의적 입장은 그 기원을 고대 그리스·로마에서 찾는다. 이후 종교적 성향이 강했던 중세 그리스도교 미술을 지나 르네상스 미술로 이어진다. 르네상스 미술은 이후 신고전주의로 이어지는데, 르네상스나 신고전주의나 모두 고대 그리스·로마 미술을 이상적인 미술로 상정하고 이를 복구하는 데 주력한다.

다음으로 이러한 이성주의적 미술에 대한 반발로 개인의 주관과 감성을 중시하고 변화하는 세계를 화폭에 담으려는 상대주의적 입장이 있다. 르네상스 시기에 등장한 바로크, 로코코 미술은 이성적인 르네상스 미술에 반기를 들고, 유연하고 화려한 미술을 추구한다. 이러한 감성 중심의 미술은 이후 낭만주의로 이어져 개인의 감성을 강조한다.

근대에 이르면 낭만주의의 비현실성에 반발하여 삶의 현실을 미술의 대상으로 하는 사실주의가 탄생하고, 동시에 고전주의와 낭만주의의 무거움과 역사성에서 벗어나 순간의 인상을 포착하려는 인상주의가 등장한다. 인상주의는 이후 후기 인상주의의 대표적인 화가인 세잔에 이르러 미술의 대상을 분석하고 관점을 다양화함으로써 현대 미술이 탄생할 요인을 마련한다.

현대에 이르러 미술은 더 이상 이성적 절대주의와 감성적 상대주의의 싸움이 아니라, 예전 것들을 파괴하고 새로운 것들을 실험하는 회의주의적 입장으로 바뀐다. 세잔의 예술적 전망을 이어받아 입체파가 등장하고, 입체파가 대상을 해체함으로써 새로움을 추구했던 방식은 더욱 극단화되어 추상미술이 자리 잡을 수 있는 토대가 된다.

오늘날에는 예술의 대상에 대한 분석과 해체를 넘어 예술의 주체로서의 예술가를 대상화, 소거, 집단화하는 방향으로 새로움이 실험되고 있는 상황이다.

-채사장,『지적 대화를 위한 넓고 얕은 지식』

이 글은 그리스·로마시대를 시작으로 오늘날에 이르기까지의 미술사조를 간략하게 정리하고 있는 과정적 서사의 전형을 보여주고 있다. 시간성을 중심으로 순차적으로 일어난 일련의 변화 양상을 보여주는 서사적 기술의 특성이 잘 드러난다. 독자들은 이 글을 통해 과거에서 현재까지 미술의 경향이 어떻게 변화해 왔는지를 개괄적으로 이해할 수 있게 된다.

(5) 묘사

묘사

▶ 묘사는 사물이나 상황 또는 그로부터 받은 느낌을 언어로써 재현하는 글쓰기 방식이다. 그림을 그리듯 대상을 언어로 기술함으로써 묘사 대상의 외양이나 인상을 독자가 구체적으로 머릿속에 떠올릴 수 있게 하는 것이다.

▶ 표현 방식에 따라 대상 자체에 대한 객관적 정보를 사실적으로 묘사하는 '객관적 묘사'와 대상을 바

라보는 글쓴이의 주관적 인상이나 느낌을 생생하게 전달하는 데 주된 목적을 두는 '주관적 묘사'로 나눈다.

▶ 묘사는 대상에 대한 지배적 인상을 효과적 드러냄으로써 독자의 상상력을 자극하는 동시에 독자가 글에 집중하고 공감할 수 있도록 돕는다. 묘사는 특정 대상에 한정 지어 그 대상의 이미지를 그리거나 어떤 상황을 서술함으로써 독자의 머릿속에 대상의 이미지와 상황이 재현될 수 있도록 돕는다.

예시

　　1970년 늦여름이던가, 그 무렵 허름한 여관 건물을 개조해서 사무실로 쓰던 신구문화사 건너편 다방 옆에서 누군가와 헤어지고 막 돌아서던 신동문 선생이 그 다방으로 향하는 나를 발견하고는 마침 잘 만났다는 듯이 내게 시 원고 하나를 건네주었다. 당시 신선생은 『창작과 비평』의 발행인이고 나는 말하자면 편집장인 셈이었는데, 편집 실무를 온통 나에게 일임하고 있던 그가 원고를 건넨 것은 아주 이례적인 일이었다.

　　바람에 쏠리듯 일제히 오른쪽으로 기운 각진 글씨의 시들을 다방에 앉아 단숨에 읽은 아는 커다란 충격과 흥분을 느꼈다. 그것은 서정주나 김춘수와 다름은 물론이고 김수영이나 신동엽과도 구별되는 새로운 시 세계의 출현을 목격하는 순간의 충격과 흥분이었다. 한국 현대시의 고전의 하나이자 신경림의 이름을 1970년대 문학운동의 첫 자리에 각인시킨 명편들. "아편을 사러 밤길을 걷는다/진눈깨비 치는 백리 산길"의 「눈길」, "젊은 여자가 혼자서/상여 뒤를 따르며 운다/만장도 요령도 없는 장렬"의 「그날」, 그리고 "못난 놈들은 서로 얼굴만 봐도 흥겹다"의 「파장」 등 다섯 편을 그해 가을호 『창작과 비평』에 실은 것은 잡지 편집자로서 잊을 수 없는 행운이고 보람이었다.

-염무웅, 『문학과 시대 현실』

　이 글에서는 글쓴이가 시인 신경림의 첫 원고를 건네받았던 과거 어느 날의 장면을 묘사하고 있다. 신동문 선생으로부터 원고를 받았던 장면과 받아든 원고의 작품을 다방에서 읽어 내려가는 장면 등이 독자들의 머릿속에 하나의 영상처럼 그려진다. 이로써 독자는 글에 더욱 집중하게 되고 글쓴이가 그날 느꼈던 '충격과 흥분'에 대해 공감할 수 있게 된다.

2) 논증

▶ 논증은 어떤 문제에 대해 명확한 근거를 바탕으로 자신의 주장을 내세워서 상대방을 설득하는 글쓰기 방법이다. 글쓴이가 주장과 문제 해법을 제시하여 독자를 설득한다는 점에서 대상을 비교적 객관적으로 풀어 밝혀 주는 설명과 구별된다.

▶ 일상적으로 논리적이라는 표현에서 한자어 '논(論)'은 논한다는 뜻이고 '리(理)'는 이치라는 뜻이다. 즉, 논리는 '이치를 논함'이라는 뜻이다. 또한, 논리학은 영어로 'logic'이라고 한다. 이 말은 희랍어의 'logos'에서 온 것이다. 'logos'란 이성, 말(언어)라는 뜻을 가지고 있다. 그러므로 '논리'는 바로 '말의 이치'라고 할 수 있겠다.

▶ 논증은 이해나 행동을 요구하는 주장을 제시하고 이유와 근거로 그 주장을 뒷받침하는 형식으로 구성된다. 이유는 주장에 대한 판단이나 의견을 제시하는 것이고, 근거는 이유를 뒷받침하는 진술이다.

논증은 의견 주장이 핵심을 이루기 때문에 설득력을 갖기 위해서는 논리적인 사고가 전제된다. 올바른 논증을 하려면 명제(주장의 명확한 표현), 논거(정확하게 제시되는 근거), 추론(결론에 이르기까지 합리적인 논증 방식) 등 논증의 3요소를 갖춰야 한다.

(1) 논거

논증에서 꼭 필요한 근거가 논거다. 논거는 주장이나 의견의 타당함을 뒷받침해 주는 논리적 근거를 말한다. 가령 우리가 필요한 과정을 거쳐 한 주장을 내세웠다고 하자. 상대방은 그대로 우리 주장을 정당하다고 인정해 주지는 않을 것이다. 그들은 "그 근거가 무엇입니까?"라고 말할 것이다. 즉 논증에 의해 주제(결론)를 확립하는 과정에는 필연적으로 추론이 따르는데 추론의 토대가 되는 것은 객관적이고 확실하며 타당성 있는 논거이다. 논거는 논증이 끝난 것으로 다시 증명할 필요가 없어야 한다. 타당성(적합성)과 신뢰성(진실성) 있는 논거를 얼마나 잘 찾아 제시하느냐에 따라 그 의견이나 주장의 설득력이 결정된다.

스포츠를 주제로 삼아 논증 없는 주장이 일으키는 문제를 조금 더 살펴보자. 2002년 한일월드컵 때의 일이다. 조별 예선 1차전에서 우리 축구 대표 팀은 폴란드 대표 팀을 2대 0으로 눌러 월드컵 본선 첫 승리를 거두었다. 2차전 상대인 미국이 첫 경기에서 포루투갈을 꺾었기 때문에 우리가 2차전을 이기면 16강 진출을 사실상 확정 지을 수 있었다. 이 경기를 앞두고 여야 정당 대변인들이 논평을 냈다. 여당 대변인은 정범구 의원이었다. 국회의원이 되기 전에 기독교방송 시사 프로그램 진행자로서 수준 높은 지성을 보여주었던 그는 이렇게 말했다.

오늘 벌어지는 한미전이 재삼 우리 민족의 저력을 확인하는 계기가 되길 바란다.

야당 대변인도 오랜 세월 '소장개혁파'라는 말을 듣다가 2014년 경기도지사가 된 남경필 의원이었다. 그도 비슷한 논평을 냈다.

> 히딩크 감독과 선수들 모두 불굴의 투혼으로 반드시 승리해 16강 진출은
> 물론 우리 민족의 우수성을 드높여 줄 것으로 확신한다.

당시 〈경향신문〉에 칼럼을 연재하던 나는 대변인들의 논평을 비판하는 글을 썼다. 제목은 '민족은 축구를 하지 않는다'였다. 여야 대변인들의 논평은 증명할 필요가 있는 명제를 전제하고 있었다. 축구 월드컵 성적은 '민족의 저력' 또는 '민족의 우수성'을 측정하는 지표가 된다는 전제다. 이 전제가 타당해야 미국전 승리를 축원한 여야 정당 대변인의 논평이 성립할 수 있었다. 논평의 타당성 여부가 전제의 옳고 그름에 달려 있었던 것이다. (중략) 월드컵 성적이 좋은 나라가 성적이 좋은 것은 공을 잘 차는 선수가 많기 때문이었을 뿐이다. **축구 월드컵 성적과 '민족의 우수성' 사이에는 뚜렷한 인과관계나 상관관계가 없다. (중략) 논증의 미학이 살아 있는 글을 쓰려면 사실과 주장을 구별하고 논증 없는 주장을 배척해야 하며 논리의 오류를 명확하게 지적해야 한다.**

-유시민, 『유시민의 글쓰기 특강』

이 글에서 글쓴이는 월드컵 축구 경기를 사례를 통해 논증의 기본 전제에 대해 설명하고 있다. 일상생활에서 흔하게 접할 수 있는 다양한 사례에서도 논증의 필요성을 확인하게 되는 대목이다. 이렇듯 논증에는 적합한 논거가 뒷받침되어야 한다.

논거는 무엇보다 정확해야 한다. 사실에 기반하지 않거나 거짓으로 만들어 낸 논거는 설득력을 지닐 수 없다. 또한 논거는 구체적이고 명료해야 한다. 그래야 독자들이 쉽게 이해할 수 있다. 논거는 다양해야 한다. 무조건 많다고 좋은 것은 아니다. 주장과 관련한 여러 측면을 반영하는 질적으로 다양한 논거를 마련해야 한다. 논거는 대표성과 전형성이 있어야 하고 그 출처가 분명해야 한다.

논거는 그 성격에 따라 다음과 같이 구분한다.

① 사실 논거: 보편적으로 인정되는 사실, 자연 법칙에 따른 사실, 통계, 역사적 사실, 체험, 실험 등 객관적으로 검증되는 구체적인 사실이나 역사적인 자료로 입증된 사실 등을 말한다. 있는 그대

로의 사실 가운데 주장하는 내용과 밀접한 관련을 지니는 것들이다. 논거가 사실로서 인지되기 위해서는 믿을 수 있는 근거에 의해서 검증되거나 증명되어야 한다.

② 소견 논거: 그 분야에 권위를 가진 사람의 견해나 일반적인 여론, 목격자의 증언, 경험자의 증언 등 추론의 근거로 삼는 것을 말한다. 논거가 소견으로서 지닐 신뢰성은 그의 소견을 가진 사람의 권위에 의존한다.

③ 선험 논거: 경험적으로 미루어볼 때 일반적으로 인정되는 이론이나, 윤리, 상식에 기초하여 '참'으로 받아들일 수 있는 사실을 말한다. 실험이나 조사를 통해서 증명하지 않아도 상관없다.

실제 논증의 글을 쓸 때 소견 논거는 사실 논거와 혼합하여 써야 신뢰성을 얻는다. 논증의 설득력은 타당성과 신뢰성이 있는 논거에 의해서 확보된다. 논거는 개요 작성에서 주제를 뒷받침하는 소주제 찾기, 문단 작성에서 소주제를 뒷받침하는 소재 찾기에 활용한다.

아래의 글을 통해 논거를 통한 논증의 방식을 살펴보자

(1) 대학 입시에서 정시모집과 학생부종합전형 중 어느 것이 우수한 학생을 선발하는 데 더 좋은가는 우리 사회에 이해관계가 첨예하게 대립돼 찬반이 극심하게 나뉘는 주제다. 이에 대한 궁극적인 평가는 각 방식으로 선발된 학생들의 대학 학업 성취도에 대한 종적 분석을 통해 가능할 것으로 기대되고 있다. 최근 이에 대한 자료들이 조금씩 만들어지고 있는데, 필자의 대학의 경우를 보면 학점으로 대표되는 학업성취도의 경향이 이 두 그룹의 학생들에게서 다르게 나타난다. 한 그룹의 학생들이 다른 그룹 학생들에 비해 저학년에서는 성적이 낮으나 3학년을 넘어가면서 역전하는 현상이 벌어지는데, 이는 듣기로는 다른 대학에서도 비슷하게 관찰된다고 한다. 언뜻 이것은 기대된 바대로 바람직한 선발방식이 무엇인가를 알려주는 결과라고 할 수 있겠다.

(2) 그러나 근래 학생들의 대학 생활을 보면 이러한 기대는 형편없이 깨지고 만다. 대학의 본질과 존재 이유를 흔들고 있는 취업지상주의의 세태 때문이다. 고등학교 진학에서부터 시작되는 취업을 위한 전쟁은, 대학 입시는 물론, 대학재학 기간 내내 계속되고 있다. 그 뿐만 아니라 근래엔 졸업을 유예하면서까지 이 전쟁의 기간을 늘리고들 있다. 취업에 성공하기 위해서 학생은 0.1점이라도 학점을 놓치지 않으려고 결석하는 날엔 부모님의 애절한 부탁 전화를 동원하기도 한다. 이렇게 대학캠퍼스에 다니는 초등학생의 모습을 보는 것은 필자만이 아닐 것이다. 대학의 문화와 낭만에 대한 얘기는 1학년 신입생 오리엔테이션에서나 들린다. 날씨 좋은 봄날에 하루는 결석해도 좋다고 말해 주어도 종강까지 한 명도 결석이 없는 전공수업이 근래 종종 생기고 있고, 학과 체육대회가 없어진 지는 꽤 됐다.

(3) 물론 취업의 문제뿐 아니라 혼자 커온 요즘 학생들의 취향도 개입된 현상이겠지만 한마디로 공부

외엔 관심도 여유도 없다. 다른 생각과 경험을 하는 여유를 갖지 못하고 공동체의 연대감도 배우지 못하는 이런 대학생활은 직장생활에도 연장되고 있는 듯, 근래 입사한 신입사원들이 직장에서의 소속감이 크게 떨어지고 있다고 선배 졸업생들은 말하고 있다. 이렇게 대학이 취업준비를 위한 학원으로 전락하면서 정작 좋은 사회인을 만들어 내지 못하는 상황에서 학점만을 가지고 '우수한 대학 생활' 또는 '우수한 성취능력'을 판단하는 일은 전혀 타당하지 않다.

(4) 영국의 Legatum institute에서는 Prosperity Index(국가번영지수)를 발표하고 있다. 2009년 우리나라는 여기서 104개 국가 중 26위를 했는데, 작년 말 보고서에서는 35위로 크게 후진했다. 얼핏 생각하면 그간의 경제와 민주화에서의 발전에 힘입어 순위가 올랐어야 할 것 같은데 안전, 환경, 사회적 자본 등의 지표의 상황을 생각하면 이 하락이 이해가 안 되는 바도 아니다.

(5) 특히, 사회적 자본(social capital)의 평가가 31위에서 78위로 아주 낮아졌다. 사회적 자본은 다소 생소하지만 이해가 어렵지 않은 개념이다. '개인이 사회적 관계를 통해서 다른 사람들이 가지고 있는 자원을 동원할 수 있는 능력'으로 정의되는 것이 사회적 자본이다. "지난 한 달간 당신은, 자선기관에 기부한 적이 있는가? 또는 도움이 필요한 낯선 이를 도와준 적이 있는가? 또는 봉사활동에 참여한 적이 있는가? 지난 1년간 당신의 가족이 다른 가정을 도운 적이 있는가? 어제 하루 사람들이 당신을 존중하며 대했나? 당신에게 문제가 생겼다면 당신을 도와줄 친구나 친척이 있는가?" 국가들의 사회적 자본에 대한 평가를 위해 갤럽에서 하는 질문들을 보면 아주 쉽게 그 개념이 잡힌다. 국민 개개인이 부자가 아니어도 다들 행복하고 안전하게 살 수 있기에 국가가 반드시 추구해야 할 가치다.

(6) 특히 인구의 고령화가 급속히 진행되고, 당분간 경제적 확대를 기대하기 어려운 우리나라에서 경제가 아니고 사회적 자본의 확대를 통해서 삶의 질을 증진시키는 일은 어쩌면 가장 중요한 과제가 될 것이다. 그런데 갤럽의 질문들을 내 경우에 비춰 보면 우리의 사회가 사회적 자본을 얼마나 빠르게 잃어가고 있는지가 아주 잘 느껴진다. 이 측면에서 우리 사회에 지식인과 지도층의 의식이 사라져 가고 있음을 함께 느끼게 된다.

(7) 이제라도 대학에서 이를 키워 줘야 이들이 사회에서 그 역량을 발휘해 미래에 우리의 사회적 자본을 부유하게 만들 것이 아닌가? 과연 지금 얼마나 대학들이 이 사회적 자본의 역량을 키우는 것을 목표로 추구하고 실제로 노력하고, 실현하고 있을까? 공립대학인 필자의 대학만 하더라도 공익적 역량을 배양할 목표로 사회봉사 교과목들을 두고 있긴 하지만 학생들의 실제 대학생활은 예의 '공부기계화'의 트렌드가 악화일로를 걷고 있다. AI의 시대에 대학들이 키워내야 할 인재는 ICT 전문기일 수도 있지만 사회적 자본을 키우는 창업가와 역군이어야 할 것이다. 사회적 자본의 역량이야말로 '우수한 대학생활'과 '우수한 성취능력'의 주안점이 돼야 하지 않겠는가?

-황은성, 「대학들, 지금 어떤 인재를 키우고 있는가?」, 『대학신문』

이 글은 '사회적 자본'의 개념을 중심으로 대학의 역할에 대한 주장을 펴고 있는 글이다. 다음과 같이 간단하게 도식화할 수 있다.

(1)	학업성취도 변화 비교를 통해 본 학생선발 방식의 적절성	중심 화제(사회적 자본) 의 배경 논의
(2)	선발 방식의 취지가 무색한 취업지상주의에 물든 대학 비판	
(3)	성적과 취업에 매몰되어 있는 학생들의 경향	
(4)	통계를 통해 본 국가번영지수 하락의 문제	중심 화제(사회적 자본) 하락에 따른 문제점 논의
(5)	사회적 자본의 개념과 가치	
(6)	사회적 자본의 중요성과 하락에 따른 문제	
(7)	사회적 자본 역량을 키워야 하는 대학교육의 사명	중심 화제에 대한 글쓴이의 주장

글쓴이는 대학이 사회적 자본의 역량을 키울 수 있는 곳이어야 한다고 주장한다. 이러한 주장을 뒷받침하기 위한 논거들로 필자가 경험하고 있는 우리나라 대학의 제반 문화가 지닌 문제점, 즉 취업과 이를 위한 학점 취득 이외의 모든 것들이 무의미하게 작동하는 현실(선험논거)을 통해 문제를 제기하고 있다. 이어 갤럽조사에서 국가번영지수가 하락하는 우리나라의 실정과 사회적 자본 항목 순위의 급격한 후퇴, 해당 항목의 질문내용 등의 제시(사실논거)를 통해 중심 화제인 사회적 자본 역량의 하락이 지닌 문제들을 주장의 근거로 삼고 있다.

(2) 논증의 방법

1. 귀납 논증

귀납 논증은 특수한 사실을 전제로 하여 일반적인 사실 내지 현상으로서의 결론을 내리는 방법이다. 귀납 논증에는 일반화와 유추가 있다. 일반화는 일정한 종류의 개별적인 사례에서 시작하여 같은 종류의 나머지 모든 사례도 같은 것이 되리라는 일시적 결론에 이르게 되는 추론이다. 유추는 두 사례가 그 일정 수의 속성에서 비슷할 때, 그 두 사례가 문제된 점에서도 비슷하다는 전제를 통해 이루어지는 추론이다.

① 일반화는 특징을 표현하는 균일적 일반화와 일부 대상을 조사하여 전체를 판단하는 통계적 일반화 방법이 있다. 일반화에는 때때로 귀납적 비약이라고 부르는 오류가 있게 된다. 가령 우리가 어느 학교에서 한 학급에 있었던 낙제에 대해 결론을 내렸다고 하자. 그 학급에서 낙제한 학생은 여섯이었는데 학생 A, B, C, D, E의 다섯 학생을 조사했더니 그들은 모두가 성적 불량으로 낙제가 되었음이 드러났다. 여기서 우리가 낙제는 곧 성적 불량의 결과란 결론을 내렸다면 그것은 다분히 귀납적 비약을 범할 위험성을 내포하게 되는 것이다. 왜냐하면 그 가운데 한 사람이라도 다른 이유, 예컨대 질병에 의한 장기 결석으로 출석 미달로 유급이 된 학생이 있다면 이 결론이 부당한 것이 될 우려가 있기 때문이다.

이와 같은 오류를 피하기 위해서 다음과 같은 사실들에 유의해야 한다.

㉠ 성급한 일반화의 오류: 충분하고도 필요한 만큼의 상당수 사례가 검토되어야 할 것
㉡ 거짓 원인의 오류: 어떤 결과의 원인이 아닌 것은 그 결과의 원인으로 오인하지 하거나 ('계절이 변화하는 것은 지구의 궤도가 타원이기 때문이다.') 단순한 시간적 선후관계를 인과관계로 오인하지 말 것('새벽에 닭이 울면 해가 뜬다.')
㉢ 근시안적 귀납의 오류: 가능한 자료를 폭 넓게 보지 못하고 눈 앞에 있는 것들만을 토대로 하여 귀납을 수행함으로써 옳지 못한 결론을 도출하지 말 것

② 유추는 하나의 특수한 사실을 바탕으로 그와 유사한 다른 특수 사실을 가정적으로 추정하는 방식이다.
• 이 약은 쥐의 항암 효과가 90퍼센트가량 있다.
• 그 약은 사람에게도 비슷한 효력이 있을 것이다.
• 근거는 쥐와 사람은 유사성이 있기 때문이다.

이처럼 이미 알려진 특수한 사실을 바탕으로 다른 특수한 사실을 추정하는 것이다.
일반화와 마찬가지로 유추에 있을 오류를 피하기 위해서는 다음 사항에 유의해야 한다.

㉠ 비교된 두 사례는 중요하다는 정도에서 서로 비슷할 것.
㉡ 두 사례 사이의 차이가 고려될 것.

2. 연역 논증

연역 논증은 주어진 전제로부터 논리적으로 필연적인 원리에 따라 결론을 이끌어 내는 방법이다. 일반적 원리를 제시하고 특수한 사실을 이끌어 내는 추론 방식으로 특수화 방법이

라고도 한다. 귀납 논증이 개연성을 보이는데 비해서 연역 논증은 확실성을 보일 수 있는 장점이 있는 것이다. 연역형의 문장은 중심 사상을 글 첫머리에 내세운 다음 그 타당성을 입증해 나가는 식으로 전개되는 글이다.

연역 논증은 직접 추론과 간접 추론이 있다. 직접 추론은 전제가 되는 하나의 판단을 응용하여 결론을 이끌어 내는 형식이다. 간접 추론은 전형적인 연역법으로 3단 논법을 말한다. 즉 이는 두 개의 판단(대전제, 소전제)으로 하나의 새로운 판단(결론)을 이끌어 내는 방법이다. 한 예를 들어보자.

주장 ┌── 사람은 누구나 결국 죽는다.

노증 ┌── 모든 사람은 죽는다. 〈대전제〉
　　　├── 이순신은 사람이었다. 〈소전제〉
　　　└── 그러므로 이순신은 죽었다. 〈결론〉

여기에서 결론의 주어(이순신)를 '소개념', 술어(죽었다)를 '대개념'이라고 한다. 대개념을 포함한 전제를 '대전제', 소개념을 포함한 전제를 '소전제'라고 한다. 두 전제에는 있으나 결론에 나타나지 않는 것(사람)은 '매개념'이다. 매개념이 있어야 추론이 가능하다. 이 삼단논법의 결론은 대전제와 소전제 모두 참이고, 그 결론이 두 개의 전제로부터 논리적으로 비롯된 것이어야 참이 된다. 전제와 소전제가 3단 논법에 적절히 연관되어 있지 못할 때도 오류에 빠진다.

(3) 논증 글쓰기의 실제

주제를 찾으면 수집한 자료나 이미 익힌 배경지식을 바탕으로 개요를 작성한다. 개요를 작성하고 구체적으로 어떻게 쓸 것인가의 차례와 방법을 알아보자.

첫째, 쟁점이나 문항의 분석을 통해 무엇을 논할 것인지를 최종적으로 다시 확인한다. 글을 집필하기 위해서는 찬반 문제형인지, 장·단점을 묻는 것인지 등을 먼저 파악해야 한다. 이에 따라 논술의 구조도 즉 개요를 작성해야 한다. 이때 다음과 같은 사항을 고려한다.

① 문제의 핵심을 정확하게 파악했는가?

② 주제에 관해 무엇을 논할 수 있고, 무엇을 할 수 없는가?

③ 어떤 것을 논하고, 무엇을 논술할 생각인가?

④ 논술 형식은 적절한가?

둘째, 문단 중심으로 쓰자. 논리적인 글쓰기는 문단이라는 벽돌더미를 쌓아 나가는 것과 같은 작업이라고 할 수 있다. 무엇을 쓸지 정리하는 것은 문단을 작성하는 작업이며, 글의 논리적 전개는 문단을 연결하는 것이다. 문단 중심으로 '문단-절-장' 순서로 쓰되 각 장 별로 써서 포개는 방식이 쉽다.

셋째, 내용은 정확하고, 이해하기 쉽게 서술하자. 글의 기술은 자료를 충분히 이해한 다음에 자신의 해석을 덧붙여 나가야 한다. 글은 필자의 주장이나 발견된 결과를 독자가 쉽고 정확하게 의미를 파악할 수 있도록 표현해야 한다. 아름다운 문장을 쓰려고 하지 말고, 읽는 사람이 잘 이해할 수 있도록 배려하면서 쓰는 것이 중요하다. 그리고 써나가는 과정에서 써야 할 내용을 적절한 것에 썼는지 신경을 써야 한다. 독선적인 표현이나 애매한 표현이 없도록 쓴다. 논문을 쓸 때 다음의 기본 원칙을 지키면서 쓰는 것이 좋다.

① 문장은 간결하게 쓴다. 내용이 복잡하더라도 이중 복문처럼 긴 문장보다는 간결한 문장으로 표현하는 것 좋다.

② 문장은 누구나 이해할 수 있는 분명한 언어로 구체적인 개념을 이용하는 것이 좋다.

③ 문장은 긍정개념으로 표현한다.

④ 어문규정(한글 맞춤법, 표준어 규정, 외래어·로마자 표기법)을 지켜 기술한다.

⑤ 애매하거나 무책임한 표현, 과장된 표현, 피동 표현은 피한다.

⑥ 형용사는 가능한 한 사용하지 않는 것이 좋다.

⑦ 정확한 전문용어나 고유명사를 사용해야 한다.

⑧ '-생각된다, -할지도 모른다, -과언이 아닐 것이다' 등 소극적 문장 표현은 피하는 것이 좋다.

⑨ 구어체가 아닌 문어체로 써야 한다. 글 속에 대화를 직접 표기할 때를 제외하고는 말버릇으로 쓰는 조사의 생략, 어미의 생략이나 통합 등도 글쓰기에서 피해야 한다.

⑩ 문장 속의 수는 우리말로 적는 것이 좋다. 열 이하의 수나 십진법 단위의 수, 나이, 시간

표시 등은 아라비아 숫자보다 우리말로 적는 버릇을 길러야 한다.

⑪ 우리말로 글을 쓸 때, 생소한 외국어나 한자어가 끼어들지 않도록 한다. 예를 들어, 요즈음 영어를 지나치게 중요시하다 보니 무의식 중에 우리말과 함께 쓰는 경우가 있는데 이러한 일은 없어야 한다.

⑫ 틀에 박힌 표현이나 불필요한 말을 피한다.

⑬ 같은 단어의 반복이나 동의어와 유의어는 문장의미에 고려하여 쓴다.

넷째, 논증을 철저히 하고, 충분한 자료로 자신의 견해나 주장을 뒷받침해야 설득력이 있다.

① 논거 제시- 논제의 문제점 또는 문제의 성질 등에 역점을 두어 체계적으로 논거를 제시해야 한다. 글의 문제점과 관련이 없는 논거는 버려야 한다.

② 논의- 논의는 서론에서 제시한 이론이나 견해에 대하여 자신의 견해를 내세워 논리를 전개하는 것이다. 이때 주제나 문제점에 관해 충분하고 명확하게 설명, 기술하고, 사실에 관한 논리 제시나 논의 과정에는 빈틈이 없어야 한다. 기존의 학설이나 견해에 관해 다른 의견을 제시할 때는 반드시 논거에 의해 비판하고 주장해야 한다.

③ 논지의 전개- 논지의 전개는 큰 문제에 관한 것에서 세부적인 문제에 관계되는 것의 순서로 전개한다. 즉 우선 큰 문제부터 해결해 놓고 차츰 문제를 좁혀 나가면서 깊이 있는 논의를 진행하는 것이 좋다. 글의 성패는 논지를 논리적으로 타당성 있게 전개하는 것에 달려 있다.

다섯째, 결론 부분에서는 본론에서 규명한 이론이나 주장을 토대로 자기가 논의한 결과에 대해 최종 판단을 내리고 정리하자. 이 부분은 본론에서 제시한 논거에 의해 논의된 결과를 종합 판단하여 귀납적으로 얻어진 것이어야 한다.

① 서론, 본론에서 언급되지 않은 주장이나 사실을 제시해서는 안 된다.

② 근거 없는 주장은 하지 말아야 한다.

③ 위대한 발견이나 침소봉대 식으로 결론을 제시하지 않는 것이 좋다.

④ 해명하지 못한 문제를 제시한다.

⑤ 결론의 기술은 간명하게 한다.

여섯째, 초고가 완성되면 주제와 목적대로 진행되었는가 살펴봐야 한다. 이어서 글의 논리적 적합성을 꼼꼼히 따져봐야 한다. 다 쓴 글을 다시 차근차근 읽어 보면서 모자라는 곳은 더 보태고 틀린 곳은 고치고, 필요 없는 곳은 줄여 사실과 생각이 충실하고 정확하게 나타나도록 한다.

1 다음에서 제시하는 내용에 따라 글을 작성해 보자.

단과대	설명 방식	유형
사범대 인문사회대	비교(대조)	두 대상을 비교하는 글을 써 보시오. 비교 대상은 인물(예를 들어, 이승만과 김구, 강호동과 유재석)이어도 좋고, 사물이나 현상(대면과 비대면, 페이스북과 인스타그램)이어도 좋다.
예술대	묘사와 서사	자신에게 의미 있는 작품(그림, 디자인, 음악, 영화, 드라마, 만화, 가구 등)을 선택하여 묘사가 포함된 한 편을 글을 써 보시오.
공과대 자연대 산업과학대 간호보건대	정의	4차 산업혁명이나 인공지능, 탄소 중립, 그린 뉴딜, 스마트 팜 등 전공과 관련한 화제를 선정하고 그에 대한 개념 정의를 토대로 자신의 의견을 주장하는 글을 써 보시오.

2 다음 두 편의 사설을 읽고 글의 주장과 논거를 정리해 보자.

사설 1)

코로나19로 잠시 기억의 저편으로 밀렸지만, 학령인구감소가 대학가의 위기 요인으로 다시 주목받고 있다. 교육부와 한국교육개발원이 8월 27일 '2020년 교육기본통계' 조사 결과를 발표했는데 학교와 학생 수, 학생 충원율이 전반적으로 감소했다. 조사 대상은 유치원부터 대학원까지 2만3703개 기관. 고등교육기관은 일반대 258개교, 전문대 181개교, 대학원 1474개교 등이 해당된다.

고등교육기관 재적학생 수는 대학원을 제외하고 모두 감소한 것으로 조사됐다. 전체 재적학생 수는 327만6327명으로 전년보다 1.5%인 5만406명이 감소했다. 이는 학령인구가 줄어들면서 고등교육기관 입학자 수가 영향을 받았기 때문이다. 입학자 수는 전년보다 6536명이 감소한 72만6981명이었다. 일반대학과 전문대학의 입학자 수는 전년 대비 각각 549명(0.2%↓), 9364명(4.7%↓) 감소했다. 전체 유·초·중등 학생 수는 601만명으로 전년 대비 12만6780명 감소했다. 이에 대학 입학자 수가 점차 감소될 것으로 예상된다.

사실 학령인구감소는 일찌감치 예견됐다. 교육부도 구조조정을 통해 대학 정원을 감축하고 있다. 유은혜 부총리 겸 교육부 장관은 "통계를 보니 2021년도부터 대학 정원보다 학생 수가 4만명 가량 줄어든다. 대학이 원하든, 원하지 않든 구조조정이 불가피하다"고 지적했다.

전문가들은 학령인구감소에 따라 대학이 '선발형'과 '충원형'으로 극명하게 나뉠 것으로 전망한다. 선발형 대학은 수험생 선호도가 높아 학령인구 감소에도 불구, 신입생 모집에 별다른 어려움이 없다. 서울권 주요대학을 비롯해 수도권 소재 대학들, 지역거점국립대와 지방 주요 사립대 등이 선발형 대학으로 분류된다. 반면 충원형 대학은 입학정원을 채우기 급급하다. 신입생 충원을 위해 '선발'이 아닌 '모집'에 더욱 집중할 처지다. 상대적으로 수험생 선호도가 낮고, 경쟁력이 떨어지는 일부 지방 일반대 등이 포함된다. 이렇게 볼 때 학령인구감소의 타깃은 '충원형' 대학이다. 그렇다고 '선발형' 대학이 마냥 안심할 수 없을 것이라고 본다. '선발형' 대학들은 우수 인재 영입을 위해 경쟁을 피할 수 없기 때문이다.

현재로서는 정부의 구조조정정책이 대학의 학령인구감소 시대 대비책으로 꼽힌다. 그러나 대학이 진정으로 학령인구감소시대에 대비하기 위해서는 자기 혁신이 요구된다. 그리고 자기 혁신의 방점은 바로 '학습자'다. 본지는 학습자를 수험생과 학부모로 명명한다. 선발형 대학이든, 충원형 대학이든 결국 학습자의 선택을 받아야 한다.

그렇다면 학습자의 선택을 어떻게 받을 것인가. 미국의 사례를 보자. '미국에서 가장 혁신적인 대학 1위', '유학생들이 선택한 국공립대학 1위', '세계에서 가장 권위 있는 대학 1%' 등에 빛나는 대학이 애리조나주립대(이하 ASU)다. 마이클 크로우 ASU 총장은 라이벌이 어디인지를 묻는 질문에 "UBER(우버)"라고 답했다. 의외의 답변이다. 주지하다시피 우버는 모바일 차량 예약 이용 서비스다. 그런데 크로우 총장은 주저없이 우버를 라이벌로 꼽았다. 이에 크로우 총장은 "애리조나주의 고등학교 졸업생은 보통 두 부류로 나뉜다. 한 부류는 우버 드라이버, 한 부류는 대학 졸업장을 가진 우버 드라이버. 애리조나주는 디트로이트처럼 자동차 산업을 보유하고 있지 않으며 캘리포니아의 실리콘 밸리처럼 첨단 산업을 보유하고 있지 않다. 우버의 매력은 고등학교를 졸업하고 운전면허증만 있으면 바로 돈을 벌 수 있는 것이다. 애리조나주의 청년들에게 ASU의 졸업장보다 값어치 있게 느껴질 것"이라고 설명했다.

우리나라 대학은 학령인구감소와 코로나19 사태를 동시에 겪으며 초유의 위기를 맞고 있다. 학령인구감소에 대처하지 못하면, 코로나19 사태를 극복하지 못하면 도태될 수밖에 없다. 따라서 혁신을 통해 돌파구를 찾아야 한다. 이에 주문한다. 혁신의 방점을 학습자에게 맞추고 학습자에게 선택받는 대학으로 거듭나라. 이를 위해 학습자의 수요가 무엇인지, 학습자의 특성이 무엇인지 철저히 분석하고 대비책을 수립할 필요가 있다.

특히 Z세대가 떠오르고 있다. 1990년대 중반에서 2000년대 중반까지 출생한 세대로서 '디지털 원주민(Digital native)'으로도 불린다. 2000년대 초반 IT의 발달과 함께 인터넷 등 디지털 환경에 자연스럽게 노출, 생활 패턴의 중심에 디지털이 자리를 잡고 있다. Z세대는 대학이 공략할 학습자 집단이다. 당연히 디지털 기반의 혁신이 대학에 필요하지 않겠는가. 바로 이것이 학습자 중심의 혁신이다. Z세대 학습자 집단의 특성인 디지털에 초점을 맞추고 있기 때문이다. 대학이 학습자 중심의 혁신으로 학령인구감소와 코로나19 사태의 위기를 슬기롭게 극복하고, 미래대학으로서 진일보하길 재차 촉구한다.

「학령인구감소 시대 학습자 중심 혁신이 돌파구다」, 『한국대학신문』 사설, 2020.8.31.

사설 2)

　　일본군 '위안부' 피해자를 '매춘부'로 왜곡한 마크 램자이어 하버드 로스쿨 교수의 논문 철회 요구가 국제
적으로 확산되고 있다. 하버드 로스쿨 학생들이 이용수 할머니의 증언을 듣는 세미나를 열었고, 각국 페미
니스트들이 연대 성명을 냈고, 저명한 학자들도 이 논문의 문제점을 조목조목 비판하고 있다.

　　하버드대의 역사학자인 카터 에커트 교수와 앤드루 고든 교수는 17일(현지시각) 성명에서 램자이어 교
수 논문은 "가장 지독한 학문적 진실성 위반"이라며 게재 철회를 〈국제 법·경제 리뷰〉에 촉구했다고 밝혔
다. 이들은 "위안부 시스템에 내포되고 실행됐던 식민주의 젠더의 큰 정치적·경제적 맥락을 램자이어가 생
략한 데 충격을 받았다"며 램자이어 교수가 조선인 '위안부'와 관련된 실제 계약을 단 한 건도 찾아보지 않았
다고 지적했다.

　　국내외의 1100명이 넘는 연구자와 단체가 참여한 세계 페미니스트들의 연대 성명은 "일본군 '위안부' 피
해 생존자 및 현대의 성폭력 피해 생존자들에게 또 다른 폭력을 가하고, 일본 정부의 의도적 역사 부정과 왜
곡에 힘을 실어주고 있다"고 비판했다. 하버드 로스쿨 학생회가 이 논문에 항의하며 16일 연 세미나에서 '위
안부' 피해자이자 인권운동가인 이용수 할머니는 "일본은 조선에 쳐들어와서 여자아이들을 끌고 가고 무법
천지로 행동했다"며 "일본 정부는 70년이 지났는데도 그때와 변하지 않았다"고 분노했다. 미국 내 한인단체
들도 논문 철회를 요구하는 국제 청원운동을 벌이고 있다.

　　일본 정부의 '고노 담화'(1993)는 '위안부' 강제동원에 일본군이 개입했음을 인정하고 사과했고, 1996년
유엔 인권특별보고관은 '위안부'는 일본군에 의해 조직적이자 강제적인 방식으로 자행된 '성노예'와 '전쟁범
죄'에 해당한다고 밝혔다. 그런데도 일본 우익들은 계속 책임을 은폐하기 위해 역사를 날조하고 있다. 이들
의 주장을 바탕으로 쓰인 램자이어 교수 논문을 '학문의 자유'로 옹호하는 것은, 비인도적 범죄가 다시는 일
어나서는 안 된다는 국제적 합의를 흔드는 것이다. 이제 〈국제 법·경제 리뷰〉는 최소한의 학술적 근거도
없이 역사를 왜곡하고 피해자들을 모독한 램자이어 교수 논문의 게재 철회를 결단할 때다. 하버드대 당국도
'학문의 자유'를 앞세워 더 이상 침묵하지 말고 합당한 조처를 내리기 바란다.

　　　　　　　　　　　　　　　　「인권·학문 모두 모독한 램자이어 논문 철회돼야」, 『한겨레』 사설, 2021.2.19.

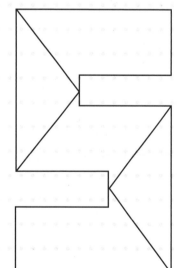

자아 발견과 성장을 위한 글쓰기

글쓰기는 말하기와 같이 언어를 통해 표현함으로써 다른 사람들과 소통하는 도구이다. 누구나 자신의 생각을 표현할 수 있지만 자신이 원하는 내용을 원하는 형식에 맞게 글로 표현하려고 하면 어느 순간 어려움을 느끼는 경험을 하게 된다. 아무리 오류가 없는 글을 썼다고 하더라도 그 글을 읽는 사람에게 나의 의도가 온전히 전달될 수 있는가는 또다른 문제이다. 잘 쓰고 싶은데 잘 써지지 않는 경험, 잘 썼다고 생각했는데 상대방에게 울림을 주지 못하는 경험은 글을 쓰는 사람들이 한 번쯤 겪게 되는 과정이다. 이것은 나에 대해 표현하는 글을 쓰는 경우에도 마찬가지이다.

기본적으로 글은 자기 표현의 과정을 포함하고 있다. 아무리 허구적인 문학 작품을 창작하더라도 작가의 체험이 바탕이 되기 마련이다. 또한 학술적이고 논리적인 글을 쓰더라도 글을 쓴 사람의 문체나 관심이 반영된다. 이렇듯 글을 쓰는 과정에나 결과에는 글쓴이가 필연적으로 드러나게 된다.

특히 자기 자신의 이야기가 주된 내용을 이루는 자기소개서나 자서전은 자기 표현이 두드러지는 글쓰기이다. 이 외에 수필, 일기, 감상문과 같은 글을 쓸 때에도 자기를 표현하는 과정을 거치게 된다. 이러한 과정에서 필자는 자아를 발견하기도 하며, 치유와 성장을 경험하기도 한다.

우리가 알고 있는 다양한 쓰기에 있어서 자기 자신과의 대화를 통해 진정성 있고 진솔하게 나를 표현하는 것은 나에 대한 객관적인 진단을 바탕으로 타인과의 관계를 긍정적으로 발전시키는 데에도 도움을 줄 수 있다. 여기에서는 자기소개서, 자서전, 에세이, 감상문을 쓰는 경험을 함으로써 자신의 모습을 발견하는 기회를 가져본다. 또한 다른 사람에게 글을 통해 자신을 드러내면서 글이 지닌 치유와 성장의 힘을 직접 체험해 보게 될 것이다.

1. 자기소개서

1) 실용적인 자기소개서

자기소개서란 무엇인가? 우리는 언제 자기소개서를 쓰는가? 자기소개서는 말 그대로 자기를 다른 사람에게 소개하는 글이다. 최근에 쓴 자기소개서를 생각해보면, 대학교에 입학하기 위한 목적으로 자기소개서를 썼던 것이 떠오를 것이다. 입학하기 위해서, 혹은 입사하기 위해서 쓰는 자기소개서는 실용적 목적을 지니는 자기소개서이다.

흔히 자기소개서는 자신의 성격, 학업 및 경력 등을 상대방에게 소개하는 글로 생각하지만, 사실 자기소개서의 본질은 자기에 대한 성실하고, 상세한 소개를 바탕으로 자기소개서를 읽는 사람을 설득하는 데에 있다. 그래서 자기소개서는 자기를 표현하는 대표적인 글이지만 실용적 목적의 자기소개서의 경우에는 읽는 사람을 중심으로 작성해야 한다.

(1) 자기소개서의 요소와 작성 시 유의사항

실용적인 자기소개서는 신입생으로 입학을 하거나 특정 단체에 가입하거나 직장에 취직하는 경우에 작성하게 되는 문서를 말한다. 이러한 경우에는 대개 지원자가 다수이므로 자기소개서를 읽는 사람이 개개인의 정보나 특성을 꼼꼼하게 파악하기가 어렵다. 따라서 자기소개서를 작성할 때에는 자신의 장점을 부각시킬 수 있도록 해야 한다. 예를 들어 한눈에 들어올 수 있는 어휘나 문장으로 작성하거나 흥미로운 내용을 토대로 작성하는 것이 좋다.

자기소개서는 다양한 항목으로 구성될 수 있지만 실용적인 자기소개서의 경우 대부분 성장 과정과 성격의 장단점, 지원 동기와 입사 후 포부 등에 대한 내용이 포함된다. 이러한 내용에 허위나 거짓 내용이 있을 경우 지원자에게 불이익이 발생될 수 있기 때문에 자기소개서를 작성할 때에는 솔직하게 작성하는 것이 무엇보다 중요하다.

먼저 성장 과정은 지원자를 알아보기 위한 기본 항목이다. 자기소개서에서 성장 과정은 가장 기본이 되는 항목이지만 사실은 많은 사람들이 쓰기 힘들어하는 영역이기도 하다. 자신이 살아온 이야기를 쓰는 것이지만 정확한 가이드라인이 제시되지 않는 경우에는 굉장히 모호하게 생각되기도 하는 질문이다.

성장 과정을 작성할 때에는 태어났을 때부터 현재까지의 이야기를 길게 나열하여 작성하는 방법보다 자신이 겪었던 과거의 사건을 중심으로 쓰는 것이 좋다. 그 사건으로 인하여 어떠한 가치관이 성립될 수 있었는지, 그러한 가치관이 성립되기 전과 후에 어떠한 변화가 있었는지, 이러한 가치관을 바탕으로 앞으로 지원하는 곳에서 어떻게 생활할 수 있는지를 중심으로 기술해야 한다. 단순히 연대기적으로 자신의 성장 과정을 밝히는 것은 자기소개서를 돋보이게 하지 못한다. 다만 경우에 따라 가정 환경적인 측면이나 유년 시절의 모습을 작성하라고 제시되는 경우가 있는데 이러한 경우에는 회사에서 제시한 방법을 따르는 것이 좋다.

성격의 장단점은 자신이 지니고 있는 성격의 장점과 단점을 보여줄 수 있는 항목이다. 여기에서는 자신에게 다른 지원자들과는 다른 특별한 경험이나 특출한 점이 있다는 것을 부각하는 것이 좋다. 그러나 장점이나 단점을 억지로 꾸며내어 지나치게 강조하는 것은 바람직하지 않다.

성격의 장단점을 쓸 때에는 장점을 먼저 밝히는 것이 좋다. 장점을 밝히면서 이로 인해 지원하고자 하는 분야의 업무를 얼마나 효율적으로 처리할 수 있는지를 관련지어야 한다. 또한 성격의 단점을 서술할 때에도 단점만 기록하지 말고, 단점을 극복하고자 했던 노력과 현재의 상황을 함께 서술해야 한다. 만약 단점으로 보일 수 있는 성격이 장점으로 활용될 수 있다면 그러한 내용을 함께 기술해야 자신의 단점을 보완할 수 있다. 예를 들어 급한 성격을 단점으로 썼다면, 이러한 단점이 업무에 있어서는 일을 신속하게 처리할 수 있는 능력이 될 수 있음을 보여줄 수 있다.

지원 동기는 회사와 지원자의 접점을 보여줄 수 있는 항목으로 지원자가 회사와 잘 맞는지, 직무를 수행할 수 있는 능력을 갖추었는지를 보여주어야 한다. 여기에서는 회사의 좋은 점들만 표현하기보다는 회사에서 원하는 인재상, 핵심역량 등을 파악하여 이를 활용하는 것이 중요하다.

지원 동기를 쓸 때에는 회사에 지원하는 이유에 대해서 명확한 동기를 드러내며, 자신이 회사의 인재상에 부합한다는 것을 드러내는 것이 좋다. 또한 회사나 직무에 관심을 갖게 된 계기와 사건을 구체적으로 서술해야 한다. 그러기 위해서는 회사나 직무에 대한 철저한 조사를 바탕으로 내용을 구성해야 한다. 그렇다고 해서 직무에 대해 조사한 내용으로만 구성하는 것은 좋지 않다. 기업에 대한 이해도를 바탕으로 자신의 인성적인 측면을 활용하여 직무 역량을 강조해야 한다.

입사 후 포부는 지원자가 회사의 발전에 어떻게 도움을 줄 수 있고, 어떻게 성장할 것인지에 대해서 구체적으로 보여줄 수 있는 항목이다. 합격 후 자신이 얼마만큼의 역량을 발휘할 수 있는지를 강조하며, 뚜렷한 목표를 가진 지원자임을 밝히는 것이 중요하다.

입사 후 포부를 쓸 때에는 입사 후라는 미래의 상황을 가정하는 것이기는 하지만 추상적인 표현이 아니라 단계적으로 달성 목표를 제시하며 비전을 가지고 구체적으로 작성해야 한다. 최선을 다하겠다거나 열심히 하겠다는 막연한 표현은 상대방으로 하여금 신뢰하지 못하게 할 수 있다. 또한 너무 거창하거나 허황된 목표를 제시하는 것보다 제시한 목표가 현재의 노력과 앞으로의 노력을 통해 실현 가능한 목표라는 것을 증명해 주는 것이 좋다.

이 외에도 자기소개서를 쓸 때에는 몇 가지 유의해야 할 것이 있다. 실용적인 목적의 자기소개서는 대부분 질문이나 형식이 정해져 있는 경우가 많아 형식적인 측면이 강조되는 글쓰기이기도 하다. 따라서 자기소개서의 형식은 엄격하게 지켜야 한다. 또한 자기소개서에는 유의사항이 있는 경우가 있다. 기재 금지된 사항이 자기소개서에 포함되어 있지는 않은지 꼼꼼하게 점검해야 한다. 마지막으로 자기소개서를 평가하는 평가자에게 뚜렷한 인상을 남기기 위해서는 두괄식 문단과 짧은 문장으로 구성하는 것이 좋다.

다음은 자기소개서 각 항목의 구체적인 문항 예이다.

- 성장과정, 성격, 특기 사항에 대해 구체적으로 기술하시오.
- 개인적으로 특별했던 경험을 서술하시오.
- 희망 근무지를 선택한 이유와 향후 5년 후의 본인의 모습에 대해 기술하시오.
- 지원 동기 또는 입사 후 원하는 업무와 이를 준비한 과정을 서술하시오.
- 10년 후 자신의 모습을 상상해 보고 그것을 성취하기 위해서 어떤 노력이 필요한지 서술하시오.

- 직장생활에서 활용 가능한 인생에서의 성공 경험, 실패 경험에 대해 기술하시오.
- 지금까지 자신이 경험했던 일 중에서 가장 자랑스러운 일은 무엇이고, 그 일이 어떤 점
  에서 자랑스러웠는지 서술하시오.

(2) 자기소개서 작성하기

자기소개서를 작성할 때에도 일반적인 글을 쓸 때와 마찬가지로 계획, 생성, 조직, 표현, 퇴고의 과정을 거쳐야 한다. 자기소개서를 작성할 때에는 각 과정에 따라 다음과 같은 방법을 사용하는 것이 좋다.

계획하기에서는 어느 회사에 지원할지를 결정하고, 자기소개서의 장르에 대한 이해를 해야 하며 왜 자기소개서를 써야 하는지 자기소개서를 쓰는 목적을 결정한다. 그리고 누가 자기소개서를 읽을지 예상 독자를 고려해야 한다. 실용적 목적을 지닌 자기소개서의 독자는 대부분 회사의 인사 담당자로서 나의 직무에 대해 잘 알고 있는 사람인 경우가 많다. 독자의 수준이나 관심을 고려하여 자기소개서의 주제나 방향을 결정해야 한다.

생성하기에서는 자기소개서에 들어갈 내용의 소재들을 찾아야 한다. 과거의 경험들 중 의미 있는 사건들을 핵심어 중심으로 생각나는 대로 자유롭게 써 본다. 이때에는 자신에게 영향을 준 최대한 많은 사건들을 떠올리는 것이 좋다. 그리고 지원하고자 하는 회사와 지원 분야에 대해서도 철저하게 조사해야 한다. 회사의 비전, 회사가 원하는 인재상은 무엇인지, 지원하고자 하는 직무에 필요한 업무 능력 등을 구체적으로 조사하여 수집해야 한다.

조직하기에서는 생성하기에서 구상한 내용이나 수집한 자료를 적절하게 배치해야 한다. 떠올린 과거의 경험이나 사건을 성장 과정에 쓸 것인지 지원 동기에 쓸 것인지 등을 생각해 보고, 항목별 내용을 기술할 때 일관성을 유지할 수 있도록 맥락에 맞게 배열해야 한다.

표현하기에서는 효과적인 표현 방법을 활용해서 자기소개서를 실제로 작성해야 한다. 각 회사마다 자기소개서에서 알기 원하는 질문의 의도가 있다. 이 질문 의도를 파악해서 작성한다. 자기소개서는 간결한 문장으로 명확하게 자신감이 느껴지는 어조로 작성하는 것이 좋다.

퇴고의 단계에서는 작성한 자기소개서를 일반적인 글쓰기의 고쳐쓰기 단계에서 고려해야 하는 단어, 문장, 문단, 글 수준에서 살펴본다. 또한 어려운 용어를 사용하지는 않았는지, 과

거의 활동만 나열하고 성장한 내용이 없지는 않은지, 긍정적 표현 위주로 작성하였는지, 다른 사람의 자기소개서를 표절한 부분은 없는지 등을 위주로 수정해야 한다.

자기소개서는 글쓰기의 보편성을 지니기도 하지만 자기소개서만이 지니는 내용과 형식적 요건들이 있다. 자기소개서 작성을 마쳤다면 독자와 필자의 소통 맥락을 이해하며 자기소개서를 평가하는 사람의 입장에서 마지막으로 체크해야 하는 사항들을 살펴야 한다. 자기소개서를 스스로 평가해보며 검토해 보는 과정에서 퇴고의 단계에서도 발견하지 못한 또 다른 수정 사항을 발견할 수 있다.

2) 창의적인 자기소개서

나는 누구이고, 나의 성격은 어떠한가? 나에 대한 이야기를 하려 할 때에도 무엇을 먼저 말해야 하는지 종종 머뭇거리게 되는 경우가 있다. 요즘에는 사람들이 자신에 대해 알아보기 위하여 다양한 심리 테스트가 간단한 퀴즈 형태로 제공되는 문제들을 공유하여 풀기도 한다. 사람들은 왜 이렇게 나 자신을 알고 싶어 하는 것일까? 문제에 대해 응답한 답들을 분석해서 나의 성격을 알려준다 하더라도 나의 모습은 변하는 것이 없다. 그럼에도 우리는 그 문제들을 풀어서 공유하고, 다른 사람은 어떤 유형의 사람으로 표시되었는지 그 결과를 궁금해 하기도 한다. 이런 간단한 테스트의 결과를 통해서도 우리는 우리의 성격을 다른 사람에게 알릴 수 있지만 글을 통해서도 우리를 다른 사람에게 소개할 수 있다.

다른 사람에게 나를 소개하는 글은 앞에서 배운 실용적인 목적의 자기소개서와 같이 형식을 갖춘 것도 있다. 하지만 모임의 첫 만남에서 자기소개서를 써서 돌려 읽기도 하고, 수업의 첫 시간에 자신을 소개하는 자기소개서를 과제로 받기도 한다. 그렇기 때문에 자기소개서는 하나의 방식으로만 정의할 수 없다. 실용적인 자기소개서에서는 엄격한 형식 내에서 자신을 소개하여 입사나 입학의 목적을 달성해야 한다. 그래서 사실상 개성적으로 자기다움을 표현하는 데에는 제한이 있다. 이런 실용적인 자기소개서를 쓰는 경우가 아니라면 자유로운 형식의 창의적인 자기소개서로 모임의 분위기를 풀어주고, 구성원들 사이에 친밀감을 높일 수 있다.

(1) 창의적인 자기소개서와 창의적 사고

현대 사회는 자기 PR(Public Relation)의 시대이고, 자기 PR의 중요성은 나날이 증대되고 있다. PR이란 불특정한 다수의 대중을 대상으로 이미지나 제품의 홍보를 주목적으로 하는 커뮤니케이션 활동을 의미한다. 자기 PR은 다른 사람에게 자신을 홍보하는 활동이다. 창의적인 아이디어를 통해서 제품을 홍보하면 제품에 대한 이미지가 사람들의 기억에 더 잘 남을 수 있다. 이와 마찬가지로 진부한 표현이 아닌 창의적인 표현이나 창의적 방법을 활용하여 자기를 소개하는 글을 쓰면 다른 사람에게 나를 더 효과적으로 소개할 수 있다.

창의적인 자기소개서를 쓰기 위해서는 창의적 사고가 필요하다. 창의적 사고는 이전에 있던 생각과는 다르게 생각하는 것으로 다른 사람이 생각하지 못하는 것을 생각해 내는 것을 말한다. 창의적 사고를 하기 위해서는 주변 세계에 관심을 갖고 새로운 언어나 참신한 표현을 해보려는 노력을 해야 한다. 이런 아이디어를 얻기 위해서는 문제에 대해 자유롭게 사고해야 한다. 그러나 그렇다고 해서 아무런 지식과 준비 없는 자유로운 사고는 의미가 없다. 무에서 유를 생각해 내는 것은 불가능하기 때문이다. 다양한 아이디어를 떠올릴 수 있도록 자료를 수집하고, 창의적 아이디어가 발현될 수 있도록 충분한 시간을 가질 필요가 있다.

창의적으로 사고하기 위해서는 문제에 대해 최대한 다양한 각도에서 생각해 보아야 한다. 하나의 대상에 대해서 몰두하여 그에 대해 깊이 있게 고민하는 과정에서 이미 있는 틀에서 벗어나 제한된 생각의 벽을 부수는 시도가 있어야 한다. 사고의 유연성을 가지고 기존의 방식을 탈피하여 독특하고 기발한 아이디어를 떠올릴 수 있다.

여기에서는 양식에 맞추어 쓰는 자기소개서에서 벗어나 창의적 사고를 통해 자신을 소개하는 데에 중점을 둔다. 그러나 독창적인 관점으로 자신을 소개하는 것에서도 실용적인 자기소개서를 구성할 때와 마찬가지로 자신에 대한 뚜렷한 이해가 우선되어야 한다. 자신에 대해 깊이 생각해보고, 나에 대해 최대한 많은 각도에서 생각해 본다. 또한 다른 사람의 기억에 남도록 나를 소개하기 위해 어떤 내용과 방법으로 구성할지에 대해 고민하며 창의적인 자기소개서를 써야 한다.

(2) 창의적인 자기소개서 작성하기

창의적으로 자신을 소개하는 방법은 여러 가지가 있다. 창의적인 자기소개서를 쓸 때에는 관습적인 자기소개서의 표현들에서 벗어나는 것이 필요하다. 다음은 신입생들을 대상으로 한 글쓰기 강의 시간에 창의적으로 자기소개 하는 글을 쓰라는 과제를 부여받은 학생의 글이다.

나는 앞장서서 일하기보다는 뒤에서 사람들을 도와주는 것을 더 선호하는 성격입니다. 그래서인지 나는 줄곧 게임을 할 때나 조별 과제를 할 때, 아니면 다른 사람을 도와줄 때 그 사람들은 나에게 서포터라는 별명을 붙여주는 경우가 많습니다. 어느 날, 나의 남자친구가 나에게 이렇게 말했습니다. "나는 나의 우주 안에서 네가 가장 아름답게 빛나는 별이 되었으면 좋겠어." 나는 남자 친구의 말을 듣고 우주와 별의 관계에 대해서 생각해보게 되었습니다. '별이 빛나려면 어두운 공간인 우주가 있어야 한다. 그렇다면 우주는 서포터의 역할을 하는 것일까?' 우주가 없었다면 별이 아름답게 빛날 수 있었을까?라는 의문이 들었습니다. 그러던 중 빛은 별에서 나오지만 우주와 별이 함께 만드는 것이라는 점을 찾아냈습니다. 나는 내가 생각한 우주에 나를 대입해 봤습니다. 나의 가치관과 우주의 모습은 닮아 있었습니다. 그 뒤로 나는 우주 같은 사람이 되자고 마음먹었습니다. 나를 정의하자면 나는 우주 같은 사람입니다.

-학생 글

위 글에서 학생은 자기 성격의 장점을 중심으로 이야기 형식의 자기소개서를 작성하였다. 다른 사람을 도와 일을 처리하는 자신이 별을 아름답게 빛나게 해 주는 역할을 할 수 있다는 생각을 토대로 자신을 우주 같은 사람이라고 창의적으로 표현하고 있다.

이러한 배경에는 '빛나는 별 : 어두운 우주 = 나의 도움을 받는 친구 : 도와주는 나'라는 창의적인 유추의 과정이 포함되어 있다. 빛나는 것과 어두운 것을 대비시키는 것과 별과 우주를 대비시키는 것은 자연스럽다. 단어가 가지고 있는 성격들의 연상될 수 있는 거리가 가깝기 때문이다. 그러나 이것을 친구와 나의 성격으로 결합하는 것은 유사성을 지니고 있지만 연상의 거리가 멀기 때문에 창의적인 사고의 결과로 볼 수 있다.

나는 영화 신세계의 황정민처럼 남자답게 살고 싶지만 사실은 그것만이 내세상의 이병헌처럼 쥐죽은 듯이 삽니다.

나는 영화 범죄의 도시의 마동석처럼 듬직하고 싶지만 실상은 집으로의 유승호와 같이 어리기만 합니다.

나는 영화 셜록홈즈의 로버트 다우니 주니어처럼 말도 잘하고 똑똑하게 살고 싶지만 지금은 스파이의 설경구와 같은 영락없는 소시민입니다.

이처럼 아직은 작고 내세울 것 없는 나이지만 언젠가는 황정민처럼 마동석처럼 로버트처럼 괜찮은 사람이 될 것입니다.

-학생 글

　위 글을 쓴 학생은 영화에 나오는 등장인물들의 성격을 바탕으로 자신을 소개하였다. 미래에 자신이 닮고 싶은 인물과 현재의 자신과 닮은 영화 속 인물을 비교하여 나열하면서 자신의 성격을 창의적으로 소개하고 있다.

　이러한 방법은 비교적 형식을 엄격하게 갖추어 쓰는 실용적인 목적의 자기소개서를 쓸 때에도 적용할 수 있다. 실용적인 목적의 자기소개서에서도 창의적인 사고를 적절하게 활용하여 자신의 경험이나 성장 과정을 드러내면 수많은 지원자들 중 자신을 돋보이게 할 수 있다. 현대 사회는 다양한 공간에서 여러 사람을 만나며 자기를 소개해야 하는 경우가 많다. 이때에는 각 모임의 분위기를 부드럽게 하고, 친밀감을 높일 수 있도록 창의적인 자기소개서를 통해 다른 사람들과 소통하는 것도 필요하다.

1   SWOT는 기업을 강점(strenth), 약점(weakness), 기회(oppportunities), 위협(threats)의 4가지 상황별로 분석하여 마케팅 전략을 수립하는 방법이다. 다음의 SWOT 표를 활용하여 자신의 성격의 장단점을 서술해 보자.

S 강점	W 약점
O 기회	T 위협

2 나를 나타낼 수 있는 캐릭터를 찾아보고, 그것이 왜 나를 나타낼 수 있는지 이유와 함께 자신을 창의적으로 소개하는 글을 써 보자.

2. 자서전

자서전은 필자가 스스로 자신의 생에 대해 서술한 글이기 때문에 작가와 화자가 동일하다는 특징이 있다. 자서전에서는 개인적인 체험들이 글의 소재가 된다. 자기의 경험 중 글로 남길 만한 가치가 있는 경험들을 골라 자서전의 내용을 생성할 수 있다. 자서전에서는 이렇게 한 개인의 삶을 다루게 된다.

자기소개서와 자서전이 모두 자신에 대해 쓰는 글이지만, 자기소개서는 독자에게 나를 알리려 하는 글이기 때문에 독자와의 소통을 중심으로 하는 공공성이 강하고, 자서전은 자신의 내면과의 소통에 중점이 있다.

자서전에 대한 오해는 자서전이 유명한 사람들의 글이라는 것이다. 쓰기 주체의 범위가 확장되면서 나의 삶을 솔직하게 기록하는 행위는 누구에게나 가능해졌다. 성공한 사람들뿐만 아니라 평범한 일반인들도 자서전을 쓸 수 있다. 평범한 사람들도 시간을 갖고 나를 돌아보면서 자신이 진정으로 원하는 내면의 욕구들을 발견하며, 혹은 현재 상황에서 미래의 계획을 세우면서 좋은 자서전을 쓸 수 있다.

1) 자신의 삶을 기록하는 자서전

자서전을 쓰기 위해서는 먼저 나에 대해 생각하는 시간이 필요하다. 자신이 살면서 기억에 남는 장면이나 생각나는 사건을 파편적으로 떠올려보고, 그 사건들이 주는 의미가 무엇이었는지 생각한다. 때로는 부모님이나 나를 잘 알고 있는 주변 사람들과의 대화 속에서 자서전의 내용을 발견할 수도 있다. 그러나 이렇게 내용을 발견하고, 생각하는 것만으로는 글을 쓸수 없다. 무엇을 써야할지 생각했다면 글의 짜임을 구상하고, 직접 써보아야 한다.

자서전을 쓰기 위해 자신만의 연표를 만들어 내 생애를 먼저 정리해보면 글을 쓰기에 훨씬수월할 수 있다. 연표는 원래 역사적인 사실을 연대의 차례대로 적은 표인데 자서전을 쓸 때에도 자기만의 역사 연표를 만들 수 있다. 이 연표는 간략하게 만들 수 있고, 자세하게 만들수도 있다. 먼저 기억에 남는 일들을 위주로 사건과 상황에 중점을 두어 간략하게 정리해 본다. 그러고 나서 그 사건과 상황에서 느낀 점에 대해 서술한다. 이렇게 내 기억에 남는 일들을 중심으로 한 연표의 내용들을 토대로 자서전의 제목이 나올 수 있다. 자서전의 제목은 자서전 내용의 일부를 부각시킬 수도 있고, 글 전체의 내용을 포괄시킬 수 있도록 할 수 있다.

자서전은 나에 대한 이야기이기 때문에 글쓰기에 대한 큰 부담을 가지지 말고, 글을 완성해 보려는 노력이 중요하다. 자서전을 쓰면서 자신이 경험했던 것들의 의미를 발견하고, 경험의 가치를 발견하는 시간을 가질 수 있다. 과거에 위기에 빠졌던 경험은 언제였는지, 감사한 경험은 언제였는지, 후회되는 순간은 언제였는지 등을 생각하며 과거의 체험을 중심으로 자신의 삶을 기록할 수 있다. 자신의 경험을 떠올리며 다음과 같은 질문으로 자서전 내용을 구체화할 수 있다.

- 대학생이 되기 전에 나는 어떻게 살아 왔나?
- 나는 친구들과 어떤 관계를 유지하며 성장하였나?
- 기억에 남거나 흥미로운 사건들이 있었나? 왜 그 사건이 기억에 남는가?
- 살아오며 나에게 영향을 준 사람은 누구인가? 그 사람이 어떤 영향을 주었는가?
- 나는 지금 무엇을 하며, 어떤 미래를 준비하며 살고 있는가?

자서전은 주제별로 내용을 전개하는 방법과 연령대별로 내용을 전개하는 방법이 있다. 주제별로 내용을 전개하는 방법은 자신의 삶을 주제별로 나누어 구체적인 질문을 하고, 답을써 보는 것이다. 연령대별로 내용을 전개하는 방법은 자신의 삶을 연령별로 나누어 각 시기별로 꿈이나 목표, 신념, 경험한 사건 등을 간략하게 정리하는 방법이다.

자서전의 전형을 보여주는 예로는 독립 운동가이자 정치가의 삶을 산 김구의 『백범일지』를들 수 있다. 『백범일지』는 한국의 근대적인 자서전 양식의 시작으로 볼 수 있다. 김구의 자서전에서는 개인의 행적만을 드러내는 것이 아니라 사회적, 역사적인 환경 속에서의 개인의 삶을 다루고 있다. 김구의 자서전은 김구 개인의 삶과 더불어 독립 운동의 역사와 당시의 시대와 상황을 알 수 있는 귀중한 자료이다.

나 김구의 소원은 이것 하나밖에는 없다. 내 과거의 70 평생을 이 소원을 위해 살아왔고, 현재에도 이 소원 때문에 살고 있고, 미래에도 나는 이 소원을 달하려고 살 것이다. 독립이 없는 백성으로 70 평생에 설움과 부끄러움과 애탐을 받은 나에게는 세상에 가장 좋은 것이 완전하게 자주독립한 나라의 백성으로 살아보다가 죽는 일이다. 나는 일찍이 우리 독립 정부의 문지기가 되기를 원했거니와, 그것은 우리나라가 독립국만 되면 나는 그 나라에 가장 미천한 자가 되어도 좋다는 뜻이다. 왜 그런고 하면, 독립한 제 나라의 빈천이 남의 밑에 사는 부귀보다 기쁘고, 영광스럽고, 희망이 많기 때문이다.

옛날 일본에 갔던 박제상이 "내 차라리 계림의 개 돼지가 될지언정 왜왕의 신하로 부귀를 누리지 않겠다" 한 것이 그의 진정이었던 것을 나는 안다. 제상은 왜왕이 높은 벼슬과 많은 재물을 준다는 것도 물리치고 달게 죽임을 받았으니, 그것은 "차라리 내 나라의 귀신이 되리라" 함에서였다.

근래 우리 동포 중에는 우리나라를 어느 이웃나라의 연방에 편입하기를 소원하는 자가 있다 하니, 나는 그 말을 차마 믿으려 아니하거니와 만일 진실로 그러한 자가 있다 하면, 그는 제정신을 잃은 미친놈이라고밖에 볼 길이 없다. 나는 공자·석가·예수의 도를 배웠고 그들을 성인으로 숭배하거니와, 그들이 합하여서 세운 천당·극락이 있다 하더라도 그것이 우리 민족이 세운 나라가 아닐진대, 우리 민족을 그 나라로 끌고 들어가지 아니할 것이다. 왜 그런고 하면, 피와 역사를 같이하는 민족이란 완연히 있는 것이어서 내 몸이 남의 몸이 못 됨과 같이 이 민족이 저 민족이 될 수 없는 것은, 마치 형제도 한 집에서 살기에 어려움이 있는 것과 같은 것이다. 둘 이상이 합하여서 하나가 되자면 하나는 높고 하나는 낮아서, 하나는 위에 있어서 명령하고 하나는 밑에 있어서 복종하는 것이 근본문제가 되는 것이다.

-김구, 『백범일지』

이 글은 슬픈 역사의 시대를 살던 김구 선생이 나라가 독립되기를 간절히 바라는 마음을 담아 쓴 자서전이다. 백범 출간사에서 밝히고 있듯이 김구 선생은 상해에서 대한민국 임시정부의 주석이 되어 언제 죽을지 모르는 위험한 일을 하면서 어린 두 아들에게 자신의 지난 일을 알리고자 하는 동기에서 백범일지의 상편을 썼다. 또 하편은 해외의 동포들을 염두에 두고 민족 독립운동에 대한 경륜과 소감을 알리려고 쓴 글이다. 우리는 유서 대신 쓴 자서전을 통해 김구 선생이 지나온 역사적 삶의 모습과 애국심을 절절하게 느낄 수 있다.

맥아담스(Dan P. McAdams)는 자서전 쓰기가 심리적인 치유에 도움이 된다고 주장하였다. 맥아담스는 상담에서 내담자가 자기 자신에 관해 이야기할 수 있는 일곱 단계의 전개 방식을 제안하였다. 이러한 방식으로 자기 자신에 관해 탐색하는 과정은 스스로를 더욱 깊이 이해하는 과정이 되며, 다른 사람과의 관계를 더욱 풍성하게 이끌게 된다. 맥아담스가 제안한 7단계는 자서전 쓰기의 방식으로도 설명될 수 있다.

1. 1단계: 인터뷰는 자신의 삶에 관해서 제목을 붙여 보는 것으로 시작한다. 자신의 삶이 마치 한 권의 책으로 쓰였다고 생각하는 것이다.

2. 2단계: 이번 단계에서는 삶에 관해 일반적인 설명에서 좀더 구체적이고 자세하게 이야기할 수 있도록 삶의 여덟 가지 주요 경험에 관해 묻는다.

   ① 절정 경험: 내 인생에서 최고의 순간, 가장 놀랍고 감동적인 순간은 언제였는가?

   ② 침체의 경험: 내 인생에서 가장 최악의 순간은 언제였는가?

   ③ 전환점: 나 자신을 이해하는 데 중대한 변화를 가져온 사건은 무엇인가?

   ④ 초기 기억: 가장 어렸을 때의 기억, 가장 오래된 기억은 무엇인가?

   ⑤ 중요한 아동기 기억: 아동기와 관련된 기억이 지금의 나에게 어떤 영향을 미쳤는가?

   ⑥ 중요한 청소년기 기억: 청소년기의 경험과 기억이 현재의 나와 어떤 연관을 갖는가?

   ⑦ 중요한 성인기 기억: 20대 이후 나의 삶에 중요한 기억은 무엇인가?

   ⑧ 그 밖의 중요한 기억: 그 밖의 과거에 일어난 중요한 사건의 기억은 무엇인가?

3. 3단계: 인터뷰는 중요한 사건에서 중요한 주변 인물들로 옮겨 간다. 당신의 삶에서 가장 중요하게 긍정적인 영향을 준 사람은 누구인지 이야기해 보도록 한다.

4. 4단계: 과거와 현재에 대해 충분한 시간을 쓴 후 인터뷰는 미래에 대한 이야기로 나아간다. 삶의 이야기는 앞으로 무슨 일이 있기를 기대하고 계획하는지를 살펴 보면서, 미래로 확장된다.

5. 5단계: 이 단계에서는 스트레스나 문제를 다룬다. 모든 삶의 이야기는 중요한 갈등, 미해결과제, 심한 스트레스의 기간 등을 갖고 있다. 현재 당신의 삶의 영역에서 심한 스트레스나 갈등, 어려운 문제나 도전 등을 겪고 있는지 두 가지만 찾아 내서 설명해 보라.

6. 6단계: 이 단계에서는 개인적인 사상과 신념을 살펴보는 것이 중요하다.

7. 7단계: 마지막으로 삶의 전반적인 주제에 대해 살펴본다.

-양유성, 『이야기 치료』

자서전을 쓰면서 지금까지 살아온 날들을 돌아보며 인생의 사건들을 기억하고, 그 사건들이 주는 의미를 떠올려볼 수 있다. 사람들이 자신의 과거를 기록으로 남기고 싶어 하는 이유는 자신의 삶의 아픔을 객관화하고, 간직하고 싶은 일들을 표현하고자 하는 글쓰기의 욕구 때문이다. 이러한 자서전 쓰기의 과정은 자기 치유의 일환이 될 수 있다.

자서전은 나는 누구인가?의 물음에 답을 찾아가는 과정이다. 그리고 글을 쓰면서 나에 대해 새롭게 던져지는 질문에 답하는 과정에서도 자신의 정체성이 새롭게 드러나게 되는 글쓰기이다. 그래서 자서전은 글쓴이의 개성이 드러나는 고백적인 글의 성격을 지닌다. 그러나 나의 정체성을 찾는다는 것은 타인과의 관계와 분리해서 생각할 수 없다. 따라서 자서전을 쓰는 과정에서 우리는 나와 타인과의 관계를 성찰할 수 있다. 또한 자서전을 쓰는 활동을 통해서 우리는 과거의 나를 현재화하는 경험을 할 수 있고, 과거 지향의 글쓰기를 통해 내가 누구인지, 지금 나는 어느 지점에 있는지 등 나를 진단할 수 있다. 그리고 다른 사람에게 나 자신에 대해 인정받는 경험을 할 수도 있다. 이러한 경험은 결과적으로 자신을 성장하게 하는 계기가 될 수 있다.

2) 자신의 삶을 계획하는 자서전

자서전은 자신의 삶을 기록하는 것이지만 과거의 기록만 담을 수 있는 것은 아니다. 미래를 살아갈 나 혹은 되고 싶은 나에 대해서 미래를 설계하며 자서전을 쓸 수 있다. 미래를 계획할 때 그것이 허구냐 사실이냐를 중심으로 생각하기보다는 내가 바라는 일들이 미래에 실현 가능성이 있는지에 초점을 두어 자서전의 내용을 구성할 수 있다.

나의 성공노트, 미래자서전은 바로 내가 만들어 가는 나의 스토리입니다. 앞으로 다가올 미래를 생각하며 아직 일어나지 않은 일들을 나의 이야기로 만드는 일입니다. 그렇다고 미래의 스토리를 쓰는데 있어서 크게 두려워 할 일은 아닙니다. 그 이유는 인류가 시작된 그때부터 인간은 상상하며 이야기를 만들어 내고 표현하는 능력을 가졌기 때문입니다. 이야기 속의 세계에서는 내일은 곧 오늘의 연속인 것처럼 이어졌고, 따라서 내일은 어제에 비해 크게 달라지지 않기 때문입니다. 때때로 대대로 이어온 전통이 흔들리는 경우도 있었지만 그래도 늘 변화의 속도는 우리가 쉽게 자각할 수 없을 만큼 느렸습니다. 그러나 시간이 지날수록 과학기술과 기술 문명의 발달로 우리가 사는 세상은 글로벌화 되고 국제무역 강화, 경쟁의 심화, 사회적 역할의 이동이나 문화의 혼합 그리고 환경의 변화가 인류가 살아가는 보편적 삶의 형태를 변화시키기 시작했습니다. 과거와는 달리 우리는 지금 미래에 대한 꿈을 꾸고, 미래에 투자하고, 미래를 계획하고, 미래에 승부를 걸면서 살아가고 있습니다. 그런 과정을 거치면서 우리들은 이미 어느 정도까지는 미래를 예측하게 되었고 또 만들어 볼 수 있게 된 것입니다.

내가 쓰는 나의 미래스토리는 비현실적인 허구나 공상과학이 아닙니다. 또한 자신의 미래에 도달하는 방식을 구체적으로 논하는 실행계획서라기보다는 미래에 대한 포괄적인 이미지나 개략적인 묘사이기 때문에 그렇습니다. 미래를 상상하고, 시간의 경계를 넘어 상황을 바라보고, 다가올 보다 큰 기회를 상상하는 것이지요. 따라서 꿈을 가지고 있는 사람이라면 누구나 멋진 이야기를 만들 수 있습니다. 이야기를 만들고, 만들어진 이야기를 즐기는 것은 인간만이 가지고 있는 특별한 능력이라고 할 수 있습니다.

-조영순, 『꿈을 찾아 떠나는 미래 여행』

미래의 삶을 구성하는 자서전 쓰기를 위해서 자신의 롤 모델을 정하여 실제로 혹은 가상으로 인터뷰를 진행할 수 있다. 이러한 인터뷰 내용을 기반으로 나의 미래의 꿈과 희망을 글로 풀어 자신의 삶을 계획하는 자서전을 쓸 수 있다.

미래의 꿈이라고 해서 너무 허황된 것을 쓰거나 단계적인 계획을 세울 수 없는 것을 글로 남기는 것은 큰 의미가 없다. 나의 노력으로 인해 도달할 수 있는 꿈, 사회적으로 가치 있게 여겨질 수 있는 꿈, 나와 동시에 다른 사람을 성장시킬 수 있는 꿈이야말로 내 삶을 계획하는 자서전에서 다룰 수 있는 꿈인 것이다. 우리가 단계적으로 꿀 수 있는 꿈에 대한 질문을 다음과 같이 구체화할 수 있다.

- 대학교 2, 3, 4학년에 나는 무엇을 하고 있을까?
- 졸업을 한 후에는 무엇을 하고 있을까? (진학, 취업 등)
- 내가 소중히 여기는 것을 지키기 위해 어떤 노력을 하고 있을까?
- 나에게 시련이 올 때는 언제일까? 그 때에는 어떤 방법으로 시련을 극복하려고 할까?
- 직장을 그만두게 될 때 나는 또다시 어떤 삶을 꿈꾸고 있을까?
- 죽음을 앞두고 나는 어떤 인생을 살고 있을까?

미래 자서전은 미래의 삶을 상상하면서 쓰는 자서전으로 상상력이 바탕이 되는 글쓰기이다. 과거의 삶을 기록하는 과거 지향적 자서전이 실제 삶이 글에 영향을 미치는 것이라면 미래 지향적 자서전에서는 글이 실제 삶에 영향을 미칠 수 있도록 하는 작업이다. 우리는 미래 자서전을 쓰며 미래에 대한 비전을 가지고, 목표를 향해 구체적으로 생각해 볼 수 있다.

1 다음 그래프 안에 자신의 인생 그래프를 그려보고, 이를 바탕으로 짧은 자서전을
써 보자.

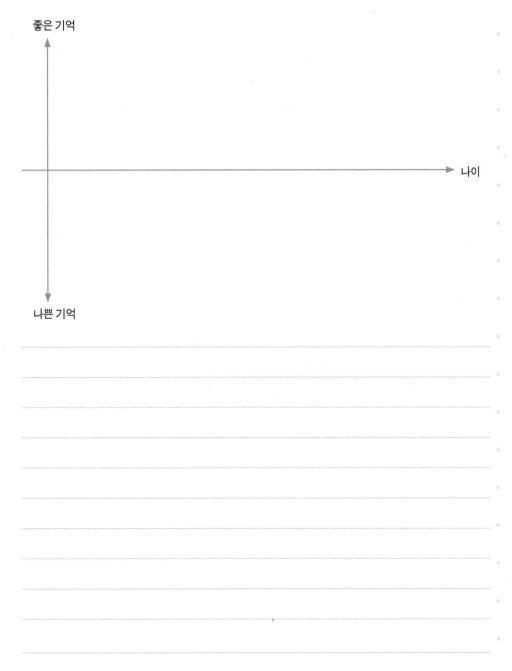

2 다음의 화제를 활용하여 대학 생활을 계획하는 미래 자서전을 써 보자.

| 학업 | 친구 | 동아리 | 봉사 활동 | 취업 준비 |

3 20년 후 내가 신문 기사에 나왔다고 상상하고, 기사에 나올 내용을 생각하며 기사문의 구성에 맞게 기사문을 작성해 보자.

기사문의 구성	내용
표제	기사의 핵심 내용을 압축적으로 표현한 제목
부제	표제의 내용을 뒷받침하는 내용으로 제시
전문	표제에서 제시한 내용을 요약하여 밝힘
본문	기사의 내용을 육하원칙에 따라 자세하게 정리
해설	본문 뒤에 붙이는 전망, 분석, 평가

3. 에세이

에세이는 개인이 가지고 있는 생각을 자유롭게 쓰는 산문이다. 에세이는 자유롭게 필자의 생각을 펼칠 수 있는 장르이기 때문에 자기 고백적 성격을 지닌다. 또한 에세이는 유연한 형식을 지닌 글이다. 시에서처럼 운율을 갖추거나 소설에서처럼 이야기의 구조를 갖추어야 하는 제약이 없고, 고정되어 있는 형식도 없다. 때로는 시의 서정성을 또는 소설의 서사성을 받아들인다. 때로는 희곡의 대화적 성격을 혹은 평론의 비평적인 성격까지도 받아들이기 때문에 형식에서 자유롭다. 흔히 에세이의 형식을 '무형식의 형식'이라고 하는 것은 이러한 이유 때문이다.

에세이는 편지 형식, 기행문 형식, 일기 형식 등 다양한 형식으로도 쓸 수 있다. 편지나 일기는 어느 정도 일정한 형식을 갖추어 써야 하지만 편지와 일기 형식으로 쓰는 에세이는 뚜렷하게 갖추어야 하는 형식이 없다는 점, 기행문은 여정이 분명히 드러나지만 기행문 형식의 에세이는 여행을 소재로 하는 경우에도 여정을 분명히 쓰지 않아도 된다는 점이 각각의 장르와 다른 점이다.

에세이는 삶에 대한 성찰, 체험이 주는 의미 등과 주제 의식을 갖추어야 한다. 주제 의식을 드러내는 내용에는 글을 쓰는 사람이 보고, 듣고, 느낀 것이 담기기 때문에 필자의 개성이 드러난다. 에세이는 이렇게 글을 쓰는 사람의 체험을 바탕으로 자기의 생각을 솔직하게 담아내는 문학 작품이기 때문에 1인칭 문학이라고 한다. 에세이의 소재는 어떤 소재라도 가능하지만 문학의 한 양식이기 때문에 많은 사람들이 공감하고 감동을 받을 수 있는 소재로 쓰는 것이 좋다.

1) 글감에 감성 입혀 쓰기

개성이 있으면서도 다른 사람들에게 감동을 줄 수 있는 에세이를 쓰기 위해서는 무엇보다도 자신이 쓸 수 있는 글감을 잘 찾아야 하고, 글감을 풍성하게 가지고 있어야 한다. 글감은 특별한 삶의 경험을 통해서만 얻어지는 것은 아니다. 물론 삶 자체에서 시련, 상처, 슬픔, 극복 등의 극적인 장면이 많이 있다면 글감이 많아지는 것은 사실이다. 그러나 평범한 삶, 일상에서도 글감을 찾을 수 있다.

글의 내용이 되는 재료인 글감을 찾을 때에는 어떤 조건이 필요할까? 흔히 글감을 찾기가 어려운 까닭은 자신의 경험에 대해 깊이 있게 생각을 하지 않거나 주변의 사물들에 대해 관심을 기울이지 않기 때문이다. 글감 찾기의 가장 중요한 조건은 자신의 마음을 잘 담아낼 수 있는 가슴 뭉클하고 진술한 글감을 찾는 것이다. 글감을 찾기 위해서는 다음과 같은 조건을 고려할 필요가 있다.

주관적 조건

① 삶에서 강한 인상을 받은 것
② 글로 써 보고 싶은 것
③ 그것을 씀으로써 만족할 수 있는 것

객관적 조건

① 글감이 사회성을 가질 것(두 사람 이상의 이야깃거리가 될 수 있는 것)
② 읽는 이에게 적극적인 영향을 주는 것
③ 인격과 집단에 대해 올바른 삶의 관점을 보여 주는 것

에세이를 쓸 때에는 무엇이나 글의 소재로 활용할 수 있기 때문에 내 주변에 있는 것들을 자세히 관찰하고, 나의 경험과 생각에 집중하여 쓰는 노력이 필요하다. 일상에서 경험하거나 느끼는 것을 메모하는 습관은 글감을 찾는 데에 도움을 준다. 그리고 일상적인 경험에서 새로운 깨달음을 얻어 글감을 찾았다면 이를 토대로 무엇을 어떻게 쓸지 고민해야 한다.

다음은 글감에 대해 고민한 어느 작가의 글이다.

글감은 어디 있을까요? 어디에나 있지만, 마음이 없으면 찾을 수 없습니다. 아이다운 상상력과 호기

심이 필수입니다. 길을 가다 만개한 벚꽃 앞에 멈춰 서서 꽃마다 수술의 개수를 세어봅니다. 18개, 21개, 22개, 25개, 수술의 개수가 꽃마다 다르더군요. 수술의 개수를 세고 검색을 하며 수학처럼 꽃에도 화식도(花式圖)가 있음을 알았습니다. 벚꽃은 식으로 K5C5A∞P1인데요. 수술의 개수가 일정치 않아서 ∞(무한대)라고 한대요. 아파트 화단의 매화꽃과 뒷산의 진달래꽃을 보며 수술의 개수를 셌습니다. 유채꽃 수술의 개수도 찾아봅니다. 검색하며 벚꽃 수술에 얹힌 망울을 꽃밥이라고 부른다는 것을 알았습니다. 꽃밥이라니요. 누가 처음 수술머리에 이처럼 이쁜 이름을 지어줬을까요. 꽃밥을 안 것이 좋아서 깡총거리다 수술이 암술에 청혼하는 상상을 하기에 이릅니다. 이 글 씨앗은 자라서 「꽃밥 청혼」이라는 시로, 소설로 세상에 나왔습니다. 이런 행운을 거머쥐는 날이 지속되기를 한없이 낮은 사람이 되어 갈구합니다.

아파트 화단에서 아이들이 신발을 벗어 길 잃은 사슴벌레를 태우고 풀밭으로 옮겨줄 때 멈춰서 같이 응원합니다. 사슴벌레가 엉금엉금 풀숲으로 가는 길을 지켜보며 언제까지나 이렇게 행복을 느끼는 작가이기를 소망합니다.

작품은 세상을 보려는 마음, 알려는 마음, 하고 싶은 마음에 달려오는 사은품입니다. 하여 마음먹기가 먼저입니다. 늘 보던 것, 알고 있다고 생각한 것들에 멈춰 서서 호기심 어린 눈으로 다시 보려는 마음. 이제껏 보지 못했던 것을 알아채려는 마음이 쉼 없이 찾아들길 두 손 모읍니다.

"유치하기는! 그런 건 해서 뭐해?"

"이미 다 아는 건데. 그것도 몰랐어?"

이렇게 마음이 녹슬어서 삐걱대면 새로움은 가까이 오기를 꺼립니다. 그러면 그저 그런 낡은 생각들로 그저 그런 글을 낳으며 절망하겠지요. 감동과 감탄을 자동 장착한 아이들의 마음이 내 안에 옮기를, 비난과 부정이 끼어들지 않기를, 호기심 촉이 무뎌지지 않기를, 놀고 싶은 마음이 파도처럼 출렁이기를, 반짝이는 눈으로 세상을 관찰하려는 마음먹기가 멈추지 않기를, 놀고 싶은 마음이 파도처럼 출렁이기를, 반짝이는 눈으로 세상을 관찰하려는 마음먹기가 멈추지 않기를 오늘도 바라고 또 바랍니다. 글감이 "안녕?" 하고 얼굴을 내밀 때 마주 인사 할 수 있도록!

-김미희, 『탐험을 떠나는 아이처럼』

글감은 특별한 경험을 통해 찾게 되는 것만은 아니다. 위 글에서처럼 일상의 사소한 경험들에 호기심을 가지다 보면 좋은 글감을 찾을 수 있다. 평소에 찾아 두었던 글감에 대하여 더 깊이 있게 생각해 보거나 생각을 확장하면 그 속에서의 깨달음을 통해 좋은 에세이를 쓸 수 있다.

에세이의 글감을 찾을 때에는 주제 의식을 드러내지 못하는 것은 피해야 한다. 내용적 측면에서 개방성을 지니고, 형식이 자유롭다고 해서 에세이에 주제 의식이 없다면 말하려고 하는 핵심적인 의미를 파악할 수 없다. 주제를 전면에 내세우지는 않더라도 독자들에게 생각할 수 있는 인상 깊은 점들을 드러내야 한다.

또 글을 쓰는 사람은 화제에 대해 충분히 조사하고 글쓰기에 임해야 한다. 에세이는 자신의 이야기를 쓰는 것이지 겉보기에만 번지르르한 글을 쓰는 것이 아니다. 이러한 글감을 바탕으로 쓴 글은 자기만족적인 글이 될 수는 있지만 다른 사람의 공감을 이끌어 내기는 어렵다. 지나치게 상투적인 글감 역시 에세이에서는 피해야 한다. 에세이의 글감은 일상의 경험에서 발견하는 경우가 많기 때문에 자칫 상투적인 글감이 되기 쉽다. 풍부한 경험과 폭 넓은 독서, 깊은 사색 등을 바탕으로 일상에서 발견한 글감을 다양화 할 수 있다.

2) 자신만의 관점을 가지고 쓰기

에세이를 쓰려고 좋은 글감을 찾았다면, 이제는 자신의 관점을 가져야 한다. 아무리 좋은 글감을 찾았다고 하더라도 다른 사람들과 똑같은 관점을 가지고 그 글감을 글의 재료로 활용한다면 좋은 에세이가 될 수 없다. 반대로 글감이 평범해도 글감을 전하는 관점이 새롭거나 뚜렷하면 좋은 에세이가 될 수 있다.

에세이의 내용을 풍부하고, 깊이 있게 쓰기 위해서는 글감을 다른 관점으로 보는 것이 매우 중요하다. 다른 관점으로 볼 때 남들이 생각해 내지 못한 것들을 발견할 수 있고, 나의 익숙해진 관점에서 벗어날 수 있다. 다른 사람의 관점으로 글을 쓰려고 한다든지, 문제를 뒤집어 본다든지, 다른 유사한 글감들과 비교해서 쓰고자 하는 글감을 살펴보면 자신만의 새로운 관점으로 글을 쓸 수 있다.

나의 주변을 관찰하며 좋은 글감을 찾았다면, 그 글감에 대해 끊임없이 생각하고, 어떻게 글감을 활용할지 고민해야 한다. 에세이는 자신이 경험한 바를 글로 쓰는 것이지만 여기에서의 경험에는 과거의 경험뿐만 아니라 미래에 대한 상상도 함께 포함된다. 에세이를 쓸 때에는 시간과 공간의 범위에서 벗어나 다각도로 바라보고 자신만의 관점을 통해 글을 쓸 수 있다. 다음의 사진을 보자.

왼쪽과 오른쪽의 그림에서 각각 무엇이 보이는가? 왼쪽의 그림을 보고 어떤 사람은 두 사람이 마주보고 있는 그림이라고 답할 수도 있고, 어떤 사람은 잔을 그린 그림이라고 답할 수도 있다. 오른쪽의 그림 역시 오리가 보인다고 말하거나 토끼가 보인다고 말할 수 있다. 왼쪽은 그림의 배경을 검은색으로 두느냐 흰색으로 두느냐에 따라 전혀 다른 것으로 보이게 된다. 오른쪽의 그림도 관점에 따라 웅크려 있는 토끼로 보이거나 누워있는 오리로 달리 보이는 것이다. 이 그림에서 알 수 있는 것처럼 같은 사물을 보더라도 그것을 보는 사람의 관점이 달라지면 전혀 다른 사물이 된다.

태어나서 지금까지 정확하게 내손동-포일동에서만 살면서 동네와 함께 커왔다. 그렇게 동네에서 사는 동안 동네가 변하는 것을 직접 보고 느껴왔다.

이유를 정확하게는 모르겠지만 20살이 되고 문득 동네에 대한 관심이 커졌다. '동네도 나도 참 많은 시간을 함께 보냈구나.' 생각이 들어 둘러보니 20년이 흐르면서 나도 동네도 바뀐 부분이 많았고, 계속해서 바뀌고 있었다. 그 중 하나가 정류장인데, 정류장은 계속해서 변화했다. 완전히 탈바꿈을 해버리는 건 아니었지만, 마치 내가 나이를 먹으며 알게 모르게 외모, 성격, 느낌 등이 조금씩 변해가는 것과 같이 정류장도 미묘하게 바뀌었다.

정류장은 계속해서 이름이 바뀌었다. 대충 이유는 재개발이나 새로이 건축물이 들어서는 것 등이었다. 그런 큰 변화가 생기면 정류장은 제일 먼저 이름이 바뀌었다. 대략 17년 가까이 '청화아파트 정류장'이었던 것이 '두산 위브' 아파트가 들어서고 나서 '두산 위브 정류장'으로 바뀌었다. 이렇게 바뀌고 나면 한동안은 가끔 예전 정류장으로 말하게 되는 경우가 많은데, 마치 개명한 친구의 예전 이름을 부르는 일과 같았다. 그리고 정류장이 바뀐 걸 가장 잘 느낄 수 있는 때는 아무래도 버스를 타고 이동할 때였다. 버스에서 정류장을 안내해주는 방송이 나올 때 바뀐 정류장의 이름이 들리면 시간의 흐름을 느낄 수 있었다.

정류장의 형태도 계속해서 바뀌었다. 보도블록에 표지판만 세워져 있었던 공간이 지붕과 기둥을 갖춘 정류장이 되었고, 지붕과 기둥을 갖춘 정류장에는 버스 정보나 뉴스 등이 나오는 정보 플랫폼이 생겼다. 앉는 곳이 없었던 곳에는 의자가 생겼고 너무 좁아서 불편했던 곳은 구조를 변경해 넓혀갔다. 우리 동네에는 이름도 없고 정류장의 형태도 없이 표지판만 멀뚱히 서 있었던 정류장이 있었는데, 정류장에 이름이 생기고 기둥과 지붕이 세워졌을 때 나와 친구들은 그 정류장을 보고 출세했다며 우스갯소리를 한 적도 있었다.

이렇게 정류장의 이름이 바뀌거나 모습이 바뀔 때마다 정류장이 한 살 한 살 나이를 먹는 것만 같았다. 이름이 바뀌고 모습이 바뀌었지만, 이상하게도 옛날 그 모습이 다 지워지진 않았다. 마치 오랫동안 못 본 친구를 우연히 보게 됐을 때, 아직도 옛날 그 얼굴이 보이는 것처럼.

-이상은, 『바꿀 수 없는 건 너무 많고』

이 글의 작가는 버스 정류장이라는 평범한 글감으로 에세이를 썼다. 그러나 정류장의 일반적인 특성인 버스를 타는 곳, 기다리는 곳이라는 생각의 틀에서 벗어나 있다. 작가는 정류장의 변화에 초점을 두었다. 그러면서 과거의 경험을 떠올리며 깊이 있게 정류장에 대해 생각한 흔적이 엿보인다. 글에서는 정류장 명칭의 변화를 개명으로, 정류장 명칭이 변했어도 이전 정류장 이름으로 부르는 것을 개명한 친구의 이전 이름을 부르는 것으로, 지붕과 기둥을 갖춘 정류장으로 변하는 것을 출세한 것으로, 정류장이 모습이 바뀌는 것을 나이를 먹는 것으로 표현하였다. 정류장의 이름과 모습의 변화를 사람의 변화와 비교하여 생각하며 참신한 관점을 통해 공감할 수 있는 내용으로 구성한 것이다.

이렇게 주변의 변화된 상황을 보고 새로운 관점을 가질 수도 있지만 어떤 장면을 보고서도 우리는 그 장면에서 특별한 새로운 의미를 발견할 수 있다. 사진과 함께 엮어진 에세이인 포토 에세이는 사진 속의 장면에서 대상을 새롭게 인식하여 글을 쓰는 방법이다.

포토 에세이를 쓰려면 먼저, 자신이 어떤 것에 대해서 글을 쓰고 싶은지 주제를 정하고, 글의 방향을 잡아야 한다. 그런 다음 그 주제와 방향을 잘 드러낼 수 있는 장면을 사진으로 남긴다. 사진에 담긴 것은 풍경이어도 좋고, 사물이어도, 사람이어도 좋다. 이 사진을 바탕으로 한 편의 글을 쓸 수 있다. 사진에 담긴 하나의 장면은 글을 쓰는 사람마다 다르게 인식될 수 있다.

위 사진을 보면 무엇이 느껴지는가? 자세히 보면 전구 전체가 한 필라멘트로 이루어진 것이 아니라 여러 개의 필라멘트 알갱이가 모여 따스한 빛을 발하고 있다. 이 각각의 필라멘트 사이에는 빈 공간이 많을 것이다. 이 결핍은 채워나가면 된다. 혹은 이 전구처럼 결핍이 모두 충족되지 않아도 밝게 빛이 날 수도 있다.

두 번째 결핍은 '나 자신'에 대한 결핍이다. 여러 관계를 유지하다 보면 어느 순간 나도 모르게 여러 개의 가면(페르소나)을 쓰고 있는 나를 마주하게 될 때가 있다. 나는 사람들이 원하는 나로서의 모습으로, 괜찮지 않아도 괜찮은 척, 행복하지 않아도 행복한 척 행동하며 완벽한 모습만 보이려고 노력했었다. 그렇게 가면을 쓰고 살다 보면 내 자신이 보잘 것 없고 위선적이라는 생각이 들기도 했다. 또 내 진짜 모습은 무엇일까 하는 두려움도 들었다. 이렇게 예전엔 완벽하지 않음에 자존감이 많이 떨어졌었는데 우리의 삶이 완벽해야 할 이유가 없었다는 말을 듣게 된 이후로 내 삶은 참 많은 것들이 바뀌었다. 영화 '우리도 사랑일까'에서 여자 주인공은 빈틈을 싫어한다. 자기 삶에 빈틈이 생기면 그것을 채우려 하고 그것에 스트레스를 받는 사람이다. 그 여자 주인공의 시누이가 극 중 이런 말을 한다. "인생엔 당연히 빈틈이 생기기 마련이야. 그걸 미친놈처럼 일일이 다 메울 순 없어." 이 영화에서 나는 여자 주인공처럼 늘 완벽을 추구했고, 완벽하지 않음에 절망하곤 했다. 하지만 우린 늘 완벽할 수 없다. 그리고 완벽하지 않기에 완벽에 가까워질수록 노력할 수 있다는 것에 감사할 수 있는 사람이 되어야 한다는 것을 깨닫는 요즘이다. 그래서인지 완벽한 모습보다 빈틈이 있지만 완벽에 가까워지기 위해 끊임없이 노력하는 모습이 훨씬 아름답게 느껴진다.

-학생 글

위 글을 쓴 학생은 결핍과 완벽에 관하여 글을 쓰려고 주제를 정하고, 방향을 설정했을 것이다. 그리고 그것을 잘 보여줄 수 있는 대상을 밝게 빛나는 전구의 필라멘트 사이의 빈 공간에서 찾았을 것이다. 이것을 사진의 장면에 담아 표현하고, 사진을 바탕으로 평범한 소재인 전구를 보고 다른 사람이 생각해 내지 못하는 관점에서 에세이를 써서 자신의 생각을 표현하였다.

이렇듯 에세이를 쓸 때에는 대상에 대해서 새롭게 인식하고, 창의적으로 사고하는 노력이 중요하다. 이미 알고 있는 것들이지만 거기에서 새로운 의미를 발견하고, 새롭게 인식해야 좋은 에세이를 쓸 수 있다.

1 생각 그물 만들기 전략을 활용하여 주어진 화제에 대한 에세이의 내용을 생성해
보자.

학업	친구	가족

2 자신이 글로 쓰고 싶은 주제를 정하여, 주제를 잘 드러낼 수 있는 사진을 찍어 보자. 그 사진을 보고 자신만의 관점이 드러나는 한 편의 글로 작성하여 블로그에서 친구들과 공유해 보자.

4. 감상문

감상문은 대상을 감상한 후에 마음에 떠오르는 생각과 느낌을 글로 쓴 것이다. 에세이처럼 감상문에도 특별히 요구되는 형식이 있지는 않다. 그렇기 때문에 감상문도 글을 쓰는 사람이 감상한 것에 대해 자유롭게 표현할 수 있다. 감상의 대상이 되는 것은 책, 영화, 연극, 음악, 미술, 문학 작품, 여행 등에 이르기까지 폭넓은 분야에 걸쳐 있다.

감상문은 객관적인 사실에 대해 쓰는 것이라기보다는 주관적인 생각과 느낌을 적는 글이므로 경험한 일에 대한 느낌에 대해 깊이 있게 생각해 보는 것이 중요하다. 한편 경험의 순간은 오래 지속되지 않기 때문에 감상의 대상을 느끼면서 즉각적으로 자신의 생각이나 느낌을 메모를 해 두는 것이 감상문을 작성하는 데에 도움이 될 수 있다.

1) 읽고 쓰는 감상문

책을 읽은 후에 우리는 그 감동을 오래 지속하거나, 다른 사람들과 책의 내용을 나누기 위하여 글을 쓴다. 이렇게 책을 읽고 쓰는 감상문을 독서 감상문이라 한다. 독서 감상문은 읽은 책에 대하여 자신의 생각과 느낌을 기록하는 글이다. 사실 독서 감상문이 아니더라도 대부분의 글을 쓸 때에는 먼저 다른 글을 읽고 쓰게 된다. 글을 읽는다는 것은 글을 쓸 재료를 생성하는 과정이기도 하다. 그러나 무작정 읽는다고 글을 잘 쓰게 되는 것은 아니다. 글을 읽고 나서 해야 할 글쓰기 작업을 생각하면서 읽어야 집중적으로 글을 읽을 수 있다.

책을 읽고 독서 감상문을 쓰는 경우에는 독자와 필자의 경험을 모두 할 수 있다. 단순한 취미 활동으로 책을 읽는 것이 아니라 독서 감상문을 쓰기 위해서 책을 읽는다면 시험을 보기 위해서 책을 읽는 것과 마찬가지로 적극적으로 책을 읽는 독자가 되어야 한다.

적극적으로 책을 읽기 위해서는 책을 읽는 과정에서 흘러가는 생각을 놓치지 않을 수 있도록 메모하는 것이 좋다. 그리고 책을 읽으면서 중요한 단어나 문장에 밑줄을 그어 놓으면 책을 읽은 후에도 중요 내용을 빠르게 파악할 수 있다. 또한 자신만이 알 수 있는 방법으로 흥미롭게 느꼈던 내용인지, 독서 감상문을 쓸 때 인용하여 쓸 내용인지 등을 표시해 놓는 것이 좋다.

독서 감상문을 쓰는 것은 소통을 전제로 한다. 독서 감상문을 쓰는 과정에서는 다양한 소통이 일어난다. 가장 먼저 일어나는 소통은 텍스트와 독자의 소통이다. 앞서 말했듯이 독서 감상문을 쓰기 위해 기본이 되는 것은 읽는 활동이다. 독서 감상문의 대상이 되는 책을 읽는 활동을 통해 텍스트에 담긴 메시지와 독자는 의사소통을 할 수 있다. 나아가 책을 깊이 있게 읽는 과정에서 필자와 독자 간의 의사소통이 일어난다. 책을 읽은 독자는 다시 독서 감상문의 필자가 되어 독자 내부에서의 대화를 경험할 수 있다. 글을 쓴 이후에는 독서 감상문 쓰기의 결과물을 또 다른 독자와 공유할 수 있다. 이때의 또 다른 독자에게는 독서 감상문을 통해서 독서 감상문 대상 글의 필자, 텍스트와의 연결이 이루어진다. 독서 감상문을 쓰고 공유하는 과정에서는 이렇게 다양한 층위의 의사소통이 가능하다. 이러한 다층적인 의사소통의 과정을 통해 독서 감상문 필자의 성장과 치유가 일어날 수 있다.

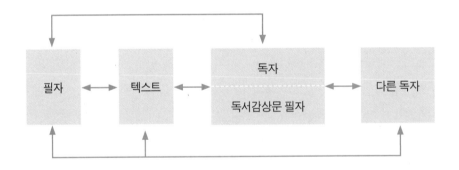

독서 감상문에는 대체로 책을 읽게 된 동기, 책의 줄거리, 책에 대한 감상, 독서가 나에게 준 의미 등을 기록하게 된다. 많은 사람이 독서 감상문을 쓰며 범하는 실수 중 하나가 줄거리 요약을 지나치게 많이 한다는 것이다. 초등학교를 다니며 방학 과제로 독서 감상문을 쓰면서 줄거리를 실컷 쓰고 마지막 장만 느낌을 간략하게 써 본 경험이 한 번쯤은 있을 것이다. 그러나 독서 감상문은 책의 내용을 요약하는 것이 중심이 되는 글이 아니다.

독서 감상문을 쓸 때에는 책을 읽고 감상한 내용을 쓰는 것에 초점을 두어야 한다. 줄거리를 소개하는 것은 필요하지만 독서 감상문 전체의 내용을 책의 내용을 요약하는 것으로 채워서는 안 된다는 것이다. 줄거리를 소개할 때에도 자신이 이해한 줄거리를 써야한다. 따라서 줄거리도 다 같은 것이 아니라 책을 읽는 사람마다 다르게 구성될 수 있다.

또한 다른 사람이 감상한 내용을 그대로 가져오는 것 역시 잘못된 것이다. 인터넷의 발달로 같은 책을 읽은 다른 사람의 감상문을 쉽게 접할 수 있기 때문에 습관적으로 짜깁기하는 글을 써서 제출하는 경우도 있는데 이는 다른 사람의 저작권을 훔치는 행위에 해당한다. 그리고 책에 관해 해설하는 글이나 참고서에 나오는 내용이라고 해도 나보다 나은 감상이거나 정답은 아니다. 따라서 책을 읽고 나만의 개성 있는 독서 감상문을 쓸 수 있도록 노력해야 한다.

독서 감상문의 느낌을 쓰는 부분에서는 '인상적이다', '감동적이다'라는 표현이 많이 쓰인다. 그런데 왜 인상적인지, 혹은 왜 감동적인지 밝히지 못하고, 단순한 느낌으로만 표현한다면 독서 감상문을 읽는 또 다른 독자들은 이에 공감할 수 없다. 구체적으로 어느 부분이 왜 감동적이었는지를 책에서 근거를 들어 밝히는 연습을 해야 한다.

표범의 얼룩무늬는 어떻게 생겨났을까?

무늬/서강석

옛날에 아프리카 모래 초원의 모든 동물들은 모랫빛이었다. 가장 모랫빛에 가까운 표범은 모래땅에 웅크려 있다가 동물을 사냥했다. 사냥꾼은 회갈색으로 생겨서 바위에 숨어 있다 사냥을 했다. 그들에게 사냥은 식은 죽 먹기처럼 쉬운 일이었다. 그러던 어느 날 동물들은 너무나 살기가 어려워 모두 멀리 떠나 버린다. 동물들이 모두 떠난 후 사냥꾼과 표범은 굶주림에 지쳐 현명한 동물 바비안을 찾아가 어디로 갔는지를 묻는다. 바비안은 얼룩무늬 숲으로 갔다고 알려준다. 바비안은 사냥꾼과 표범이 변해야만 동물들을 볼 수 있다는 이야기를 한다. 사냥꾼과 바비안은 얼룩무늬 숲에서 사라지는 동물들을 보며 자신들도 무늬를 만들고 변화한다. 그리고 전처럼 사냥할 수 있게 된다.

이 책에서 인상적인 부분은 무늬를 만드는 과정이다. 표범과 사냥꾼, 동물들은 모두 무늬가 없이 살고 있었다. 그러다가 생존을 위해 동물들은 얼룩무늬를 만들어 줄 수 있는 얼룩무늬 숲으로 떠난다. 얼룩무늬 숲에서 햇살이 비치는 방향에 따라 얼룩무늬를 만들고 이들은 사냥꾼과 표범으로부터 자신들을 숨기고 살아남게 된다. 이 장면에서 나는 오묘한 자연의 진리에 신비함을 느꼈다. 마치 안개가 자욱하던 산이 해가 떠오르면서 안개가 서서히 걷히는 것처럼.

돌이켜보면 나는 무늬 없는 시간을 보낸 것 같다. 대학 시절 학생운동을 할 때도 노동운동을 할 때도 그러했다. 나를 보호하는 무늬를 생각하지 못했다. 아니 전혀 하지 않았다. 내가 태어난 나라의 민주화가 중요했고 노동자들이 행복하게 사는 세상이 더욱 중요했다. 친구나 동료들이 자신만의 무늬를 만들어 업계에서 탄탄대로를 다져나갈 때 나는 노동 상담소에서 무늬 없는 맑은 세상을 그리고 있었다. 사냥꾼이 되려면 얼룩무늬가 필요하다. 나를 숨기고 적을 알아보아야하기 때문이다. 나는 사냥꾼을 꿈꾸지 않았다.

인류의 역사는 이제 정보화 혁명을 거쳐 이제 영혼의 혁명으로 진화할 때라고 나는 생각한다. 인류는 불의 혁명에서 정보화 혁명까지 먹이 사슬의 관계 그물로 이루어진 생존 구조에서 살아왔다. 이러한 구조는 서로에게 먹히거나 잡아먹는 구조의 슬픔을 벗어날 수 없게 한다. 나눔의 공동체, 영혼의 공동체로 진화할 때이다. 이를 위하여 나와 적을 하나로 보는 제3의 눈이 필요하다. 무늬가 없는 세상 즉, 있는 그대로 바라보는 시대로 진화해야 할 것이다.

-황보현 외, 『독서 감상문 지도전략』

이 독서 감상문에서는 처음 부분에 책의 줄거리를 요약 하고 있다. 줄거리 요약을 한 후에는 무늬를 만드는 과정을 인상적인 부분으로 소개하였다. 인상적인 부분에서 자신이 느낌 감정을 신비함으로 표현하였다. 이 감정에 대해서는 비유적으로 표현하여 독자들이 공감할 수 있도록 하였다. 그리고 책을 통해 생각하게 된 나의 경험을 기록하고, 이 경험에 의미를 부여하고 있다. 책의 내용과 일치하는 경험만이 아니라 책의 내용을 확장하여 자신의 경험을 기록하고 있는 것이다. 이렇듯 독서 감상문에서는 책의 내용을 감상하는 것에 더해 책을 읽고 자신의 깨달음을 확장하여 기록하는 것이 좋다.

독서 감상문을 쓰는 과정에서는 책을 읽고 이야기를 전개하며 책의 내용을 명확히 이해할 수 있다. 그리고 책을 읽고 새롭게 알게 된 점이나 더 알고 싶은 점들을 통해 사고를 확장할 수 있다. 책의 내용에서는 자신의 삶의 의미를 부여할 수 있는 부분들을 발견함으로써 한 발 더 성장하고, 자신의 삶을 성찰할 수 있게 된다.

2) 경험하고 쓰는 감상문

감상문에는 글을 읽고 쓰는 독서 감상문 외에도 다양한 문화적 현상을 경험하고 쓰는 감상문도 있다. 영화나 미술, 공연, 여행 등에 이르기까지 감상의 대상이 되는 경험은 확장될 수 있다. 과거와는 다르게 사람들의 문화적 경험에 대한 수요가 증가하고 있다. 이는 대중들도 문화를 향유할 수 있게 된 생활환경의 변화와 미디어의 발달에 따른 문화 공급의 다양화에서 그 요인을 찾을 수 있다.

영화관에서 영화를 즐기는 일이 특별한 경험이었던 때와 달리 우리는 시간적 여유가 있거나 친구들을 만나면 영화관에 가서 영화를 즐기기도 하고, 자발적으로 미술관이나 박물관에 가기도 한다. 주변을 둘러보면 좋아하는 영화 장르, 혹은 영화 감독이나 미술가가 있는 사람들도 많이 있다. 그리고 어떤 사람들은 직업을 가지고 있으면서도 영화나 미술 등 한 분야에 몹시 열중하며 마니아(mania)층을 형성하기도 한다.

다양한 문화를 경험하고 감상문을 쓸 때에는 문화 현상에 대한 배경 설명, 해석에만 그쳐서는 안 된다. 정보만을 소개하는 것은 감상문이 아니라 정보를 전달하는 목적으로 쓰는 설명문에 해당한다. 비평과 감상 역시 다르다. 감상은 경험 대상에 대한 가치를 생각하며, 이것을 통해 자기 삶에서 스스로 의미와 가치를 발견해 내는 것이고, 비평은 경험한 대상의 분석과 해석을 통해 그 가치를 다른 사람에게 설득하는 것이다.

만약 영화를 보고 감상문을 쓴다면 영화 매체의 특성이나 미학적 의미를 따져 보는 영화 이론을 주축으로 하는 내용보다는 여러 가지 접근 방법을 활용하여 개성적으로 영화를 해석해 보고, 이를 바탕으로 글을 쓰는 것이 좋다. 즉 영화 감상문은 영화에 대한 객관적인 분석이 아니라 주관적인 경험을 글로 쓰는 것에 해당한다. 이것은 미술 작품을 감상하고 감상문을 쓸 때에도 마찬가지이다. 미술 작품에 대한 해설이 주가 되기보다는 작품을 자신만의 시각으로 감상한 결과를 중심으로 써야 한다.

경험하고 쓰는 감상문에서는 어떤 경험을 하느냐와 어떻게 경험하느냐가 무엇보다 중요하다. 전문적인 사람만이 문화를 경험하고 글로 쓸 수 있다는 생각은 버려야 한다. 일반인들도 좋은 공연이나 영화, 미술 작품을 자신만의 방법으로 감상하면서 자신의 생각과 느낌을 표현할 수 있다. 그리고 우리가 보고 느낀 것들을 글로 쓰며 다른 독자들에게 경험의 대상을 구체적으로 떠올리게 할 수도 있다.

경험을 하고 쓰는 감상문은 고급 문화만을 대상으로 하지 않는다. 다음은 음식을 먹고 나서 쓴 감상문으로 엮인 책의 내용 중 일부이다.

〈흰죽〉

"생각이 난다. 홍시가 열리면 울 엄마가 생각이 난다"

나훈아 노래 〈홍시〉 가사다.

내게도 홍시가 있다. 흰죽이다. 요즘에야 죽은 체인점도 많고 가짓수도 다양해 맛있어서 찾는 기호식품이지만, 25년 전은 달랐다. 단순했다. 아플 때 흰죽, 겨울날 호박죽, 동짓날 팥죽이 전부였다.

6살 꼬꼬마 시절, 나도 아팠다. 엄마는 흰죽을 해주셨다. 불린 쌀을 끓여 고르게 익히고, 완성된 죽을 그릇에 담고 참기름 두 방울, 간장 반 숟갈을 넣어 호호 불어 식혀주셨다. 담백한 맛에 몸을 달래며 먹었다. 아픈 중에도 입맛은 살았던지 나는 김을 꺼내와 죽에 녹여 싸 먹었다. 엄마는 소화가 안 된다며 말렸지만 듣지 않았다. 다음날, 깨끗이 나았다.

사람은 아플 때 받는 위로와 손길을 쉬이 잊지 못하는 법.

혼자 살 때 몸살이 났다. 흰죽이 생각났다. 엄마에게 물어 그대로 했다. 웬걸. 듣기는 쉬운데 해보니 어려웠다. 기술보다는 정성. 칼질은 없어도 정성이 없으면 안 되는 요리가 죽이었다.

쌀을 물에 불리고, 타지 않게 불 조절 하고, 눌어붙지 않게 수시로 저어야 한다.

30분을 꼼짝없이 불 옆에 서 있었다. 그날, 엄마가 끓여준 흰죽이 더 마음 깊이 들어왔다.

"눈이 오면 눈 맞을세라. 바람 불면 감기 들세라. 험한 세상 넘어질세라."

엄마는 지금도 나를 걱정한다. 당신이 아플 때보다 내가 아플 때 더 아파한다. 그런 엄마에게 손수 죽 한 번 끓여드린 적 없는 내가 오늘, 참, 밉다.

〈생도넛〉

나는 생도넛을 가장 좋아한다. 그럴만한 사연이 있다.

때는 2018년 12월 29일 저녁. 생도넛을 먹어야 하는 날이었다. 머리가 이미 그에게 꽂힌 상태. '잠깐 나가서 사 와야지' 쉽게 생각했다. 코트만 여미고 집을 나섰다. 집 앞 빵집에 갔다. 도넛이 없었다. 사거리에 있는 빵집으로 갔다. 또 없다. 이럴 수가. 빵집을 세 군데나 돌았는데, 생도넛만 없다. 어제까지 팔던 집인데 하필이면 그날 없단다. 머피의 법칙이 통하는 날인가. 쉽지 않겠군. 직감했다.

집으로 돌아와 차를 몰았다. 다른 동네로 갔다. 더 멀리 더 넓게 돌았다. 눈에 보이는 빵집은 다 들어갔다. 프렌차이즈는 물론 대형마트까지 살폈다. 그런데도 없었다. 오기가 생겼다. 포기를 못 했다. 근처 주차장에 주차를 하고 골목을 걸었다. 구석구석 돌았다. 40분은 더 걸었다. 바로 그때, 작고 얕은 불을 켠 빵집 하나가 보였다. 허름했다. 느낌이 좋았다. 들어갔다. 훑었다. 할렐루야! 있었다. 내가 찾던 그 도넛이 있었다. 3천 원 치 샀다. 다른 빵들도 담았다. 기쁜 마음으로 계산했다.

차를 타고 집으로 왔다. 시계를 보니, 8시 10분. 6시에 나갔으니 두 시간도 넘게 걸렸다. 이 집 저 집에서 샀던 빵들도 꺼냈다. 수북했다. 식탁을 차렸다. 우유 한 모금으로 식사를 시작했다. 바스락, 빵가루가 떨어진다. 바삭하고 고속하고 달다. 앙금과 기름을 입에 묻혀가며 먹었다. 열심히, 더 열심히 먹었다. 맛있다. 그런데 맛이 없다. 희한하다. 분명 맛은 있는데, 맛이 없다. 먹으면서 허무하고 먹고 나니 공허했다. 천 원이면 먹을 도넛을 2만 원을 써가며 찾아 먹은 내가 한심했다. 이게 뭐라고, 두 시간을 찾았을까. 내가 딱했다. 그날부터다. 생도넛만 보면 집착한다. 방앗간을 못 지나치는 참새가 된다.

가까이 있을 때 자주 봐야 한다. 비싸게 주고 얻은 교훈이다.

-이미나 외, 『식후감상문』

　위 책의 제목에서 알 수 있듯이 이 글은 먹는 것을 대상으로 쓴 감상문이다. 먹는 것 역시 일생에서 중요한 경험에 해당한다. 음식을 먹은 경험을 토대로 왜 그 음식을 먹게 되었는지 동기를 밝히고, 음식에 대한 경험을 글로 쓰면서 독자로 하여금 흰죽과 생도넛의 경험을 구체적으로 떠올리게 한다. 또한 먹는 경험을 통해 느끼게 된 것과 생각의 변화 과정을 담고 있다. 이 과정을 따라가며 독자는 감상문의 내용에 공감할 수 있다.

　다양한 경험을 하고, 감상을 하는 것은 글의 내용 자체를 풍성하게 하기도 하지만 우리의 삶을 풍요롭게 만들기도 한다. 자신이 무엇을 경험하였는지를 밝히는 글을 통해 경험을 하기 전과 경험을 한 후에 생각이 어떻게 변화했는지 드러낼 수 있다. 열린 태도로 많은 것들을 경험하고, 감상문으로 남기는 과정은 새로운 세상과 마주하며 자신의 생각을 정리하는 과정이다. 이러한 과정을 통해 삶에 대한 이해의 폭이 확장될 수 있다.

1 다음 책 중에서 하나를 선택하여 읽고, 독서 감상문을 써 보자.

> ▶ 『사람은 무엇으로 사는가』, 톨스토이
> ▶ 『변신』, 프란츠 카프카
> ▶ 『채식주의자』, 한강
> ▶ 『춘향전』, 작자 미상
> ▶ 『아Q정전』, 루쉰
> ▶ 읽고 싶은 책

2 다음 질문에 답하며, 영화 감상문 한 편을 써 보자.

▶ 나는 어떻게 그 영화를 주목하게 되었는가?

▶ 무엇 때문에, 그 영화의 어떤 것이 내게 흥미가 있었는가?
  (혹은 어떤 것이 무엇 때문에 재미가 없었는가?)

▶ 나는 왜 그 영화에서 이런 인상을 받았고 다른 인상을 받지 않나?

▶ 나는 영화의 어떤 내용을 기억하는가?

-베르너 파울스티히 저, 이상면 역, 『영화의 분석』

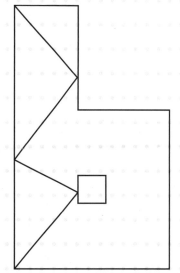

사회 참여와
소통을 위한 글쓰기

인간은 사회적 동물이다. 글쓰기는 공동체의 유지와 발전에 이바지하는 인간만의 행위다. 인류는 글을 통해 사회를 만들고 유지해 왔다. 이 속에서 글쓰기는 사회공동체의 새로운 방향성을 제시하고 공공의 가치를 실현하는 중요한 역할을 담당해 왔다. 글쓰기는 단순히 자아가 가진 생각이나 감정을 표현하는 것을 넘어 사회적 담화를 구성하기도 한다. 글쓰기를 통해 우리는 사회적 문제를 발견하고, 대안을 모색하기 때문이다. 이는 사회적 참여와 소통을 위한 글쓰기라고 할 수 있다. 사회적 참여와 소통을 위한 글쓰기에서는 사물과 사태에 대한 자신만의 시각과, 이를 객관화시키는 비판적 사고력이 필요하다.

사회적 참여와 소통을 위한 글쓰기는 타인을 설득하는 과정이다. 사회적 참여는 개인의 생각을 다른 사람들과 나누는 행위이며, 상호타협적인 행위이다. 다른 사람의 말을 듣고 나의 의견과 함께 비교하며, 이를 바탕으로 현실적으로 실행 가능한 대안들을 세상에 내놓는 글쓰기가 이루어져야 한다. 사회적 참여와 소통을 위한 글쓰기는 사회적 문제를 자신의 관점에서 들여다보고 다시 사회에 해법을 제시한다는 점에서 회귀적인 절차를 지닌다.

최근 개인이 사회를 대상으로 글을 쓸 수 있는 통로가 많아지면서 사회적 참여와 소통을 위한 글쓰기가 확대되고 있다. 특히 매체의 비약적인 발달은 개인 간의 소통과 사회 참여를 가속하고 있다. 특히 영상 매체의 편집과 출판이 쉬워지면서 개인이 영상 출판 플랫폼을 통해 사회적 담론 구성에 참여하고, 타인과 소통하는 일이 많아졌다. 이 글에서는 칼럼 쓰기과 건의문 쓰기, 그리고 디지털 매체 글쓰기를 중심으로 논의하고자 한다.

1. 칼럼 쓰기

1) 칼럼 쓰기의 본질

갈수록 공동의 문제를 해결하기 위한 소통의 중요성이 강조되고 있다. 사회의 구성원으로 성장할수록 표현의 책임과 기회가 많아지게 된다. 칼럼은 사회적 문제에 대한 자기 생각을 적는 글이다. 칼럼은 시사적인 내용을 다루는데, 사회적으로나 시의적으로 중요한 것, 공동체의 논의를 통해 해결의 가능성이 기대될만한 것들이 다뤄지게 된다.

사회인으로서 첫발을 딛는 대학생들에게 사회적 참여는 도전적인 일이지만, 지성인이 가진 책무기도 하다. 구성원들이 가진 문제들을 발견하고, 문제의 해법을 공동으로 모색해 나가는 과정에서 칼럼은 쓰인다. 칼럼 쓰기는 사회 구성원과의 대화, 사회 집단 간의 대화로 구성되는 상호작용의 산물이다. 또, 그 내용을 마련하기 위해 토론이나 토의, 연설과 같은 사회적 담화 과정을 거치기도 한다. 요컨대 칼럼은 사회의 문제를 중심에 두고 자신의 의견을 사회의 구성원과 나누는 행위이며, 사회를 구성하는 일원으로서 가져야 할 당연한 책무다.

칼럼은 기둥을 뜻하는 라틴어 칼룸나(columna)에서 나왔다. 신문 지면의 특별기사나 특약 기고, 일정한 공간이 따로 정해진 시사평론을 두고 칼럼이리고 한다. 대학신문을 비롯한 각종 신문의 〈오피니언〉 란이나, 각종 인터넷 매체에서 볼 수 있는 짤막한 시사평론에서 우리는 칼럼을 쉽게 접할 수 있다. 칼럼 쓰기는 공공의 담론을 만들어나가는 과정 속에서 수행되는 공적인 글쓰기이며, 다뤄지는 소재 역시 공공의 관심사다. 칼럼은 소재를 다루는 태도에 따라 논평형, 의견제시형, 에세이형, 해설형, 자아성찰형의 다섯 가지로 나뉘며, 필자에 따라 관점 칼럼, 개인의견 칼럼, 전문가 의견 칼럼, 잡담 칼럼, 독자의 편지 칼럼, 편집자의 칼럼으로 분류되기도 한다.

　논평형 칼럼은 다른 칼럼에 비해 더 명확한 공동의 문제를 두고 글이 전개된다. 논평형 칼럼에서는 해당 사안에 어떻게 접근해야 할지, 사안이 일어나게 된 배경이나 문제의 본질이 무엇인지가 명확하게 드러나야 하며, 이를 분석하고 해결하기 위한 근거들이 철저히 준비되어야 한다. 의견 제시형 칼럼의 경우 다른 칼럼들보다 설득하는 목적이 뚜렷한 만큼 주장을 위한 근거가 적절한지, 대안이 제시되었다면 실현 가능한 것인지 역시 종합적으로 계획되어야 한다. 해설형 칼럼에서는 해당 문제를 다루는 필자의 깊이 있는 배경지식과 사고가 중심이 된다. 독자들이 해당 사태나 문제에 대해 폭넓은 지식을 얻고 깊이 있는 사고를 할 수 있도록 돕는 데 목적이 있다.

　에세이형 칼럼은 해당 문제에 대한 필자의 시선이 두드러지는 칼럼이다. 필자는 해당 문제와 관련한 개인적 경험과 가치를 통해 독자에게 해당 문제가 가진 의미와 가치를 되새겨보도록 유도한다. 필자는 문제와 관련한 사실적 정보와 그에 따른 해석을 전해주고, 독자가 가진 가치관이나 신념에 대해 성찰하도록 하기도 한다.

　칼럼은 자유로운 글쓰기다. 논리정연한 삼단 구성이 필수적인 것도 아니고, '문제-해결' 구조나 '원인-결과' 구조가 반드시 필요한 것은 아니다. 오히려 칼럼의 특징은 문제의 본질을 꿰뚫어보는 필자의 판단에 있다. 이 때문에 칼럼 쓰기는 사회적 관심사를 화제로 삼지만 개인적인 글로 받아들여지기도 한다. 한편, 칼럼은 대중과 함께 사회적 의미를 구성해 나가는 과정이라는 점에서 공공성을 지닌다. 다음 글은 이러한 칼럼의 본질을 잘 보여준다.

　　"나는 내가 품고 있던 때로는 막연하고 때로는 구체적인 생각들을 더듬어내어, 합당한 언어와 정직한 수사법으로 그것을 가능하다면 아름답게 표현하고 싶었다. 그 생각들이 특별한 것은 아니다. 존경받고 사랑받아야 할 내 친구들과 마찬가지로 나도 사람들이 자유롭고 평등하게 사는 세상을 그리워했다. 이 그리움 속에서 나는 나를 길러준 이 강산을 사랑하였다."

　　　　　　　　　　　　　　　　　　　　　　　　　　　　-황현산, 『밤이 선생이다』

　이 글에서는 필자는 자신이 지향하는 사회적 가치인 자유와 평등과 같은 이념을 내용으로 하되, 개성적인 표현을 통해 심미적인 아름다움을 가진 글로 표현하고자 한다. 이처럼 칼럼에서는 필자가 포착한 사회적 가치가 명료화되는 과정과 화제에 대한 식견이 진솔하게 드러나게 된다.

2) 칼럼 쓰기의 방법

칼럼은 필자의 의견이 드러난다는 점에서 주장과 근거가 적절히 구성되어야 한다. 어느 글쓰기와 마찬가지로 칼럼 쓰기 역시 계획하고, 내용을 만들고, 조직하고, 이를 실제로 글로 써 보는 과정을 통해 이루어진다. 그런데 칼럼 쓰기가 지닌 사회적 성격이나 문제 해결적 기능을 고려한다면, 다음과 같은 과정을 거쳐 내용이 마련되고 표현된다고 할 수 있다.

문제 발견하기 ⇨ 문제 이해하기 ⇨ 문제에 대해 판단하기
⇨ 근거 마련하기 ⇨ 표현하기

(1) 문제 발견하기

칼럼 쓰기는 문제의 발견으로부터 시작한다. 우선 외부적인 삶의 과정이나 조건 속에서 문제시되는 사건이나 사태가 무엇인지를 조사하고 고민해 보아야 한다. 문제의 발견은 대체로 읽기 활동을 통해서 이루어지게 되는데 신문이나 뉴스, 인터넷 커뮤니티의 게시판에서 이미 화제가 된 사건이거나 현상을 통해 발견하게 되는 경우가 많다. 전문적인 분야에 대한 문제 발견 역시 해당 분야의 담화가 활발히 일어나는 장면(Scene)에 적극적으로 참여하고 개입함으로써 이뤄지게 된다.

이 과정에서 필자는 해당 사안에 대해서 잘 알고 있는지, 무엇을 더 알아야 되는지, 어떻게 알 수 있을지에 대해 고민하면서 문제를 구체화해야 한다. 많은 경우 필자는 생활과 체험 속에서 맞닥뜨리게 되는 공동체의 부조리를 새롭게 인식하는 데서 화제를 발견하게 된다. 특히 생활하고 있는 장소에서 일어나는 일들이나 전공과 진로 분야에서의 문제들은 필자가 이를 직접 체험하는 과정에서 문제가 발견되고 구체화된다.

(2) 문제 이해하기

문제를 발견했으면, 문제에 대해 이해하는 과정이 뒤따라야 한다. 문제에 대한 이해는 자신의 의견을 수립하는 데에 많은 영향을 미친다. 문제를 이해하는 과정은 문제에 대해 '무엇을, 어떻게 더 알아야 하는지'에 대한 인식을 심화하는 과정의 연속이다. 만일 문제가 사회에

정책적인 찬반을 요구하는 것이라면, 각각의 근거가 무엇인지를 추가로 조사하고, 이 과정에서 자신의 입장을 정할 수 있어야 한다. 또, 문제를 이해하는 과정에서 문제가 가진 본질이 명확히 되기도 한다.

문제를 이해하는 과정에서 문제에 대한 심화뿐만이 아니라 문제에 대한 확장이 일어난다. 화제에 종속된 다른 문제에 대한 탐색이 잇따르거나, 일상 속의 체험과 관련지어 문제점이 구체화되기도 한다. 문제의 이해 과정은 칼럼을 쓰는 필자의 판단을 구성하는 중요한 배경이 된다. 이때 문제에 대한 이해를 심화하고 확장하는 과정은 연속적이며 유기적인 과정 속에서 이뤄진다.

> 부쩍 재활용 이슈가 시골 같다는 생각을 한다. 바람에 일렁이는 청보리의 서정적 풍경을 앞에 두고 개울가 다리 밑에서 개를 때려잡는 두 얼굴이 엉켜 있는 곳. 시골에는 낭만적이고도 잔인한 두 면모가 공존한다. 재활용 실천도 마찬가지다.
>
> -고금숙, 「재활용이 답일까」, 『경향신문』, 2021.1.1.

윗글에서 글쓴이는 재활용 이슈에 대해 '시골'의 이미지와 유추적인 상상력을 활용하여 문제를 발견하고 있다. 글쓴이는 시골이 '낭만적'이면서도 '잔인한' 곳이라고 이야기하는데, 이는 재활용에 관한 사회적 담론이 가진 양가성을 말하기 위함이다. 필자는 주된 관심사인 '재활용 문제'에 대한 심화를 통해, 재활용 문제의 본질이 이상과 현실의 불일치에 있음을 발견하고 있다.

필자가 문제를 발견해 나갈 때는 나의 삶의 조건과 관심 속에서 포착되는 문제를 발견하는 일이 중요하다. 문제에 대한 심화와 확장을 통해 문제의 본질을 파악하고, 대략의 입장을 정하는 과정은 문제를 발견하고 심화·확장하는 가운데에 유기적으로 일어난다.

(3) 문제에 대해 판단하기

칼럼은 자신의 생각을 다른 사람에게 알려주는 사회적 글쓰기다. 이때 필자가 해당 사태나 문제를 어떻게 받아들일 것인가에 대한 태도를 판단이라고 할 수 있다. 판단은 해당 사태에 대한 이성적 비판이나 정서적 반응으로 나타나며, 이는 이후 진술될 주장의 전제가 된다. 판단의 근거는 반드시 주장이나 의견을 제시하는 칼럼뿐 아니라 에세이 형식의 칼럼에서도 중요하다. 자아 성찰이나 에세이 형식의 칼럼 쓸 때에도 필자가 성찰하거나 느낀 점은 필자가 객관적 세계를 어떻게 인식하고 있는지가 먼저 고려되어야만 서술될 수 있다.

> 기업에서도 재활용 수거에 나선다. 음료에 부착된 빨대를 모으고, 다 쓴 칫솔을 모아 의자로 재활용하고, 헹궈서 버리라며 재활용 세척소를 운영한다. 한 홈쇼핑 회사의 아이스팩 수거 캠페인은 매번 조기 마감이라 '광클릭' 속도로 신청해야 참여할 수 있다. 이 추세면 플라스틱 문제에도 광명이 스며들 것 같다. 며칠 전 아이스팩을 수거하는 한 생활협동조합 물류센터에 쌓여있는 거대한 아이스팩들의 사진을 보고 말았다. 수거된 아이스팩은 망명정부의 지폐처럼 쓸모가 없었다. (중략) 재활용에 앞서 일회용품을 거절하고 줄이고 재사용하는 인프라를 갖춰야 하는 이유다. 재활용품 수거 붐은 일말의 위로를 선사하지만 이는 쓰레기를 만들지 않는 사회적 실천으로 이어져야 한다.
>
> -고금숙, 「재활용이 답일까」, 『경향신문』, 2021.1.1.

윗글은 필자가 발견한 재활용에 문제에 대한 필자의 판단이 드러난다. 필자는 수거 행위 자체를 재활용 문제로 인식하는 점을 부정적으로 인식하고 있다. 아울러 실제로 자원의 순환 구조를 만들 수 있는 재활용이 일어날 수 있는 제도 마련을 통해 지속가능한 재활용이 이루어져야 함을 말하고 있다. 이는 필자는 재활용 문제가 '수거' 행위 그 자체가 아닌, 지속성 있는 '활용'에 맞추어져야 한다는 판단으로부터 비롯하고 있음을 알 수 있다. 요컨대 '재활용'에 대한 문제의식의 심화로 '실천' 행위가 가진 모순을 지적하고, 실천 행위가 자원이 다시 '활용'될 수 있는 목적을 위해 이루어져야 함을 말하고 있다.

칼럼 쓰기에서 판단은 대상이나 문제에 대한 필자의 반성적 태도와 연관이 있다. 특히 사회적 문제를 다루는 경우 필자는 문제가 해결된 이상적 상황을 떠올리게 된다. 문제에 대한 부정적 인식의 반대편에 있는 이상적 상황은 필자의 가치관이나 신념의 산물이다. 따라서 판단은 문제의 본질이 무엇인지 명확하게 하는 인지적 거울이라고 할 수 있다.

(4) 근거 마련하기

칼럼의 필자는 비교적 짧고 자유로운 형식 속에서 자신의 의견과 그 근거를 담아낸다. 필자는 글의 주제에 부합하는 믿을만한 자료를 적절히 사용하도록 계획한다. 이때 종합적인 독서와 조사를 통해 자신의 의견이 합리성을 지닐 수 있도록 적절한 양의 의미있는 근거를 제시해야 한다. 특히 의견제시형 칼럼이나 논평형 칼럼을 쓸 때는 주장의 타당성과 근거의 적절성이 더욱 깊이 고려되어야 한다. 다음은 이러한 특징이 잘 드러난 의견제시형 칼럼의 일부다.

일본의 전쟁 책임과 강제동원 문제 해결에 나서고 있는 우치다 마사토시 변호사는 최근 〈아사히신문〉 인터뷰에서 한일이 화해하기 위해서는 세 가지가 필요하다고 했다. 가해자가 사실과 책임을 인정해 사죄하고, 그 증거로 금전 보상을 할 것, 마지막으로 잘못을 반복하지 않기 위해 문제를 후세에 전해야 한다고 했다. 특히 세번째가 없으면 첫번째, 두번째 합의를 살릴 수 없다고 강조했다. (중략)

한일 정부가 외교적으로 합의를 했다고 해도 역사 문제는 바로 끝이라고 말하기 어렵다. 가해와 피해가 있는 역사 문제를 놓고 '최소한의 공통된 인식'을 만들어 '후세에 전하기' 위해서는 두 나라가 해야 할 일이 많다. 역사 문제에 대해 쉽게 끝이라고 말해서는 안 된다는 것을 인정할 때, 해결의 실마리를 찾을 수 있다고 본다.

-김소연, 「역사 문제의 끝이란 무엇일까」(『한겨례』, 2021.2.4.)

윗글에서는 '한일 역사 문제'에 대해 한국과 일본 두 나라의 공통된 인식과 후세에 전하기 위한 공동의 모색을 촉구하며, 일본인 변호사의 인터뷰를 근거로 의견을 강화하고 있다. 칼럼에서 필자의 판단이 글에서 다루는 사태나 사안을 명료화하는 전제라면, 의견과 근거는 구체화된 문제를 해결하기 위한 직접적인 메시지를 구성한다.

(5) 표현하기

문제에 대한 발견과 이해, 판단과 이를 지지할 수 있는 근거를 보태는 칼럼을 쓰기 위한 기초 작업이다. 따라서 칼럼에서는 주장과 근거를 통해 글을 구성하는 논증의 방법이 글을 구성하는 내적인 원리로 쓰이는 경우가 많다. 하지만 칼럼 쓰기에 있어 논증의 원리가 글의 표면에서 두드러지게 하기보다 은은하고 매력이 있게 다가오도록 표현해야 한다. 필자가 가진 생각을 담담하게 노출하고, 독자들이 시나브로 빠져들게끔 하는 글쓰기가 필요하다.

칼럼은 발견한 문제에 대해 필자가 자신의 생각을 구체화해 나가는 자유로운 글쓰기다. 칼럼을 잘 쓰기 위해서는 세상을 바라보는 나의 시선을 발견하는 경험과 이를 글로 표현하는 빈번한 경험이 필요하다. 칼럼은 글에서 말하고자 하는 바가 필자의 목소리로 직접 전달된다는 점에서 개성있는 글쓰기다. 많은 칼럼리스트들은 자기만의 기본 형식을 바탕으로 제재나 문제의 특성에 따라 변이를 주고는 한다. 이를 통해 독자들은 구조적인 차원에서 칼럼의 아름다움과 재미를 느낄 수 있다. 요컨대 사회적 문제에 대한 자기 생각을 아름답고도 정확한 문장으로 표현하는 것이 중요하다. 독자에게 전해질 수 있는 감동의 깊이가 문제에 대한 통찰이 칼럼 쓰기에서 깊이 있게 고려되어야 한다.

칼럼의 제목은 독자가 대하는 첫 부분이므로 독자의 흥미를 이끌 수 있는 것이되, 화제를 쉽게 예측할 수 있어야 한다. 글 속에서 문제를 발견하고 이에 대한 필자의 이해를 드러내기 위해서는 개인적이면서도 공감할 만한 내용을 글 속에서 담아내야 한다. 근거를 마련할 때는 객관적이면서도 구체적인 자료를 간결하고 명확하게 제시해야하며, 주장은 필자에게 제안하는 형식을 빌어 표현하도록 해야 한다. 무엇보다 독자가 필자의 생각에 동조할 수 있도록 완곡히 표현해야 한다. 다음은 칼럼을 쓸 때 고려해야 할 점이다.

- 흥미를 유도하기 위한 제목을 쓴다.
- 지나치게 문학적인 느낌은 피하도록 한다.
- 화제를 직접적으로 드러내거나 관련된 내용을 제시하여 내용을 예상하도록 돕는다.
- 개인적 경험, 체험을 제시한다.
- 서사, 묘사를 적극적으로 사용하여 구체적으로 제시한다.
- 아주 특수한 경험이라기보다는 보편적인 경험으로 독자의 공감대 형성을 유도한다.
- 경험에 대한 개인적인 느낌을 솔직하게 표현한다.
- '필자'라는 표현보다는 '나', '우리'라는 표현을 통해 1인칭을 표현한다.
- 너무 많은 분량을 차지하는 것은 피한다.
- 객관적이고 구체적인 자료를 제시하여 신뢰를 높인다.
- 개인적 경험과 관련된 사회 현상을 자연스럽고 논리적으로 연결하여 제시한다.
- 이야기의 흐름을 설명하는 표현을 쓰지 않는다.

   예: 나는 이런 경험을 한 적이 있다. 이와 관련된 사회 문제를 살펴보고자 한다. 이와 관련된 조사
        결과는 다음과 같다.

- 자료를 간략하게 필요한 부분만 요약적으로 제시한다.
- 복수의 자료나 현상에 대해 연관성을 밝히거나 필자의 해석, 비판적 견해 등을 밝힌다.
- 간결하게 표현한다.
- 자신의 의견을 강력하게 피력하거나 상반되는 견해에 날카로운 태도를 보이지 않는다.

- 완곡하게 제안하는 표현을 사용한다.
- 해결책을 제시하는 경우 독자가 사고할 수 있는 여지를 남겨두고 거시적인 차원에서 제안한다.
- 여운을 남기는 표현으로 마지막 문장을 구성한다.
- 강요하거나 비난하며 글을 마치지 않도록 한다.

※ 곽은희(2019:386-387)의 표를 재구성

3) 칼럼 쓰기와 읽기

칼럼 쓰기는 읽기와의 지속적인 상호작용이라고 할 수 있다. 칼럼을 쓰기 위한 글 읽기는 화제에 대해 지식을 보완하고 이해를 넓히기 위해 이뤄진다. 칼럼을 쓰는 일은 사회나 삶의 문제에 대한 반성적 인식에서 출발한다. 문제를 이해하고 확장하며, 필자의 판단을 위해서는 해당 제재를 다룬 다른 글들을 읽는 일이 필수적이다. 동일한 화제를 다루는 다른 글을 읽음으로써 필자는 문제에 대한 지식과 정보의 수준을 가늠하고, 사태에 대한 필자의 태도를 명료화하게 된다. 같은 제재에 대한 다른 사람들의 의견을 종합적으로 듣고 읽음으로써 판단의 근거를 부연하고, 화제에 대한 자신의 의견을 구체화할 수 있다.

칼럼은 타인에게 일정한 영향을 미칠 의도로 쓰는 사회적 담론이라는 점에서 공공성을 지닌다. 칼럼의 필자는 평소 사고의 재료가 될 글들을 읽고 요약해 두고, 동료들과 함께 이야기하며 내용을 정리해 두어야 한다. 또, 필자의 개성 있는 글쓰기를 위해서는 다양한 제재를 읽고 이에 대해 비판적으로 사고하고 이를 표현하는 경험을 쌓아야 한다.

1 다음의 질문에 주목하여 칼럼 집필 계획서를 만들어 보자.

- 내가 평소 주목하거나 관심 가진 사건이나 현상은 무엇인가?
- 나는 이 사건이나 현상의 어떤 측면에 주목하고 있는가?
- 이 문제는 어떻게 해결되어야 이상적일까?
- 내가 말하고 싶은 바는 무엇인가? 어떻게 다른 사람들에게 합리적인 것으로 받아들여질 수 있도록 할 것인가?
- 비슷한 주제를 다룬 다른 글들은 무엇이 있나?

2 집필 계획서를 바탕으로 칼럼을 써 보자.

3 다음 표를 바탕으로 친구의 칼럼에 대해 평가해 보자.

영역	점검 질문
문제의 발견	● 시의성 있는 문제를 발견했는가? ● 공동의 관심을 반영한 주제를 발견했는가? ● 필자가 잘 알고 있거나 호기심을 느끼는 문제를 발견했는가?
문제 이해하기	● 문제에 대한 깊이 있는 성찰을 했는가? ● 문제를 다루고 있는 다양한 보조자료를 참조했는가? ● 문제의 본질에 대한 통찰력이 드러나는가? ● 문제에 대한 다양하고 폭넓은 사고를 시도하고 있는가?
문제에 대해 판단하기	● 참신하고 독창성 있는 판단이 드러나고 있는가? ● 문제의 본질을 통찰하는 판단을 통해 타인의 공감을 불러일으키고 있는가?
근거 마련하기	● 다양하고 적절한 근거를 통해 의견을 전달하고 있는가? ● 근거는 신뢰로우며 필자의 의견을 적절히 뒷받침하고 있는가?
표현하기	● 독자에게 호소력 있게 표현하고 있는가? ● 독자에게 지적인 흥미와 즐거움을 줄 수 있는가? ● 필자의 개성과 화제에 대한 식견이 잘 드러나 있는가?

[잘된 점]

[보완해야 할 점]

[흥미로운 점]

2. 건의문 쓰기

1) 건의문의 본질

(1) 건의문이란 무엇일까?

건의문은 사회적 문제 해결을 위한 사회 참여적 글쓰기의 대표적인 갈래다. 건의의 사전적 정의는 '개인이나 단체가 의견이나 희망을 내놓음. 또는 그 의견이나 희망'이다. 따라서 건의문은 개인이나 단체가 의견이나 희망을 쓴 글이라고 할 수 있다. 건의문에서 담고 있는 '의견'이나 '희망'은 공동의 관심사를 반영한다. 건의문은 집단이나 사회의 문제를 다룬다는 점에서 개인적인 부탁과는 차이가 있다. 건의의 주체가 개인이라고 할지라도 건의문은 공동체 전체에 영향을 미칠만한 결정이나 행동을 대상에게 촉구하기 위해 쓰인다.

예컨대 중고등학교 시절 학급 회의에서 다루었던 건의 사항을 떠올려보면, 해당 학급의 구성원들 사이에 중요한 문제점을 개선할 방안들이 회의 시간에 다루어졌을 것이다. 한편 최근 국민청원이나 각종 의결문도 사회적 문제에 대한 공동체의 의견을 다루고 있는 점을 잘 볼 수 있다. 이렇듯 건의문은 공동체의 관심을 반영하고, 개선이 필요한 문제를 해결하고자 하는 글쓰기다.

한편, 건의문 쓰기는 실제적인 글쓰기다. 대개의 글은 그 독자가 명확하지 않고 가상된 존재로 드러나는 경우가 많다. 하지만 건의문은 실제로 존재하는 '개인이나 단체'가 건의를 받는 실재하는 '개인이나 단체'에 보내는 글이라는 점에서 실제적인 글쓰기의 산물이다. 이는 광고문이나 논설문 같은 다른 설득하는 글쓰기와는 다른 점이다. 무엇보다 글 속에서 독자의 정체가 특정되고, 분명한 의도와 목적을 전달한다는 점은 건의문의 특징이라고 할 수 있다.

건의문은 내용에서 신념이나 태도와 같은 정의적 영역에서의 변화가 아니라, 행동의 변화나 수행을 촉구하는 유형적 행위를 목표로 한다는 점에서 다른 글쓰기와는 차이가 있다. 건의문은 공동체의 이익을 도모하고, 당면한 문제를 해결하기 위해 행동의 변화를 촉구하는 설득적 글쓰기의 성격을 지닌다.

(2) 건의문은 왜 쓰는가?

건의문은 사회나 집단, 공동체의 문제를 해결하기 위해 사회적 논의를 발생시키는 과정에서 탄생한다. 어떤 정책이나 의사결정이 광범위한 영향력을 미치는 경우 건의문을 쓰게 된다. 건의문은 대상에 대한 설득과 함께 건의의 결과를 통해 영향을 받을 공동체 일원을 대상으로 하며, 공공성을 가장 중요한 목적으로 삼는다. 이 때문에 건의문에서는 글쓴이의 주장이 실현될 경우 공동체에 어떤 이익이 있는지를 분명히 드러난다.

건의문이 지닌 공공성은 건의하는 사회나 집단의 범위의 크기와 일치한다. 만약 대학에서 어느 학과 수준에서의 건의문이 발표되었다면, 그 건의문은 해당 학과의 이익에 부합하는 만큼의 공익을 목적으로 한다고 할 수 있다. 한편, 어느 지방자체단체의 건의문이 발표되었다면, 해당 지방자치단체의 이익을 대변하는 일이 된다. 다음의 글은 건의문이 지닌 공공성의 범위를 잘 보여준다.

1991년 지방자치가 시작된 이후, 약 30년간 지방의회는 지역 주민의 복리증진과 지역발전을 위해, 주민들 곁에서 생활정치를 구현하고, 지방자치단체장에 대한 견제와 감시 역할을 다하는 등 민주주의의 풀뿌리인 '지방자치'의 가치를 지켜오고 있다. (중략)

지방의회가 집행기관에 대한 견제 감시 책무를 다하고, 주민들의 뜻을 전달하는 대의기구라는 점과 자치분권 시대에 역할이 확대됨에 따라 주민의 기대에 부응하기 위해서는 지방자치단체와의 종속적 관계를 청산하고 법률 근거를 둔 별도의 독립적인 기관이 되어야 한다.

그러므로 지방의회를 「지방자치법」안에서 다룰 것이 아니라, 별도의 법률로 만들어 자치분권 시대에 긴밀히 대응하고 지방자치단체와 대등한 독립적인 기관으로서의 위상을 제고해야한다.

따라서 우리 ○○시의회는 지방자치의 완전한 실현으로 지역주민의 복리증진 향상과 지역 내 민주주의의 활성화를 위해 우리 35만 세종시민의 염원을 담아 다음과 같이 촉구한다.

하나. 현재의 「지방자치법」 구조로는 지방에서 기관대립형 권력구조 운영에 한계가 있으므로, 지방자치단체에 구속되지 않도록 별도의 「지방의회법」을 제정해 지방의회의 독립성을 보장해줄 것을 촉구한다.

하나. 「지방자치법 전부개정법률안」에 있는 '인사권 독립'은 '일하는 지방의회'를 구현하는 근본적인 해결 방안이 아니므로, 제정되는 「지방의회법」에는 조직구성권과 예산편성권을 반드시 포함해줄 것을 촉구한다.

-세종특별자치시의회, 「지방의회 위상 제고 및 독립성 강화를 위한
〈지방의회법〉제정 촉구 건의문」(2021.1.25.)

이 글에서는 〈지방의회법〉 제정을 촉구하고, 지방의회조직구성권과 예산편성권을 포함해줄 것을 건의하고 있다. 이 글은 지방자치단체의 권한을 강화하는 목적으로 쓰인 글로, 입법 과정에서 해당 지방자치단체의 요구를 부각시키기 위한 의도가 담겨있다. 이때 이 글의 공공성의 범위는 일차적으로는 필자인 지방자치단체다. 주민의 복리증진과 행복 추구라는 목적을 달성하기 위해, 우선적으로 지방자치단체들의 직무적 수월성을 확보하고 효과적인 지방자치를 꾀하고자 하는 필자의 입장이 제시되어 있다.

건의문은 공공성을 전제로 대중에게 공개되므로 사회 구성원들이 인정할만한 전제를 글 속에서 포함하게 된다. 이 과정에서 공동체의 가치를 되묻게 되고, 공동체의 결속이 강화되기도 한다. 건의문을 작성하는 과정은 건의문이 관련된 화제의 원인과 쟁점을 분석하는 일이며, 그것을 바라보는 사회나 집단의 가치를 되묻는 일이기도 하다. 건의문은 공동체 안에서 이루어지는 논의를 종합하고, 해결의 실마리를 정하는 과정을 거쳐 발표된다.

건의문은 집단이나 개인의 사회적 요구를 공적인 영역에서 논의되도록 하는 기능을 한다. 건의문은 건의하는 주체의 공식적인 의견으로 인정받으며, 사회에서 검토되어야 할 담화로 인정받는다. 건의문의 논증 과정에서 엿볼 수 있는 배경이나 가치관은 건의 주체의 가치관으로 인정되며, 민주적 의사결정을 통해 거쳐야 할 중요한 안건이나 의제 역할을 한다.

2) 건의문 쓰기의 원리와 구성

(1) 건의문의 구성과 전개

건의문은 처음-중간-끝의 세 부분으로 이루어진다. 건의문의 처음은 수신자(건의 대상)와 인사, 글을 쓰게 된 배경이 드러난다. 중간에서는 건의할 구체적인 내용이 제시된다. 끝에서는 끝인사와 날짜, 발신인의 서명을 쓰게 된다. 다만, 건의문의 처음과 끝은 건의문이 전달되는 맥락에 따라서 조정이 가능하다. 예를 들면 공문으로 상대방에게 건의문을 전달하게 되는 경우 수신자와 발신자에 대한 정보가 건의문보다 먼저 제공된다. 한편, 공공기관이나 단체의 인터넷 게시판을 활용하여 건의하는 경우 건의 대상과 날짜, 필자에 대한 정보를 별도로 적을 필요가 없는 경우도 있다. 건의문의 구조에 따른 구성 요소를 정리하면 다음과 같다.

구조	구성 요소
처음	건의 대상　인사　자기 소개　집필 동기
중간	문제 설명　해결 방안　기대효과　요약
끝	마치는 말　날짜　필자 서명

※ 최지은·전은주(2012)를 재구성함.

건의문의 필수적인 구성 요소는 글의 중간에 집중되어 있으며, 문제 상황과 해결 방안, 기대효과로 이루어진다. 문제상황의 분석은 문제가 가진 중요도를 부각한다. 이때 현재 문제가 가진 심각성과 함께 문제 해결이 지난 편익과 불편익이 제시되기도 한다. 다음은 이러한 중간 단계 특성이 잘 드러난 글이다.

지난 해 8월말 국민건강보험공단과 학계 전문가는 흡연의 폐해에 관해 빅데이터를 활용하여 아시아 최대 규모인 130만 명을 모집단으로 하여 19년 동안 추적·관찰 분석한 '흡연의 건강영향 분석 및 의료비 부담 연구 분석'결과를 발표했다.

이 내용에 따르면 비흡연자에 비해 흡연자의 암 발생 위험도는 최대 6.5배 높고, 특히 흡연으로 인한 암 발생 기여도는 남성의 경우 후두암이 79.0%, 폐암 71.7%, 식도암 63.9%로 나타났다.

흡연과 관련한 공단의 진료비 지출은 2011년의 경우 35개 질환에서 1조 7천억원에 달했다고 한다. 이는 우리 국민 전체가 납부하는 한달치 보험료 금액이며, 추가 재정 투입 없이 4대 중증질환 보장성 확대가 가능한 금액이라고 한다.

-서울특별시의회, 「서울특별시의회 시민 흡연피해 구제활동 강화 촉구 결의문」(2014.4.)

윗글에서는 흡연에 의한 폐해를 통계와 함께 제시하면서 흡연에 따른 사회적 비용 함께 제시하고 있다. 흡연자의 건강과 관련된 문제를 지적하는 한편, 흡연과 관련된 공공비용이 많이 발생하고 있는 점도 지적하고 있다. 또, 흡연과 관련한 공공 비용이 편익으로 전환될 경우 얻게 될 이득의 규모를 함께 제시함으로써 문제의 심각성을 효과적으로 전달하고 있다.

문제의 해결은 앞서 밝힌 바와 같이 문제 해결의 합리성이 가장 중요한 변인으로 나타난다. 제시된 해결 방법이 공공의 이익에 봉사하는지, 또 실현 가능한 것인지, 주장과 근거의 논증이 설득력 있게 기술되어야 한다. 기대효과는 앞선 논의를 요약하는 말과 같이 기술되기도 하며, 문제를 해결했을 때 가져올 긍정적 효과를 중심으로 서술된다. 기대효과의 기술은 화제에 따라 달라진다. 새로운 사업의 시작을 요구하는 경우, 시행이 가져올 긍정적인 효과를 기대되는 내용으로 드러나지만, 폐지나 개편을 요구하는 경우 해당 사태가 장기화될 경우의 문제점이 집중적으로 서술된다. 어느 경우에나 문제 해결의 기대효과는 해결방안이 가진 가치를 공동체의 차원에서 논의된다. 다음은 정부의 정책에 반대하는 경우의 건의문이다. 필자의 서술 전략에 유의해 가며 글을 읽어보도록 하자.

첫째, 인터넷 검열의 시초가 될 우려가 있기 때문입니다. https가 생긴 이유는 아시다시피 사용자의 개인정보와 보안을 보호하는 목적으로 만들어졌습니다. 이를 통해서 우리는 정부 정책에 대해 자유로운 비판이나 의견을 제시할 수 있습니다. 하지만 https를 차단하기 시작하면 지도자나 정부에 따라서 자기의 입맛에 맞지 않거나 비판적인 사람들을 감시하거나 감청하는 결과를 가져오게 될 것입니다. 지금은 단순히 불법 저작물 업로드 사이트, 성인 사이트 등만을 차단한다고 하지만 더 큰 관점에서 바라볼 때 단순히 그 사이트만 차단한다고 말씀하실 수 있는지 여쭈어보고 싶습니다. 그리고 위의 목적을 해결하는 방법이 https 차단이 최선일까요? 코에 걸면 코걸이 귀에 걸면 귀걸이라 하듯이 불법 사이트가 아님에도 정부의 주관적인 판단하에 불법 사이트로 지정될 수 있는 위험성도 있는 것이 아닐까요?

둘째, 인터넷 검열을 피하기 위한 우회 방법은 계속 생겨나갈 것입니다. 현재 https 차단도 VPN 프로그램이나 ESNI를 활성화하는 방법을 통해서 우회할 수 있습니다. 과연 이런 식으로 제한하는 게 과연 효과적인 방법이라고 생각하십니까? 차단을 강화하면 할수록 대응 방법 또한 생겨날 것입니다. 우리나라가 다른 나라의 인터넷 검열의 과정을 똑같이 밟아가는 것 같아 안타깝습니다. 정책은 주위의 여론에 휩쓸려서 만든 미봉책이 되어서는 안 된다고 생각합니다. 근본적인 원인을 해결하지 못하면 세금은 세금대로 낭비하고 인터넷 이용자들은 불편을 겪을 것이며, 문제점은 계속 남아 있을 것입니다.

　　요약 : 현재 https 차단 정책에 대해 반대합니다. 그 이유는 첫째 인터넷 검열의 시초가 될 우려가 있으며, 둘째, 차단 정책에 대한 우회 방법 또한 계속 생겨날 것입니다.

－「https 차단 정책에 대한 반대 의견」, 청와대 국민청원 게시판(2019.2.11.)

　윗글은 정부의 정보통신 정책이 철회를 요구하는 건의문이다. 필자는 글 속에서 'https'의 필요성과 함께 이것을 차단함으로써 발생할 문제를 중심으로 논의를 전개해 나가고 있다. 글 속의 '첫째' 부분에서는 'https'의 유용성과 차단이 가지고 올 부정적 효과를 같이 다루고 있으며, '둘째' 부분에서는 정책의 무용성과 비효율성을 지적하고 있다.

　건의문 쓰기의 핵심은 문제의 심각성을 어떻게 드러낼 것인가와 합리적으로 문제를 해결하도록 의견을 제시하고 있는가에 있다. 문제를 공유하고 이를 공동체가 논의할만한 것으로 인식되도록 만드는 서술 전략과 적절한 해결책이 건의문을 쓰는 맥락과 함께 고려되어야 한다.

(2) 건의문 쓰기의 방법

　건의문에서는 공동체의 문제가 명료하게 분석되어야 하며, 문제가 발생된 경위나 문제 해결의 필요성이 분명히 제시되어야 한다. 이를 통해 문제가 왜 공공의 차원에서 논의될 수밖에 없는지가 부각되어야 한다. 문제의 발견이 일부나 개인의 편익 때문이 아니라 공공의 화제로서 모두에 풀어야 할 문제임을 명확히 제시되어야 한다. 다음으로 건의문에서는 해결 방안이나 건의 주체의 요구사항이 분명하게 제시되어야 한다. 또 건의문은 건의 대상의 행동의 변화를 요구하기 때문에 누가 누구에게 보내는 글인지도 명시적으로 글 속에서 드러나야 한다.

　한편, 건의문은 공동체의 문제를 해결하기 위한 방안을 담고 있다는 점에서 합리적으로 쓰여야 한다. 이때 문제 해결방안은 한정된 자원과 재화를 어떻게 나눌 것인지에 대한 문제나 공동체 내의 다른 이익 집단이 수긍할 수 있는 논리가 마련되어 있는지 따져봐야 한다. 건의문이 작성되는 과정에서 합리적인 의사결정이 이루어져야 하며, 그를 통해 얻어지는 방안 역시 공동체 안에서 합리적인 대안으로 받아들여질 수 있는 것이어야 한다.

또, 건의문을 쓸 때는 글이 쓰이고 읽히는 맥락을 충분히 고려해야 한다. 제시하는 안건이 현재 공동체에 어떤 영향을 미치고 있는지 또 어떤 의미로 받아들여지고 있는지에 대한 탐색이 이루어져야 한다. 건의문을 받는 대상의 입장과 권한, 책임은 무엇인지 역시 건의하는 맥락에서 반드시 고려되어야 할 사항이다.

건의문 쓰기의 핵심은 문제의 심각성을 어떻게 드러낼 것인가와 합리적으로 문제를 해결하도록 의견을 제시하고 있는가에 있다. 문제를 공유하고 이를 공동체가 논의할만한 것으로 인식되도록 만드는 서술 전략과 적절한 해결책이 건의문을 쓰는 맥락과 함께 고려되어야 한다. 한편 건의문은 편지글과 마찬가지로 건의 대상과의 직접적인 소통을 전제로 하므로 건의의 맥락에서 기대될 수 있는 공손성을 지켜서 써야 한다.

3) 건의문 쓰기의 전략과 표현

건의문은 설득을 위한 글쓰기다. 공공의 현안을 중심으로 공동체의 구성원들을 설득시키고자 할 때는 전략적으로 메시지를 조직해야 한다. 설득은 상대방의 관심과 요구 수준을 아는 것으로부터 시작한다. 건의 대상과 필자와의 친소관계나 건의 대상의 행동 특성과 신념, 요구수준은 설득 전략을 구성하는 데 중요하게 참고된다. 또, 어느 매체를 통해 전달할 것인지 역시 중요한 요인 중 하나다.

정책을 제안하는 설득의 메시지의 경우 '문제-해결' 구조를 바탕으로 조직하되, '문제-원인-해결', '해결방안의 장단점 분석', '동기화 단계'의 방법으로 조직할 수도 있다. '문제-해결' 구조는 설득하는 말하기의 가장 기본적인 유형이다. 이 구조는 문제의 심각성을 인지하도록 하고, 문제의 해결방안과 실천 가능성을 효과적으로 제시하기 위해 사용된다. 한편, '문제-원인-해결' 구조에서는 문제에 대한 심각성과 문제가 생겨나게 된 배경과 원인을 제시함으로써 문제 해결의 실마리를 문제의 원인에서 찾고자 하는 경우 사용된다. 동일한 문제 상황과 해결책을 제시하는 경우에라도 '문제-해결' 구조와 '문제-원인-해결' 구조는 문제의 중요도와 구체적인 해결방안이 각기 다를 수 있다. 다음은 '문제-해결' 구조와 '문제-원인-해결' 구조의 차이를 볼 수 있는 자료다.

(가) 안녕하세요. 담당자님. 시정에 수고가 많으십니다. 지난 2020년 11월 7일 늦은 밤 제민천 언저리를 산책 중 우연히 우리나라 천연기념물 제330호이자 멸종위기 야생생물 1급으로 지정된 수달을 발견하였습니다. 위치는 ○○교 아래며, 한 시간 이상 주의 깊게 관찰한 결과 활발하고 익숙하게 먹이 활동을 하고 있었습니다.

이제 앞으로 전문적인 조사를 기대합니다. 제민천에 수달의 존재가 확인된 이상 수달을 보호할 수 있는 환경 정책을 새롭게 수립하실 것으로 기대합니다.

(나) 안녕하세요. 담당자님. 시정에 수고가 많으십니다. 지난 2020년 11월 7일 늦은 밤 제민천 언저리를 산책 중 우연히 우리나라 천연기념물 제330호이자 멸종위기 야생생물 1급으로 지정된 수달을 발견하였습니다. 위치는 ○○교 아래며, 한 시간 이상 주의 깊게 관찰한 결과 활발하고 익숙하게 먹이 활동을 하고 있었습니다.

수달이 제민천의 도심 깊숙이 올라온 지점에서 활동하다가 이제야 갑자기 사람의 눈에 띄게 된 이유는 작년까지 알 수 없는 이유로 일 년에 한두 번씩 물고기들이 떼죽음을 당해왔던 터라 겨우 손가락만 한 물고기들이 살고 있었는데, 올해는 그런 일이 없었다는 점입니다. 또, 최근에는 제법 씨알이 굵은 물고기들이 살고 있어 먹잇감이 풍부해지기도 했습니다.

이제 앞으로 전문적인 조사를 기대합니다. 제민천에 수달의 존재가 확인된 이상 수달을 보호할 수 있는 환경 정책을 새롭게 수립하실 것으로 기대합니다.

「제민천 수달 발견 신고」(충남 공주시청 홈페이지 -공개 상담민원, 2020.12.16.)를 재구성

윗글의 (가)와 (나)는 공통적으로 수달 발견에 따른 정책 수립의 필요성을 말하고 있지만, 다음과 같은 구조의 차이가 있다.

(가) 문제-해결 구조
　(1) 우리 지역의 하천에서 천연기념물인 수달이 발견되고 있다.
　(2) 천연기념물을 보호할 정책적인 논의가 필요하다.

(나) 문제-원인-해결 구조
　(1) 우리 지역의 하천에서 천연기념물인 수달이 발견되고 있다.
　(2) 조사 결과 하천의 수질이 좋아져 먹잇감인 물고기가 많아졌기 때문이다.
　(3) 천연기념물을 보호할 정책적인 논의가 필요하다.

글에 드러난 구조적 차이는 현안에 대한 서로 다른 해법이 제시될 가능성을 만든다. 가령 (가)의 경우 '문제-해결' 구조로 분석되는데, 이때, 해결책은 문제에 대한 직접적 해결책이어야 한다. 따라서 하천에 등장한 수달을 보호할 수 있는 직접적인 조치를 정책적인 수준에서 만들어달라는 글로 읽힌다. 그런데, (나)의 경우 원인에 대한 해결책이 수달에 대한 직접적인 보호와 함께 추가적으로 제시되고 있다. 수신자는 수달을 보호하기 위해 하천의 수질과 관련한 내용과 물고기가 많이 살 수 있도록 하는 정책을 만들도록 요청받고 있다.

한편, 동기화 단계에 따른 조직 역시 건의문의 내용구조로 유용하다. 일반적인 동기화 단계의 조직 방법은 다음과 같다.(박재현, 2013:173)

동기화 단계는 건의 대상이 건의 문제에 자연스럽게 몰입하면서 필자의 주장을 수용할 수 있게 만드는 방법이다. 건의문 쓰기에서 '주의 끌기' 단계는 건의문의 화제가 되는 문제가 사회적으로 논의할만한 가치가 있는 문제이며, 글을 읽는 공동체 구성원들이 자신에게 직접적인 영향을 미치는 일로 문제가 각인되도록 해야 한다.

① 주의 끌기(Attention): 주제에 대한 청자의 주의를 환기 시킨다.
② 요구(Need): 특정 문제를 청자와 관련시켜 언급하여 청자의 요구를 자극한다.
③ 만족(Satisfaction): 해결방안을 제시하여 청중의 이해와 만족을 얻는다.
④ 시각화(Visualization): 해결 방안이 청자에게 어떻게 도움이 되는지를 묘사하여 청자의 욕망을 강화한다.
⑤ 행동(Action): 구체적인 행동의 내용과 방법을 제시하여 특정 행동을 요구한다.

'요구' 단계에서는 현안이 가지고 있는 심각성과 중대성을 부각함으로써 건의 대상의 호기심을 자극하고 긴장감을 유발하도록 만들어야 한다. 이를 위해 통계나 지표와 같은 정량적인 자료와 함께 신문 기사나 인터뷰 등과 같은 현안에 영향을 받는 구성원들의 의견을 종합적으로 활용해야 한다. '주의 끌기'와 '요구' 단계를 통해 필자는 건의 대상의 심리적 동조를 이끌어야 하며, 건의 대상을 문제 해결을 위한 협력자로 만들어야 한다.

'만족' 단계는 공동의 문제 해결자인 건의문의 독자에게 문제의 해결 방법을 제시하는 단계다. 필자는 해결 방법을 제시하면서, 제시된 방안이 다른 방안들에 대해 갖는 우위를 설명해야 하며, 논의의 약점이나 예상되는 반론을 고려하여 논증을 준비해야 한다. '시각화' 단계에서는 해결 방법을 통해 얻을 수 있는 이익을 감각적인 차원에서 떠올릴 수 있도록 구체적으로 제시해야 한다. '행동' 단계에서는 청자에게 요구되는 행동을 구체적으로 제시해야 한다. '결의'를 목적으로 하는 건의문의 경우 '~한다'나 '~해야 한다'와 같은 어미를 사용하여 요구되는 행동을 명확하고 강도 높게 제시하기도 하며, 일반적인 건의문에서는 '행동' 단계에서 서술되었던 요구나 주장을 요약해서 제시하기도 한다.

1 다음 질문을 바탕으로 건의문 집필 계획서를 써 보자.

- 어떤 문제를 화제로 다루어야 하는가? 왜 그러한가?
- 화제가 이상적으로 해결되었을 때 어떤 모습일까?
- 문제를 어떻게 해결할 수 있을까? 왜 그렇게 생각하는가?
- 누가 이 문제를 해결할 수 있는 능력을 갖추었나?
- 건의문을 받아볼 대상의 특성은 어떠한가?

2 작성한 집필 계획서를 바탕으로 건의문을 써 보자.

3. 디지털 매체로 글쓰기

매체의 변화는 사람들의 생활을 변화시킨다. 특히 정보통신기술의 비약적인 발전은 우리의 일상생활을 아날로그에서 디지털로 대단히 빠르게 바꾸어 놓았다. 아날로그 소통의 상징적 존재였던 편지는 이제 전자우편과 메시지가 대체했으며, 직접 가서 책을 사거나 배송을 기다리지 않아도, 전 세계의 책을 결제와 동시에 전자책으로 읽을 수 있게 되었다.

1) 디지털 매체가 가져 온 소통의 변화

디지털 시대의 도래는 단순히 글이나 그림의 유통만을 바꾼 것이 아니라 읽기와 쓰기의 의미를 바꾸어 놓았다. 디지털 시대 읽기의 대상과 읽는 방법은 이전 시기와는 비교될 수 없을 정도로 확장되었다. 아날로그 시대 일반 대중들에게 읽기의 대상은 글로 쓰인 것과 그림으로 그려진 것, 행동으로 표현하는 것으로 분류되었다. 이는 각기 문학과 그림, 극 예술로 대표된다. 그런데 디지털 매체는 이 모든 것을 뒤섞어 버렸다.

15세기 훈민정음이 말과 글을 통합할 수 있는 씨앗이 되었다면 20세기 초 음성인식과 번역 기술의 발달은 말을 하는 행위와 글을 쓰는 행위를 통합시켰다. 음성인식 기술은 구글 어시스턴트나 아마존 사의 알렉사, 애플 사의 시리로 대표되는 인공지능 플랫폼의 핵심이 되었다. 인공지능은 음성과 문자의 상호 변이를 자유롭게 해주었는데, 가령 애플 기기에 내장된 음성인식 기술은 사용자의 피드백을 통해 더 정확한 인식 결과를 얻을 수 있도록 도와준다. 한편, 유튜브의 동영상 음성 자동 번역 기술 역시 음성과 문자 언어가 통합되어가는 양상을 보여주는 사례다. 음성이 문자로 전이되는 양상은 뒤바뀌어 음성언어에서 문자 언어의 모습을 찾을 수 있는 예도 있다. 가령 텔레비전 내레이션에서는 휴대전화나 개인용 컴퓨터의 읽어 주기 기능을 활용하거나 메신저를 사용하면서 쓰는 준말이나 방언을 일상 언어에서 그대로 쓰기도 한다.

말하는 행위와 글 쓰는 행위의 통합은 필자와 독자의 구분을 무너뜨리고 있다. 전통적으로 독자는 필자와 분리된 것으로 생각되어 왔는데, 디지털 매체가 가진 즉시성은 필자와 독서 장면을 더욱 가깝게 만들고 있다. 불과 2000년대 초반까지만 하더라도 독자가 필자와 소통할 수 있는 기회는 강연이나 행사, 편지를 통한 의견제시와 같은 직접적인 의사결정이 많았다. 그러나 현대에 일어나는 독자와 필자의 소통은 SNS를 통해 비교적 빠르게 일어나고 있다. 한편, 디지털 매체는 독자와 독자 사이에 일어나는 소통 역시 넓고 빠르게 만들어 냈다. 독자들은 자신이 읽은 콘텐츠에 대한 자기 생각을 SNS나 콘텐츠를 소비하는 공간에서 더 자유롭게 나누고 있었으며, 독자들은 서로의 이야기를 '정보'의 차원에서 공유하고 재생산해 나간다. 이 과정에서 독자는 또다른 필자로 역할을 하게 되는데 이러한 현상을 디지털 매체는 가속해 나갔다.

---

herstory sd**rk70 | 2016-06-05 | 추천: 0 | ★★★★★

역사란, 어쩌면 현재 있는 자리에서 할 수 있는 일을 장하고 독하게 해낸 여자들의 기록일지도 모르겠다. 처절한 죽음으로도 멈출 수 없는, 멈추어서는 아니 되는, 삶의 연속. herstory... "同契(동계)" 사람으로 이루어진 조선시대 유학자들의 조직. 연산군을 몰아내고 중종을 임금으로 앉힌 공신들과 그런 공신들에게 임금의 자리를 빚진 까닭으로 임금다운 임금역할을 못하고 있는 임금의 횡포에 대항하여 조직적이고 치밀하게 움직이고 있는 유기체. 성리학이 근본인 조선에서 요즘 표현으로 최고의 ... 더보기

금강..거대한 역사의 흐름속으로.. sh**sc21c | 2016-05-26 | 추천: 0 | ★★★★★

커다란 흐름을 담은 정말 훌륭한 역사 소설을 만나 본다. 조선시대 폭군 연산군을 몰아내는데 성공한 중종반정 이후를 배경으로 공신과 사림 간의 세력 다툼을 다루고 있는 김홍정 작가의 금강(1,2,3권)을 만나 본다. 예나 지금이나 정치권은 돈을 필요로 하고 그 "돈의 흐름"을 바탕으로 이야기를 전개해 나가는 것이 신선하고 흥미로웠다. 요즘 역사 소설들의 트랜드가 픽션과 논픽션의 적절한 배치와 두 요소의 조화에서 오는 흥미로운 전개에 있는 듯하다. 금강을 따라 살아가는 역사속에 존재했을 지 모르는 아니 존재했을 민초... 더보기

금강 - 권력과 돈의 흐름을 다룬 정통역사소설 LS**25 | 2016-05-22 | 추천: 0 | ★★★★★

    조선 중종~성종 시대를 아우르는 장편역사소설 <금강>. 진 3권으로 구성된 묵직한 분량의 정통역사소설입니다. 이 책으로 김홍정 소설가라는 또 한 명의 걸출한 작가님을 알게 되어 기쁘네요. 처음부터 낯선 옛말이 많이 등장해 한 장 넘기는 데 시간이 꽤 걸리고 그저 분위기로 파악해 읽어냈는데, 100페이지 정도 넘어가니 익숙해져서 일반소설책 읽듯 술술 넘겨지더라고요. 책 폰트 크기가 넉넉한 편이라 편하게 읽어내려갈 수 있는 가독성도 있었어요. ... 더보기

<금강>을 읽고 mi**touch | 2016-05-18 | 추천: 0 | ★★★★☆

생에 처음으로 접한 역사소설이 <왕비열전>이었는데, 권수도 꽤 많고 열 한, 두 살이었던 당시 한 손으로 들 수도 없는 두꺼운 양장본이었음에도 무엇이 그리 재미있었는지, 매일 학교에서 돌아오면 아버지 서재에 엎드려서 시간 가는 줄 모르고 읽었던 기억이 난다. 뒤돌아보면 분명 지나치게 어려운 단어들과 어린 아이로서는 이해할 수 없는 감정들로 가득찬 소설이었지만, 실제로 일어

난다. 뒤돌아보면 분명 지나치게 어려운 단어들과 어린 아이로서는 이해할 수 없는 감정들로 가득찬 소설이었지만, 실제로 일어난 사실을 바탕으로 쓰여진 것이라는 점과 등장인물들이 여지없이 다들 죽어나갔다는 점(?)이 흥미를 끌었던 것 같다. 제대로 된 소설이라고는 '나니아 연대... 더보기

금강 1,2,3 oh**ys | 2016-05-15 | 추천: 0 | ★★★★★

내게 조선시대 인물 중 좋아하는 인물을 꼽는다면, 단연 조광조라고 대답할 것이다. 그의 외관과는 상관없이 어렸을 때부터 한결같은 꼿꼿한 선비정신은 그를 죽음으로 몰고 가게 했을 정도로 내게 매혹적으로 다가왔다. 영남 사림파의 거두 김종직의 후학에 있었던 김굉필을 스승으로 두며 그에게 성리학을 배우고 유교적 이상주의를 꿈꾸던 개혁가는, 중종에 의해 발탁되어 승승장구하였으나 도리어 자신이 믿었던 주군 중종은 조광조를 장기말 정도의 쓰임이 되었을 뿐이며, 짧고 굵었던 그의 생은 기묘사화로 인해 막을 내린다. ... 더보기

소설 『금강』의 독자서평(교보문고)

디지털 매체의 발달에 따른 소통의 양상은 말을 담아내는 담화 유형 역시 변화시키고 있다. 복합양식텍스트라 일컬어지는 이 유형의 글은 일상적인 글 읽기와 글쓰기가 문자를 해독하고 읽어내는 것으로부터 그림과 그림, 음악 등이 함께 어우러진 복합적인 양상의 글을 만들어 냈다. 이때 필자는 독서 장면에서 독자에게 제공될 요소들을 종합적으로 고려하게 된다. 디지털 매체를 활용한 복합양식텍스트는 단순히 글을 쓴다는 개념이 아니라 독자의 의미구성 경험을 설계하는 차원에서 접근되고 있다. 이는 디지털 글쓰기가 전통적 의미의 글쓰기와 달라진 핵심적인 부분이다.

필자에게 필요한 능력은 상상력과 표현력으로 대표되는 전통적인 글쓰기 역량을 포함하여, 음악을 선택하거나 듣는 능력, 알맞은 동영상을 만들거나 찾는 능력, 그리고 기술적 매체를 다루는 능력과 이를 통한 최종 산출물을 편집하는 능력을 포함하게 되었다. 실제로 우리는 UCC로 대표되는 복합양식텍스트의 확대 과정을 봐 왔으며, 블로그나 카페와 같은 디지털 플랫폼을 통한 글쓰기는 친숙한 일상적 글쓰기로 자리 잡았다. 이러한 매체의 변화 속에서 필자들에게 요구되는 글쓰기 능력이 점차 창작적 역량으로부터 기술의 활용과 편집 능력으로 옮겨가고 있다.

2) 디지털 매체 문화와 놀이

디지털 매체가 가져온 의사소통의 통합적 성격은 글의 '재생산' 장면에서 더 확연히 드러난다. 독자들은 필자로 변모하면서, 원래의 작품은 해체되어 새로운 읽을거리를 만든다. 이는 흔히 '짤' 혹은 '움짤'로 불리는 움직이는 사진 파일에서 그 예를 찾아볼 수 있다. 원래의 글이나 사진 혹은 영화에서 콘텐츠 일부를 떼어 내어 전혀 다른 글에서 새로운 의미가 발생하도

록 하는 방법이다. 이때 '짤'은 문자 위주의 의사소통이 가진 한계를 극복하고, 반언어적 메시지를 추가로 전달한다는 점에서 문자와 언어의 통합이 같이 이루어진다.

영상 콘텐츠를 활용하여 새로운 볼거리를 만든다든가, 드라마나 영화의 결말을 바꿔보는 경우도 많다. '가상 드라마' 혹은 '상플(상상플레이의 준말)'로 불리는 이 영상들은 새로운 드라마의 주제를 바꾸거나 새로운 메시지의 콘텐츠를 만드는 일, 혹은 자기가 좋아하는 배우를 작품 속에 등장하게 하는 일이 가능해졌다. 특히 영상 편집 기술이 더 대중화되고 보편화되면서 기술적인 발전을 계속해 나가고 있다.

디지털 매체가 의사소통 문화에 영향을 미치기 전 이러한 사례들이 없었던 것은 아니다. 문자 메시지가 사회적 의사소통의 중요한 수단이 되던 2000년대 초 이모티콘이 등장했고, 패러디 시나 패러디 영상들 역시 아주 새로운 산물이라고 보기는 어렵다. 다만 디지털 매체의 대중적 확산과 편집기술의 보편화는 전문적인 영역에 있던 디지털 콘텐츠 제작을 일상적인 수준의 글쓰기 문화로 재편하고 있다. 무엇보다 '짤'이나 '상플'과 같은 콘텐츠의 재생산 과정이 필자들에게는 '놀이'로 받아들여지고 있는 점은 디지털 매체를 통한 창작활동이 점차 일반화되고 있는 징후를 보여준다.

3) 디지털 매체와 사회적 소통의 확대

디지털 매체는 우리 일상생활의 의사소통 문화를 바꿔 놓을 뿐만 아니라 사회적 소통의 양상을 변모시키고 있다. 2000년대 초반 디지털 매체의 정착 초기 소위 '미니홈피'로 대표되는 개인 공간이 사이버상의 사회적 소통의 중심이 되었다면, 2010년대 디지털 매체는 '담벼락'으로 대표되는 노출된 개인 공간이 사이버상 소통의 중심이 되었다. 한편, 트위터나 인스타그램과 같은 공개성이 강한 SNS의 등장은 디지털 매체 속에서의 사회적 소통이 폐쇄와 보안이 아닌 공개와 접근을 기반의 소통으로 변모한 국면을 잘 보여준다.

2000년대 초반의 홈페이지 문화는 글쓰기와 글 읽기의 폐쇄성을 보여준다. 필자가 컴퓨터에 접속하여 가장 먼저 보이는 화면은 다른 사람에게 보여질 그래픽과 음악이며, 카테고리로 만들어진 게시판은 쓰는 사람의 편의와 생각에 따라 조정되고 공개되었다. 따라서 홈페이지를 통해 필자가 독자에게 제공하는 정보는 '나의 기분은 어떤지' 혹은 '내 생각은 어떤지'와 같은 필자 개인에 관한 내용이 중심을 이룰 수밖에 없었다. 하지만 최근 '계정' 중심의 문화는 댓글과 대댓글, 리트윗과 같은 방법을 통해 무한한 공개와 확장을 염두에 둔 글쓰기 문화를 만들어 냈다.

특히 계정 중심의 SNS 문화는 2020년대 들어오면서 저널리즘의 대중화와 맞물려 '소셜 미디어'라는 새로운 형태의 네트워킹으로 재정의되었다. 사회적 사건과 의미를 디지털 매체를 통해 재생산하고, 끊임없는 논평과 교류를 통해 기존에 있었던 '여론'의 의미를 대체하고 있다. 한편 시민 보도의 확대나 필터링 권한의 개인화는 기존 미디어가 가진 의사소통 구조를 보다 직선적으로 바꾸어 놓았다. 정부나 학자, 전문인과 같은 소수의 필자가 가진 의견을 걷어내고 날 것 그대로의 정보에 독자들이 더 손쉽게 다가설 수 있도록 만듦으로써 기존 미디어 권력이 가지고 있던 일종의 편집 기능이 축소되었다. 따라서 읽기 장면에서 제공된 자료가 사실이나 아니냐가 해석과 의견 이전에 더 중요한 문제로 대두되게 되었고, 정보를 만들어 내고 이를 실어 나르는 사람들에게 사실 점검[Fact Checking]은 새로운 글쓰기 윤리로 대두되었다.

디지털 매체의 발전은 매체의 저장과 전송, 처리 기술의 발전과 함께 급격한 성장을 이뤘다. 이 속에서 우리의 의사소통 양상의 변화를 가져왔고, 사회적 참여적 글쓰기의 확산을 가져왔다. 정보전달의 양방향성이 개선되고, 그 속도가 빨라지면서 필자가 지녀야 할 능력으로 정보에 대한 기술적 편집 능력이 중요해졌다. 또 쓰기 윤리가 그 어느 때보다 중요해지고 있다.

1 다음 사진들에서 찾아 볼 수 있는 매체의 특징을 필자와 독자의 관계를 중심으로
생각해 보자.

(5) 지배할 뿐 책임지지 않는 권력…여기 시민의 자리는 없다"(경향신문, 2016.11.2.)

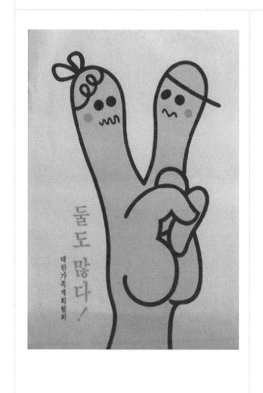

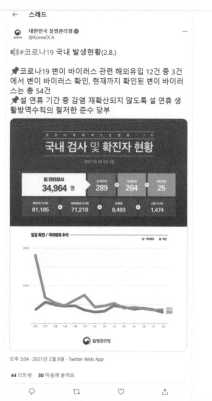

2 다음은 존 바로우의 <사이버스페이스 독립선언문>의 일부이다. 다음 글이 미친 사회적 영향력이 무엇인지 SNS나 블로그, 위키 등과 같은 소셜 미디어를 참고하여 말해 보자.

산업세계의 정권들아, 살덩이와 쇳덩이로 된 축처진 괴물아. 나는 새로운 정신의 고향 사이버스페이스에서 왔도다. 미래의 이름으로 고하노니 우리를 내버려 두라. 과거의 망령은 우리에게 환영받지 못하는도다. 너희는 우리가 모인 이곳을 다스릴 수 없도다.

우리는 정부를 갖고 있지도 않고, 그를 바라지도 않는다. 그러므로 온전한 정치적인 자유 속에서 이렇게 말하는도다. 나는 우리를 지배하려는 정치적 권력으로부터 온전히 독립된 세계적 사회 공간을 선언하노라. 너희들은 우리를 강제로 지배할 명분도 방법도 없도다.

-John Perry Barlow, 〈A Declaration of the Independence of Cyberspace〉

참고문헌

고금숙, 「재활용이 답일까」, 『경향신문』, 2021.1.1.

고종석, 「성년의 문턱에 선 아들에게」, 『한국일보』, 2004.2.11.

곽은희, 「학습자 주도의 의사소통으로서의 듣기, 말하기, 읽기, 쓰기의 균형적 향상 방안에 관한 고찰」, 『2019 한국교양교육학회 학술대회자료집』, 한국교양교육학회, 2019.

김구, 『백범일지』, 돌베개, 2020.

김미형 외, 『인간과 언어-본능과 능력 사이』, 박이정, 2005.

김미희, 『탐험을 떠나는 아이처럼』, 자연을 사랑하는 문학의 집, 2020.

김소연, 「역사 문제의 끝이란 무엇일까」, 『한겨레』, 2021.2.4.

김영만, 「매체를 활용한 읽기·쓰기 교육 방안 연구」, 고려대 박사학위 논문, 고려대학교 일반대학원, 2006.

김용석, 『일상의 발견: 철학자 김용석의 유쾌한 세상 관찰』, 푸른숲, 2002.

박영목, 『작문 교육론』, 도서출판 역락, 2008.

박영민·이재기·이수진·박종임·박찬흥, 『작문 교육론』, 역락, 2016.

박유희 외, 『쓰면서도 헷갈리는 우리말 오류사전』, 경당, 2003.

박일환, 「착해서 더 나쁜 놈아. 류지남」, 문학뉴스, 2021.1.22.

박재현, 『국어 교육을 위한 의사소통 이론』, 사회평론, 2013.

박희병, 『연암을 읽는다』, 돌베개, 2006.

베르너 파울스티히 저, 이상면 역, 『영화의 분석』, 미진사, 2003.

서울특별시의회, 「서울특별시의회 시민 흡연피해 구제활동 강화 촉구 결의문」, 2014.4.

세종특별자치시의회, 「지방의회 위상 제고 및 독립성 강화를 위한 「지방의회법」 제정 촉구 건의문」, 2021.1.25.

송재일 외, 『대학생을 위한 소통의 글쓰기』, 박이정, 2017.

송재일·박수현·정형근·송주영·차순정·조현서, 『대학생을 위한 소통의 글쓰기』, 박이정, 2019.

양유성, 『이야기 치료』, 학지사, 2004.

이미나, 『식후감상문』, 이지앤북스, 2020.

이상은, 『바꿀 수 없는 건 너무 많고』, 알비, 2020.

이선재, 『선재 국어』, 에스티유니타스, 2019.

이재승, 『글쓰기 교육의 원리와 방법』, 교육과학사, 2006.

이진경, 『삶을 위한 철학수업-자유를 위한 작은 용기』, 문학동네, 2013.

장소원 외, 『말의 세상, 세상의 말』, 월인, 2002.

조영순, 『꿈을 찾아 떠나는 미래 여행』, 굿글로벌, 2012.

「지배할 뿐 책임지지 않는 권력…여기 시민의 자리는 없다」, 『경향신문』, 2016.11.2.

짐머맨 B.E.·짐머맨 D.J., 이충호 역, 『테마가 있는 20가지 과학이야기』, 세종서적, 1996.

최지은·전은주, 「고등학생의 건의문 쓰기 양상과 지도 방안」, 『새국어교육』 90, 2012.

한국교육과정평가원, 2021학년도 수학능력시험 국어 문항, 2020.

허재영, 『나는 국어의 정석이다』, 행성:B잎새, 2011.

황보현 외, 『독서 감상문 지도전략』, 고요아침, 2018.

황현산, 『밤이 선생이다』, 난다, 2013.

국가기록원, 「가족계획안내 '둘도 많다!'」(theme.archives.go.kr)

국립국어원 어문규정(www.korean.go.kr)

국립국어원 표준국어대사전(www.korean.go.kr)

귤쟁이, 「한지민이 도깨비 신부라면?」(www.youtube.com)

김홍정, 『금강』, 독자 서평, 교보문고(www.kyobobook.co.kr)

「제민천 수달 발견 신고」(충남 공주시청 홈페이지-공개 상담민원), 2020.12.16.

질병관리청 트위터(twitter.com/KoreaDCA)

「https 차단 정책에 대한 반대 의견」, 청와대 국민청원 게시판, 2019.02.11.

https://www.kice.re.kr/boardCnts/view.do?boardID=1500234&boardSe-q=5061635&lev=0&m=0403&-searchType=S&statusYN=W&page=1&s=suneung

John Perry Barlow, A Declaration of the Independence of Cyberspace, E FF, 1996.(www.eff.org)